Ram Oren

Gertrudas Versprechen

Eine mutige Frau und ein jüdisches Kind:
Die Geschichte einer dramatischen Rettung

In Zusammenarbeit mit Michael Stolowitzky

BRUNNEN
Verlag GmbH · Giessen

Inhalt

Vorbemerkung des Autors

Dieses Buch ist eine wahre Geschichte. Alle darin beschriebenen Ereignisse basieren auf meinen Interviews mit Überlebenden des Holocaust und deren Angehörigen sowie auf Zeitdokumenten und den von mir durchgeführten Recherchen. Da sich der Inhalt zu einem großen Teil auf die Erinnerungen der Hauptpersonen stützt (von denen viele, einschließlich Gertruda, inzwischen verstorben sind), war es für mich als Autor jedoch notwendig, meine schriftstellerische Freiheit zu nutzen, um die Erzählung durch Dialoge und Einzelheiten bestimmter Begebenheiten zu ergänzen. Das Schicksal von Michael und Gertruda – und von allen, die den Holocaust hautnah erlebt haben – ist ein bewegendes Zeitzeugnis, und ich habe versucht, mich so genau wie möglich an die historischen Tatsachen zu halten.

Nach dem großen Krieg

Die Rauchwolken des Krieges lösten sich nur langsam auf. Zaghaft brach die Frühlingssonne durch und strich über die Ruinen, die Zehntausende von Menschen unter sich begraben hatten, tauchte verwüstete Straßenzüge in ein mildes Licht und ließ glitzernde Punkte auf den Wassern der Weichsel tanzen, deren träge Strömung die Erinnerung an Tod und Schrecken mit sich forttrug.

Auf einer Anhöhe im zerbombten Warschau stand das ehrwürdige alte Palais der Familie Stolowitzky. Wie durch ein Wunder hatte es den Krieg unbeschädigt überstanden. Ein Kunstwerk aus vier Stockwerken behauener Steine und fein gemeißelter Kanten, mit prächtigen Bleiglasfenstern und Deckenmalereien, von dessen Dachvorsprüngen die Statuen alter Kämpfer grüßten.

Nur zwei der ehemaligen Bewohner waren noch am Leben, ein Junge und seine Kinderfrau – Flüchtlinge in einem fernen Land. In ihrem neuen Zuhause in Israel, zwischen blätternden Tapeten, billigen Möbeln und Rostflecken in der Badewanne, schien das große, herrschaftliche Haus wie ein Tagtraum, wie ein Bild aus einer allzu lebhaften Fantasie.

Die beiden lebten in einer der düsteren Mietskasernen in einer Seitenstraße in Jaffa. Aus den Fenstern ihrer kleinen Wohnung blickten sie auf graue, trostlose Häuser. Kinder spielten in einem verlassenen Hinterhof, Frauen kamen vom Markt nach Hause, beladen mit schweren Einkaufstaschen. Tag und Nacht drang der Lärm vorbeifahrender Autos in die Wohnung. In der Luft lag ein fauliger Abfallgestank. Im Winter roch es in den feuchtkalten Räumen nach Schimmel, im Sommer staute sich die heiße, stickige Luft zwischen den Wänden.

Wie anders war es in dem Palais gewesen. Da hatte es geräumige Seitenflügel und weitläufige Gartenanlagen gegeben, eine warme Heizung im Winter. Im Sommer hatte durch die geöffneten Fenster eine frische Brise vom Fluss heraufgeweht. Dienstboten waren auf Zehenspitzen durchs Haus gehuscht, um unnötigen Lärm zu vermeiden. In den Schränken hatten teure Kleider gehangen, und die erlesenen Mahlzeiten waren in feinen Porzellangefäßen serviert worden. Das schwere goldene Besteck war auf Hochglanz poliert gewesen, und in edlen Kristallgläsern hatte der vollmundige Wein geschimmert.

Michael Stolowitzky und Gertruda, die Kinderfrau, die ihn als ihren eigenen Sohn angenommen hatte, hatten den Krieg überlebt. Nun kämpften sie den Überlebenskampf in einem fremden Land. Michael ging zur Schule, während Gertruda jeden Morgen in Jaffas nördliche Bezirke fuhr, wo sie als Putzhilfe für sich und Michael ihren Lebensunterhalt verdiente – keine leichte Arbeit für eine Frau, welche die Blüte der Jugend bereits hinter sich gelassen hatte. Abends kehrte sie müde und mit schmerzenden Gliedern zurück. Michael begrüßte sie immer mit einem Kuss, zog ihr die Straßenschuhe aus, kochte eine bescheidene Mahlzeit und schlug ihr Bett auf. Er wusste, dass sie nur seinetwillen so hart arbeitete. Sie wollte, dass er eine gute Schulbildung bekam, es sollte ihm an nichts fehlen. Und er schwor sich, dass er ihr eines Tages tausendmal vergelten würde, was sie für ihn getan hatte. Sie hatte ihn vor dem sicheren Tod bewahrt, ihm das Leben zum zweiten Mal geschenkt. Immer war sie für ihn da gewesen, tröstend und beschützend wie ein gütiger Engel.

Während des Krieges waren Armut und Not Michael Stolowitzkys ständige Wegbegleiter gewesen. Endlich, nach all den Jahren des Leids, sah er jetzt Licht am Ende des Tunnels. Bald würde dieses entbehrungsreiche Leben der Vergangenheit angehören. Eines Tages, in nicht allzu ferner Zukunft, würde sich alles zum Guten wenden, und es würde wieder so sein wie früher, in den sorgenfreien Tagen des Wohlstands. Davon war er fest überzeugt.

Eine glückliche, unbeschwerte Zukunft lag in greifbarer Nähe. Nicht mehr als vier Flugstunden trennten ihn von einem Schatz, der nur darauf wartete, von ihm gehoben zu werden: Millionen von Dollars auf den Konten und Goldbarren in den Tresoren von Schweizer Banken – das Vermögen seines verstorbenen Vaters, Jacob Stolowitzky, bekannt als „der Rockefeller von Polen". Michael war sein einziger Erbe.

Das Erbe seines Vaters schien ihm eine gerechte Entschädigung für die furchtbaren Kriegsjahre. Es wurde zum Zentrum seines Denkens, Gegenstand seiner Tagträume. Während seiner Zeit bei der israelischen Armee fieberte er ungeduldig seiner Entlassung entgegen, um endlich seinen Plan zu verwirklichen.

Als junger Soldat wurde er einer Gefechtseinheit zugeteilt und von der Kugel eines syrischen Heckenschützen verwundet. Sie traf ihn bei einem Schusswechsel nördlich des Sees Genezareth ins Bein. Man brachte ihn, stöhnend vor Schmerzen, ins Krankenhaus von Poriya. Als er nach der Operation aus der Narkose erwachte, sah er seine Adoptivmutter an seinem Bett sitzen und streckte seine schwache Hand nach ihr aus.

„Weine nicht", sagte sie und drückte seine Hand an ihr Herz, „es wird alles gut, das verspreche ich dir."

Nach seiner Militärzeit kehrte er nach Hause in ihre bescheidene Wohnung zurück. Gleich am nächsten Tag machte er sich auf die Suche nach einem Job. Für keine Arbeit war er sich zu schade. Tagsüber flitzte er als Eilbote mit seinem Motorroller durch Jaffa-Tel Aviv, abends kellnerte er und arbeitete als Nachtwächter bei einer Textilfirma. Er wollte so viel wie möglich verdienen, so viel Geld wie möglich sparen.

Zwei Jahre später, im Juni 1958, kratzte er alle Ersparnisse zusammen und buchte einen Flug nach Zürich. Im Koffer verstaute er die verbliebenen Familiendokumente.

9

„Wie lange wirst du fortbleiben?", fragte Gertruda besorgt.

„Zwei bis drei Tage vielleicht. Länger sollte es nicht dauern."

„Und wenn sie dir das Geld nicht geben?"

„Warum sollten sie nicht?" Er lächelte sie zuversichtlich an. „Ich bin bald wieder da", versprach er. „Und wenn ich wiederkomme, bin ich ein reicher Mann. Dann ändert sich unser Leben."

Sie begleitete ihn noch zum Flughafen und drückte ihm zum Abschied einen Kuss auf die Stirn. „Pass auf dich auf", sagte sie. „Und gib gut auf das Geld acht – damit es dir nicht abhandenkommt."

„Mach dir keine Sorgen", antwortete er.

Aufgeregt und voll freudiger Erwartung ging er an Bord. In Zürich mietete er ein kleines Zimmer und lag die ganze Nacht wach. Er wusste nur den Namen einer Bank unter mehreren, bei denen sein Vater sein Vermögen angelegt hatte. Diese Bank suchte er am nächsten Tag auf. Unterwegs sah er vor seinem inneren Auge, wie die Bankangestellten ihm kofferweise Geldscheine aushändigten und wie er damit, reich und sorgenfrei, nach Israel zurückkreiste. Er sah seine Adoptivmutter, wie sie ihn mit ausgebreiteten Armen begrüßte, und er hörte sich sagen: „Wir haben es geschafft, Gertruda, wir sind reich! Jetzt wohnen wir bald in unserem eigenen Haus, kaufen uns alles, was wir wollen – und das Wichtigste: Du musst nie wieder arbeiten!"

Sie würde ihn in die Arme schließen und sagen, was sie immer sagte: „Mein lieber Junge. Ich brauche kein Geld. Alles, was ich brauche, bist du."

Zwei Hochzeiten

1.

Graf Stefan Roswadowsky stürzte wütend ein weiteres Glas Brandy herunter. Er war ein dickbäuchiger, rotgesichtiger Mann, auf dessen Militäruniform die Orden seiner Vorväter prangten. Seine zweiundsiebzig Lebensjahre glichen einer nie endenden Vergnügungsreise. Unter seinem breiten Kiefer hing ein rosa Doppelkinn wie ein fetter Kloß, das wie der übrige Körper durch die Jahre des ausschweifenden Lebens an Fülle zugenommen hatte.

Draußen knirschten Wagenräder auf dem Kiesweg und kündigten die Kutsche an. Ein Anflug von Übelkeit stieg wie eine böse Vorahnung in ihm auf. Er würde alles darum geben, um die folgende Begegnung zu vermeiden.

Die düsteren, bleiernen Wolken über Warschau passten zu seiner Stimmung. Ein dünner, bindfadenartiger Regen fiel kaum hörbar auf die gepflegten Gartenanlagen des herrschaftlichen Hauses in der Ujazdowska-Allee 9, als die Kutsche vor dem Eingang hielt. Der Kutscher sprang vom Bock und öffnete dem Fahrgast die Tür. Ein Mann um die vierzig in einem eleganten Wollmantel stieg aus. Er war groß und schlank, hatte einen selbstsicheren, entschlossenen Zug um den Mund und ging geschmeidigen Schrittes auf das Haus zu. Der Kutscher hielt ihm einen Regenschirm über den Kopf und geleitete ihn zur Tür. Von seinem Fenster aus beobachtete der Graf die Szene mit wachsendem Unbehagen. Jeden Augenblick würde der Gast seinen Fuß über die Schwelle setzen und damit die Familienehre der Roswadowskys und seine eigene Ehre unwiederbringlich zerstören.

Ein Dienstbote in schwarzer Livree bat den Gast mit

ausdrucksloser Miene ins Haus und nahm ihm den Mantel ab.

„Wenn der Herr bitte warten möchten", sagte er in unterwürfigem Tonfall, „ich werde Graf Roswadowsky von Ihrer Ankunft unterrichten."

Leise öffnete der Hausdiener die Tür zu Roswadowskys Arbeitszimmer und machte eine tiefe Verbeugung. „Euer Gnaden", kündigte er an, „Herr Stolowitzky ist da."

Der Graf zögerte. „Es schadet dem Juden nicht, wenn er ein bisschen warten muss", brummte er unwillig. Er brauchte noch etwas Zeit, um sich für die bevorstehende Unterredung zu wappnen.

Seufzend sank der Graf tiefer in seinen Sessel. Von den mit Samt bezogenen Wänden schauten seine Vorfahren auf ihn herab, ordensschwere Offiziere mit Schwertern, hoch zu Ross auf edlen Pferden mit wallenden Mähnen und schimmerndem Fell. Daneben prangten in Goldrahmen die Porträts ihrer schönen, üppigen Frauen in prunkvollen Gewändern, geschmückt mit Gold, Diamanten und anderen wertvollen Juwelen. Perserteppiche, von ausgesuchten Künstlern im Schweiße ihres Angesichts in den Kellern von Isfahan und Shiraz gewoben, zierten die Wände, und die Möbelstücke in dem großzügigen Zimmer hätten einem Königsschloss alle Ehre gemacht.

Der alte Graf rutschte unbehaglich hin und her, zupfte nervös an seinem gepflegten Schnurrbart und bemühte sich um Haltung. Um jeden Preis wollte er seine Unsicherheit und seinen Abscheu vor dem Treffen mit dem Besucher verbergen. Nie im Leben hätte er gedacht, dass eines Tages er, der aus einer polnischen Adelsfamilie stammte, der ausgedehnte Ländereien und wertvolle Kunstgegenstände besaß und von dessen Gunst Hunderte von Pächtern abhängig waren, sich in einer solch peinlichen, erniedrigenden Lage befinden würde. Das erschütterte seine Vorstellung von der Ordnung der Welt bis in die Grundfesten.

In der Familie des Grafen Roswadowsky spielten Ehre und gesellschaftliche Stellung eine große Rolle. Roswadowsky wusste, wie seine Vorfahren gehandelt hätten, hätte ein Jude es gewagt, seinen Fuß in ihr Haus zu setzen. Ohne zu zögern hätten sie ihn hinausgeworfen, vielleicht sogar mit Schlägen vor die Tür gejagt, wie es sich für einen gehörte, der sich erdreistete, ihre Notlage auszunutzen.

Niemals zuvor hatte jemand aus der Familie Roswadowsky es mit einem Juden zu tun gehabt wie diesem, der nun draußen in der Vorhalle wartete. In Baranowicz im Osten Polens, wo die Familie zahlreiche Gutshöfe und Ländereien besaß, verneigten sich die Juden voller Ehrfurcht, wenn die Kutsche des Grafen vorbeifuhr, und wagten nicht, ihre Augen zu heben. Wo waren diese Zeiten geblieben? Wo war seine Autorität? Wie konnte es geschehen, dass ein Jude es wagte, dieses prachtvolle Warschauer Anwesen zu betreten? Es war eines der vielen Herrschaftshäuser in ganz Polen, die sich im Besitz der Familie befanden. Und nun kam dieser Jude ins Haus, nicht etwa, um einen Gefallen zu erbitten, sondern weil er, der Graf, ihn zu sich gebeten hatte, damit er ihm aus einer Notlage half.

Juden wie Moshe Stolowitzky waren dem Grafen Roswadowsky fremd. Stolowitzkys Leben war von Wohlstand und Einfluss geprägt, und es gab nicht viele Männer in Polen, die es mit seinem Reichtum aufnehmen konnten. Einen Großteil seines Vermögens hatte er von seinem Vater geerbt, einem geschickten Geschäftsmann, der vor dem Ersten Weltkrieg mit der Produktion und dem Verkauf von Eisenbahnschwellen reich geworden war, ferner mit der Herstellung von Mühlsteinen für Getreidemühlen, einem Gasthaus in seinem Heimatort Baranowicz sowie durch erfolgreiche Immobiliengeschäfte. Als Baranowicz im Ersten Weltkrieg an die Russen fiel, flohen viele Einwohner nach Warschau. Moshe Stolowitzky gelang es, den größten Teil seines Vermögens zu retten.

Graf Roswadowsky hatte weniger Glück gehabt. Er floh bei Nacht und Nebel und musste einen Großteil seines Besitzes zurücklassen. Unterschlupf fand er in seinem Palais in Warschau. Bald jedoch wurde das Geld knapp, sein Schuldenberg wuchs immer höher und die Gläubiger wurden immer ungeduldiger. Er wusste, es gab nur noch den einen schmerzvollen Ausweg: Er musste Häuser und Ländereien verkaufen. Käufer kamen und gingen. Manche wollten seine Notlage schamlos ausnutzen und versuchten, gnadenlos den Preis zu drücken. Andere boten angemessene Preise, die jedoch immer noch nicht hoch genug waren. Bis eines Tages Moshe Stolowitzky auf der Bildfläche erschien und ein gutes Angebot machte.

Der Diener kam nach ein paar Minuten zurück. „Herr Stolowitzky ist in Eile", meldete er, „er sagt, er könne nicht länger warten."

Der Graf schnaubte verächtlich. „Der Jude hat vielleicht Nerven", brummte er ungehalten.

Der Dienstbote blieb stumm stehen und wartete auf weitere Anweisungen.

Roswadowsky schluckte seinen Widerwillen herunter. „Na schön, er soll reinkommen."

Kurz darauf stand Moshe Stolowitzky in der Tür und blickte den Grafen respektlos an. Er war sich seiner überlegenen Position bewusst. Daher nahm er sich keine Zeit, um Nettigkeiten auszutauschen, sondern kam gleich auf das Geschäftliche zu sprechen, was Roswadowsky missfiel. Der Gast war ein harter Verhandlungspartner, und in der darauffolgenden Stunde verkaufte ihm der Graf mehrere Häuser und Ländereien in Baranowicz und überschrieb ihm das Anwesen in Warschau. Wie immer, wenn er in Geldnot war, war die Familienehre plötzlich zweitrangig. Er schluckte seine verletzten Gefühle hinunter und unterschrieb schweren Herzens die Kaufverträge.

Das Palais der Familie Stolowitzky, Warschau

Es fiel ihm nicht leicht, sich von seinem Besitz zu trennen – schon gar nicht von dem Warschauer Herrschaftshaus mit den wertvollen Möbeln und Kunstgegenständen, das sein ganzer Stolz gewesen war. Es schmerzte ihn, all das aufgeben zu müssen: ein Heer von Dienstboten, eine mit Delikatessen aus aller Welt gefüllte Speisekammer, einen Weinkeller mit erstklassigen Weinen. Und dann die festlichen Bankette, bei denen reiche Geschäftsleute und alles, was in Polen Rang und Namen hatte, zu Gast gewesen waren. Und all das nur, um einen skandalösen Privatkonkurs zu vermeiden.

Seine junge Geliebte, eine schwarzhaarige Schönheit und Tochter eines seiner Pächter, die ebenfalls in dem Palais in Warschau lebte und seine Besuche dort noch angenehmer machte, weinte bitterlich, als sie ihre Sachen packen musste. Der Graf stand hilflos daneben.

„Was wird nun aus mir? Und was wird aus uns?", schluchzte sie.

Der Graf strich ihr übers Haar und blinzelte eine Träne aus den Augenwinkeln weg. Er hatte keine Antwort.

Moshe Stolowitzky verließ das Haus mit dem Gefühl, ein hervorragendes Geschäft gemacht zu haben. Er war als erfahrener Geschäftsmann bekannt. Sein scharfer Verstand und seine Zielstrebigkeit ebneten ihm den Weg in die obersten Etagen der Regierungsbehörden, und schon bald war er *der* Vertragspartner im Eisenbahngeschäft. Er beschäftigte Hunderte von Arbeitern, die Schienen durch ganz Polen und später durch ganz Russland verlegten. Antisemitische Äußerungen prallten an ihm ab, denn er wusste, dass kein Judenhasser es wagen würde, ihm ein Haar zu krümmen. Bei festlichen Anlässen lud er Regierungsvertreter und die übrige Elite Polens ein und war auch in ihren Häusern ein gern gesehener Gast.

Graf Roswadowsky erbat sich eine Frist von einer Woche, um aus seinem Warschauer Palais auszuziehen. Nachdem der letzte Möbelwagen das Gelände für immer verlassen hatte, zog Moshe Stolowitzky mit seiner Frau Hava und ihrem kleinen Sohn Jacob ein.

2.

Moshe Stolowitzky war nicht nur reich, sondern auch stolz auf seine jüdischen Wurzeln. Regelmäßig las er die jiddische Tageszeitung, *Dos Yidishe Tageblat,* und besuchte gemeinsam mit seiner Frau das von dem Schauspieler Zigmund Turkow gegründete jüdische Theater „Wikt". Ferner hatte er in den jiddischen Film „Jiddl mitn Fiddl" investiert, der weltweit zum jüdischen Kinohit wurde. Er unterstützte jüdische Schriftsteller sowie jüdische Schulen und Jeschiwas (Talmudschulen, an denen sich männliche Schüler dem Studium der überlieferten Auslegung des Alten Testaments widmen; d. Übers.). Jeden Freitag ließ er für das Sabbatmahl Lebensmittelkörbe für die Armen in die Stadt bringen, und in seinem Haus hatte er – wie es bei vielen wohlhabenden Juden üblich war – eine kleine Schachtel mit Bargeld für die Bettler, die täglich an seine Tür klopften.

Jacob, sein einziger Sohn, sollte in die Fußstapfen seines Vaters treten. Moshe beschäftigte mehrere Hauslehrer, die Jacob in Hebräisch und Naturwissenschaften unterrichteten, abonnierte für ihn die hebräische Kinderzeitschrift *Olam Katan* (Kleine Welt) und war glücklich, als Jacob Geschichten über die Chassidim – besonders fromme Juden – und die heiligen Stätten des Gelobten Landes zu lesen begann.

An einem stürmischen Winterabend saß Moshe Stolowitzky in der ersten Reihe des Novoschi-Auditoriums, wo sich etwa dreitausend Juden versammelt hatten, um den Zionisten Zeev Jabotinsky sprechen zu hören. Der kleine Mann mit der intellektuellen Brille und dem ernsten Gesicht rief in seiner Rede leidenschaftlich dazu auf, nach Israel auszuwandern, bevor die Juden aus Europa vertrieben würden. Obwohl Moshe Stolowitzky ein Bewunderer Jabotinskys und seiner Bücher war, hielt er dessen Theorie der lauernden Gefahr für die europäischen Juden für reichlich übertrieben. Wie die meisten ihrer Freunde betrachteten die Stolowitzkys Polen als ihre Heimat und waren dankbar für den Wohlstand, zu dem sie es dort gebracht hatten. Sie führten ein gutes, angenehmes Leben und dachten nicht im Traum daran, dass ihnen schwere Zeiten bevorstehen könnten, wie Jabotinsky es in seiner düsteren Prophezeiung voraussagte.

Doch es dauerte nicht lange, bis Moshe Stolowitzky am eigenen Leib erfuhr, dass ein weiteres Leben in Wohlstand und

Sicherheit eine trügerische Illusion war. Es war an einem Freitagabend, und der jüdische Millionär saß auf seinem gepolsterten Stuhl gegenüber der Nachbildung der Bundeslade in der Tlomackie-Synagoge, der größten und ältesten Synagoge Warschaus. Andächtig lauschte er den Gesängen des berühmten Kantors Moshe Koussevitzky, und als der Gottesdienst vorüber war, verließ er die Synagoge gemeinsam mit einer Gruppe von Gläubigen. Seine Kutsche stand schon bereit. Zu Hause wartete seine Familie mit dem traditionellen Sabbatmahl.

Aber Stolowitzky kam nicht weit. Eine Horde jugendlicher Antisemiten umzingelte die Gläubigen, warf mit Steinen und beschimpfte sie in übelster Weise. Die Juden erstarrten vor Schreck und wussten nicht, wie ihnen geschah. Die meisten von ihnen waren in der Vergangenheit schon Zeugen antisemitischer Übergriffe gewesen, doch niemals derart gezielter und brutaler. Als die Angreifer versuchten, ihnen die Gebetsschals zu entreißen, wehrten sich die Opfer. Bald war eine Schlägerei im Gang, die erst ein Ende nahm, als die Polizei einschritt und Recht und Ordnung wiederherstellte.

Zerschrammt und mit zerrissenen Kleidern fuhr Moshe Stolowitzky nach Hause. Der Vorfall an sich beunruhigte ihn nicht allzu sehr. Er zog es vor zu glauben, dass vereinzelte Übergriffe auf Juden noch lange kein Beweis für eine gefährliche Entwicklung waren. Am meisten Sorgen bereitete ihm, dass seine Frau solche Dinge ernster nahm als er, und so erzählte er ihr, er sei vor der Synagoge gestürzt. Sie ließ sofort einen Arzt kommen, der seine Wunden verband und ihm zwei Tage Bettruhe verordnete.

Eine Woche darauf in der Synagoge verkündete der Rabbiner, dessen gebrochener Arm in der Schlinge an die gewaltsamen Ausschreitungen erinnerte, nach Beendigung der Gebete von der Kanzel: „Ich habe beschlossen, das Land zu verlassen und mit meiner Familie nach Jerusalem zu gehen. Polen ist für uns Juden eine tödliche Falle. Wem sein Leben lieb ist, der tut gut daran, seine Sachen zu packen und auszuwandern, bevor es zu spät ist."

Moshe Stolowitzky wünschte ihm alles Gute. Zu Hause erzählte er seiner Frau von der Entscheidung des Rabbiners, Polen zu verlassen. „Vielleicht hat er recht", antwortete sie nachdenklich.

„Unsinn!" Moshe erhob seine Stimme. „Es besteht keinerlei Grund zur Panik."

3.

Der 28. Juni 1924 war ein strahlender, heißer Sommertag. Die Warschauer Bürger flanierten durch die Grünanlagen, die das Flussufer säumten. An jenem Nachmittag stellte Jacob Stolowitzky seinen Eltern seine Verlobte Lydia vor. Er war damals zweiundzwanzig und seine zukünftige Braut war zwanzig Jahre jung, ein schlankes, hübsches Mädchen, Tochter eines jüdischen Offiziers aus Krakau, die in Warschau Politikwissenschaften studierte. Sie hatten sich auf einem Fest bei gemeinsamen Freunden kennengelernt, und es war Liebe auf den ersten Blick gewesen.

Hava und Moshe Stolowitzky empfingen die Verlobte ihres Sohnes im Festsaal ihres Palais und unterhielten sich mit ihr über ihre Familie und über ihr Studium. Sie fanden die junge Frau sehr sympathisch und sahen geflissentlich darüber hinweg, dass ihre Eltern weniger begütert waren als sie selbst. Sie war Jüdin und ihr Sohn liebte sie, alles andere würde sich finden. Bei dem festlichen Bankett, das sie für Lydia und ihre Eltern gaben, tranken die Gäste auf das junge Paar, und noch am selben Abend wurde das Hochzeitsdatum verkündet.

Drei Monate später war die gesamte Elite Warschaus Zeuge einer unvergesslichen Zeremonie. Mitglieder der Regierung,

Führungspersönlichkeiten aus der Wirtschaft, Großindustrielle, Künstler und Intellektuelle strömten in das herrschaftliche Haus und gratulierten dem frisch vermählten Paar und den glücklichen Eltern. Dutzende von Hausangestellten reichten Tabletts mit erlesenen Köstlichkeiten herum und schenkten Champagner nach. Das Orchester spielte, bis der letzte Gast gegangen war.

Das junge Paar verbrachte die Flitterwochen in der Schweiz. Als Jacob und Lydia nach Warschau zurückkehrten, überraschte Moshe Stolowitzky sie mit dem Vorschlag, ebenfalls in dem großzügigen Palais zu wohnen. Die Jungvermählten willigten gerne ein, und Moshe stellte ihnen einen geräumigen Seitenflügel zur Verfügung.

Jacob und Lydia fanden in dem großen Haus allen Komfort, den sie sich wünschen konnten. Lydia kümmerte sich um die Inneneinrichtung und ließ Möbel aus Italien kommen. Sie beaufsichtigte die Angestellten in ihrem Flügel – eine Haushälterin, einen Koch, zwei Putzfrauen und einen Chauffeur. Jacob bekam einen leitenden Posten in der Firma seines Vaters, und die Geschäfte florierten wie nie zuvor. Er reiste geschäftlich durch ganz Europa, unterzeichnete Verträge mit verschiedenen Staaten und verdiente gutes Geld.

Mehr als alles andere wünschten sich die beiden ein Kind. Lydia träumte davon, dass ihr Sohn einmal Arzt werden würde, Jacob dagegen wünschte sich, dass er in seine Fußstapfen treten, später die Firma übernehmen und somit eines Tages das Stolowitzky-Imperium erben würde. Obwohl sie darin unterschiedlicher Meinung waren, waren sie sich in den meisten Dingen einig und glaubten, dass ihnen eine herrliche, sorgenfreie Zukunft beschieden war, in der ihr Kind stets auf Rosen gebettet sein würde.

Sie sollten sich irren.

4.

Karl Rink hatte schon immer mehr vom Leben erwartet. Er war Junggeselle, vierundzwanzig Jahre alt, mit blauen Augen und kurz geschorenem Haar und arbeitete als Buchhalter bei dem Chemieunternehmen I.G. Farben in Berlin. Sein mageres Gehalt reichte kaum aus, um seinen Lebensunterhalt zu bestreiten. Sein Büro war klein und dunkel und seine Arbeit langweilte ihn. Karl träumte von einer anderen Karriere, von einem Beruf, der lukrativer und interessanter war und in dem er wirklich erfolgreich sein konnte. Hin und wieder nahm er einen Anlauf und machte sich auf die Suche nach einer neuen Arbeit, doch die einzigen Stellen, für die er qualifiziert zu sein schien, waren in der Buchhaltung. Sehr schnell hatte er begriffen, dass sich Hunderte von Bewerbern auf die interessanten Stellenangebote stürzten, darunter viele, die besser und qualifizierter waren als er. Mit der Zeit hatte er nur noch wenig Hoffnung, dass sich jemals etwas ändern würde.

Der einzige Ausgleich zu seinem eintönigen Alltag war der Sport. Rink war ein ausgezeichneter Radrennfahrer – hier konnte er sein echtes Talent zeigen. Er gehörte dem firmeneigenen Sportverein an, trainierte jedes Wochenende und bei jedem Wetter, quälte sich im Gebirge auf steilen Pfaden bergan. Im Regal seiner kleinen Wohnung reihten sich die Pokale. Darüber hing in einem Rahmen ein Artikel aus einer Lokalzeitung über seinen Sieg in einem regionalen Radrennen.

Am 12. September 1924 hatte er es besonders eilig, nach der Arbeit nach Hause zu kommen. In seiner Einzimmerwohnung in einer trostlosen Arbeitersiedlung im Berliner Westen zog er seinen dunklen Anzug an, band sich eine Krawatte um und holte seine Eltern ab, die in einem entfernten Vorort wohnten. Mit dem Bus fuhren sie zu dritt zum Standesamt, wo Mira, ihre Eltern und eine Handvoll Freunde schon auf sie warteten.

Mira, ein Mädchen von einundzwanzig Jahren mit dunklem Haar, heller Haut und molliger Figur, war beim Justizministerium in der Abteilung für Testamente als Bürokraft beschäftigt. Arm in Arm stand sie mit Karl in ihrem weißen Kleid vor dem Standesbeamten, der ihre Trauung vollzog. Dass Mira Jüdin war, stand ihrer Liebe nicht im Wege. Karls Eltern – sein Vater war Lastwagenfahrer und seine Mutter Hausfrau – kümmerten sich nicht um kulturelle oder religiöse Unterschiede und liebten Mira wie eine Tochter. Miras Eltern besaßen ein Lebensmittelgeschäft und lebten streng nach den jüdischen Gesetzen und Bräuchen. Auch wenn Ehen zwischen Juden und Christen in Berlin keine Seltenheit waren, hatten sich Miras Eltern entschieden gegen eine Verbindung mit einem Nicht-Juden ausgesprochen. Karl und Mira hatte lange Zeit versucht, mit ihnen zu reden und sie umzustimmen. Und Mira hatte so lange gebeten, ihren Verlobten heiraten zu dürfen, bis ihre Eltern sich geschlagen gaben.

Das junge Paar bekam ein paar wenige Hochzeitsgeschenke, vorwiegend Gläser und Porzellan. Karls Kollegen hatten eine kleine Summe gesammelt, und sein Chef überreichte ihm einen Umschlag mit einem Wochenlohn. Die Eltern des Hochzeitspaares gaben einen bescheidenen Empfang und schenkten den Frischvermählten ein Doppelbett.

Verliebt und glücklich verbrachten Mira und Karl ihre zweitägige Hochzeitsreise in einem kleinen Ort im Schwarzwald. Mit dem Rad fuhren sie auf verschlungenen Wegen durch die Wälder, aßen Blutwurst und tanzten bis in die frühen Morgenstunden zur Musik einer einheimischen Kapelle in einem örtlichen Gasthof. Wieder in Berlin, zog Mira in Karls Wohnung ein, und als das Jahr zu Ende ging, wurde ihre Tochter Helga geboren. Die stolzen Eltern standen stundenlang vor der Wiege und konnten sich nicht sattsehen an dem kleinen Wesen.

Ihr Leben war ruhig und beschaulich. Sie liebten einander und ihre kleine Tochter und spazierten gern an warmen Wochenenden mit dem Kinderwagen durch den Park. Mira wurde im Justizministerium befördert, und Karl gab die Hoffnung nicht auf, eines Tages endlich seine Traumstelle zu finden. Beide blickten sie der Zukunft zuversichtlich entgegen und freuten sich auf ein Leben voll Glück, Wohlstand und beruflicher Erfüllung.

Sie sollten sich irren.

Das Kind

Im Frühling des Jahres 1931, als der Winter sich mit Regen und Schneeschauern verabschiedet hatte und die ersten warmen Sonnenstrahlen zaghaft durch die Wolken brachen, wurde Karl Rink in die Zentrale der nationalsozialistischen Partei geladen. Er wusste, dass der Sportverein seiner Firma, wie viele andere Sportvereine, unter der Schirmherrschaft der SS stand – der „Schutzstaffel", einer Eliteeinheit der Partei. Die SS war berüchtigt für ihre Disziplin und ihre strengen, brutalen Methoden. Karl hatte sich nie besonders für Politik interessiert. Alles, was er wollte, war Rad fahren, Rennen gewinnen, neue Rekorde aufstellen und eines Tages eine bessere Arbeit finden. Die Nationalsozialisten interessierten ihn nur in einer einzigen Hinsicht: Sie pumpten Geld in den Sportverein, förderten die Sportler und stifteten Preise und Pokale. Er war noch nie zuvor in der Parteizentrale gewesen und neugierig auf das bevorstehende Treffen.

Ein stämmiger Mann in SS-Uniform begrüßte ihn mit einem festen Händedruck und stellte sich als Sportbeauftragter der Partei vor. Mit einem gewinnenden Lächeln überreichte er Karl einen Silberpokal als Anerkennung für seine Leistungen im Radrennsport im vergangenen Jahr mit den Worten: „Machen Sie weiter so, Rink. Die Partei schätzt Männer wie Sie."

Karl freute sich über das Lob und die Anerkennung des SS-Mannes. Am darauffolgenden Sonntag machte er mit Mira und der kleinen Helga einen Ausflug an einen nahe gelegenen See. Es war ein warmer, sonniger Tag, und in den Cafés am Ufer saßen Leute im besten Sonntagsstaat bei Kaffee und Kuchen, löffelten Eiskrem und sahen den vorbeiziehenden Segelbooten zu. Die Zeiten waren hart, und die wirtschaftliche Lage spitzte sich zu, doch die Ausflügler taten so, als beträfe sie das alles nicht. Als wüssten sie nicht, dass in ihrem Wohnviertel ein Geschäft nach dem anderen Konkurs anmelden musste und dass die Arbeitslosenzahlen täglich stiegen. Karl dankte seinem Glücksstern für sein sicheres Einkommen und dass man seine Leistungen im Sport würdigte. Und dafür, dass er mit seiner Frau und seiner über alles geliebten Tochter in einem Café am Seeufer in dieser bezaubernden Ecke Berlins sitzen durfte.

Doch das ungetrübte Glück währte nur kurze Zeit. Eines Morgens wurde Karl ins Büro seines Abteilungsleiters gerufen. Erwartungsvoll betrat er das Zimmer, in der Hoffnung auf eine Beförderung und auf einen besser bezahlten, interessanteren Posten. Doch er hatte sich zu früh gefreut.

„Wissen Sie, Herr Rink", hörte er den Abteilungsleiter sagen, „die Wirtschaftskrise hat unsere Firma schwer getroffen. Die Aufträge sind stark zurückgegangen, unsere Verluste werden von Tag zu Tag größer. Unter diesen Umständen sehen wir uns gezwungen, einige Mitarbeiter zu entlassen. Es tut mir leid, Herr Rink, dass es auch Sie betrifft."

Zehn Jahre lang hatte er für die Firma gearbeitet. Die Entlassung traf ihn wie ein Donnerschlag. Wortlos nahm er seinen Mantel und den Umschlag mit der bescheidenen Abfindungssumme und ging nach Hause.

Als Karl die Tür aufschloss und plötzlich in der Wohnung stand, warf sich die inzwischen sechsjährige Helga mit einem Freudenschrei in seine Arme. Normalerweise kam ihr Vater nie so früh nach Hause. Auch Mira war überrascht, ihn zu sehen. „Was ist passiert, Karl?", fragte sie besorgt. „Bist du krank?"

„Nein", erwiderte er mit tonloser Stimme. „Ich bin entlassen."

Mira sah ihn entsetzt an. Auch wenn die Arbeitslosigkeit im Land stieg und sich die wirtschaftliche Situation immer mehr verschlechterte, konnte sie nicht glauben, dass nun auch sie – wie viele andere Familien – ihre Lebensgrundlage einbüßen sollten. Täglich begegnete sie Leuten aus der Nachbarschaft, die ihre Arbeit verloren hatten. Man erkannte sie an ihrem schleppenden Gang und ihrem zu Boden gerichteten Blick, unfähig, jenen in die Augen zu schauen, denen das Glück hold war und die noch in der Lage waren, ihre Familien zu ernähren.

Mira seufzte. Nun würden auch sie sich in das Heer dieser gebeugten Unglücksgestalten einreihen. Zum Glück hatten sie noch ihr bescheidenes Gehalt vom Ministerium, doch sie wussten beide, dass es nicht reichen würde.

„Was wirst du jetzt tun?", fragte sie ängstlich.

„Eine neue Arbeit suchen", antwortete Karl, doch ihm war klar, dass dies nicht einfach sein würde.

An jenem Abend blieben sie lange auf und unterhielten sich mit gedämpften Stimmen über ihre ungewisse Zukunft. Sie überlegten, wer aus ihrem Bekanntenkreis ihnen vielleicht helfen konnte. Karl versprach, sich gleich am nächsten Tag auf die Suche nach Arbeit zu machen – irgendeiner Arbeit, solange sie ihm ein regelmäßiges Gehalt einbrachte. Er redete sich ein, dass bestimmt jemand eine Stelle für ihn hätte oder ihm in irgendeiner Weise weiterhelfen konnte.

Er klopfte an die Türen sämtlicher Bekannten, die ihm alle höflich zuhörten, als er sein Anliegen vorbrachte. Doch helfen konnte ihm keiner. Stundenlang lief er von einer Firma zur nächsten und bot sich für alle möglichen Arbeiten an, doch am Abend kehrte er mit leeren Händen zurück.

In den folgenden Tagen wanderte er mehr oder weniger ziellos umher, um den Blick aus Miras enttäuschten, glanzlosen Augen nicht ertragen zu müssen. Überall war er von ungeduldigen Arbeitgebern abgewiesen worden. Er hatte kaum noch Hoffnung, irgendeine Arbeit zu finden. Da er sich nicht traute, vor Einbruch der Dunkelheit nach Hause zu kommen, besuchte er regelmäßig das kleine Kino in ihrem Viertel, wo er sich Tag für Tag denselben Film ansah. Dort saß er zusammengesunken in seinem Sitz, allein und verzweifelt, und starrte auf die Leinwand, ohne die Bilder zu sehen.

Eines Tages, nach erneuter erfolgloser Arbeitssuche, kam er an einem Gebäude vorbei, in dem gerade eine nationalsozialistische Parteiversammlung stattfand. Er trat ein, traf ein paar Bekannte aus dem Sportverein und lauschte den kämpferischen Worten der Redner, die einen wirtschaftlichen Aufschwung für Deutschland versprachen, wenn die Partei an die Macht käme. Die Arbeitslosen wurden aufgerufen, sich der NSDAP anzuschließen, so an der neuen Weltordnung mitzubauen und den Ruhm des Landes wiederherzustellen.

Karl hörte aufmerksam zu. Eine neue Hoffnung keimte in ihm auf. Am Schluss der Veranstaltung war er einer der Ersten, die nach vorn gingen, um sich einzutragen. Er war nun offiziell Mitglied der Nationalsozialistischen Partei. In den darauf folgenden Tagen verpasste er keine Versammlung. Bald wurde er zu Parteidiensten herangezogen und lernte, Adolf Hitler zu bewundern, den „Führer", der es verstand, seine Zuhörer zu fesseln wie kein anderer. Karl war von neuem Selbstbewusstsein erfüllt. Hier wurde er gebraucht. Und er wollte alles dafür tun, damit die Partei an die Macht kam, die seinem Land und ihm selbst eine neue Zukunft bieten konnte.

2.

Die Juden in Deutschland beobachteten die steigende Popularität der NSDAP mit wachsender Sorge. Wie eine riesige Krake streckte die Partei ihre Arme in alle Richtungen aus und durchdrang sämtliche Bereiche des öffentlichen Lebens. Hitler

griff mit eiserner Faust durch. Um das Ziel seiner Macht-
ergreifung zu verfolgen, war ihm jedes Mittel recht: die Vernichtung politischer Feinde, eine gezielte Propaganda der
Angst und das Aufhetzen der Massen gegen die Juden, indem
er behauptete, sie seien die Hauptschuldigen an der schlechten
wirtschaftlichen Lage Deutschlands und verantwortlich für
Armut und Arbeitslosigkeit im Land.

Karl bezahlte für seinen Eintritt in die NSDAP einen hohen
Preis. Seine Parteizugehörigkeit verursachte einen Vertrauens-
bruch bei seinen jüdischen Verwandten und Freunden, insbe-
sondere bei Miras Eltern. Viele von Miras und Karls gemeinsamen Freunden brachen den Kontakt zu ihnen ab. Miras
Eltern verboten ihm, noch einmal einen Fuß über ihre Schwelle zu setzen.

Mira flehte ihren Mann immer wieder an, aus der Partei
auszutreten, doch ihre stundenlangen Diskussionen führten zu
nichts.

„Deine Parteifreunde sind gewissenlose Mörder", sagte sie
mehr als einmal. „Wer anderer Meinung ist und sich gegen sie
stellt, den bringen sie kaltblütig um die Ecke. Und sie werden
alles tun, um die Juden loszuwerden."

„Du übertreibst, meine Liebe", wiegelte er ab. „Diese Stim-
mungsmache gegen die Juden ist bloß eine Strategie, um Wäh-
ler zu gewinnen."

Naiv glaubte er an die lauteren Motive Hitlers und gab vor,
als Parteimitglied keine andere Wahl zu haben, als die Ideolo-
gie der Nazis zu unterstützen. „Du wirst sehen, wie gut es uns
gehen wird, wenn Hitler an die Macht kommt", sagte er zuversichtlich.

Mira schaute ihn entgeistert an. „Was redest du da, Karl?
Wenn Hitler an die Macht kommt, wird es uns schlecht gehen – vor allem uns Juden!"

Karl beendete die Diskussion mit einer ungeduldigen Handbewegung. „Was verstehst du schon von Politik!"

Mira begriff, dass er verbohrt war: Es hatte keinen Sinn, vernünftig mit ihm zu reden. Sie schwieg, doch sie spürte, wie sich eine kalte Faust um ihr Herz schloss.

Blind für die düstere Realität, weitete Karl seine Aktivitäten innerhalb der Partei mehr und mehr aus. Bald wurde ihm nahegelegt, der SS beizutreten, wo man ihn mit offenen Armen empfing. Nach einer gründlichen medizinischen Untersuchung wurde ihm eine ausgezeichnete Gesundheit bescheinigt. Ein Psychologe befragte ihn über seine Eltern, seine Kindheit, seine Ausbildung, seine Freunde, seine Familie, seinen Beruf und seine Hobbys.

In beinahe jeder Hinsicht war Karl der ideale Kandidat für die SS: Er war „reiner Arier", hoch motiviert und körperlich fit. Es gab nur einen wunden Punkt: Er war mit einer Jüdin verheiratet. Doch die SS-Führer wollten Rink um jeden Preis und waren überzeugt, dieses Problem würde sich früher oder später von selbst lösen. Er bekam ein gutes Gehalt und wurde zu einem dreiwöchigen Ausbildungslehrgang in ein geheimes Übungslager in einer abgelegenen Gegend geschickt. Dort lernten die angehenden SS-Männer Passagen aus Hitlers Buch *Mein Kampf* auswendig sowie den Umgang mit verschiedenen Waffen. Sie mussten sich einem harten Ausdauertraining unterziehen und körperliche und psychische Strapazen ertragen. Sie lernten Methoden der Verhörstrategie und der Folter, mussten Hunden und Katzen mit bloßen Händen den Hals umdrehen, in Schützengräben liegen, während Fahrzeuge über sie hinwegrollten, ihre Kameraden in gnadenlosen Ringkämpfen außer Gefecht setzen, tagelang ohne Essen auskommen und Schläge und Dunkelhaft ertragen.

Karl bestand das Training ohne größere Schwierigkeiten. Am Ende des Lehrgangs legte er seinen Eid ab und schwor dem Führer „Treue und Gehorsam" bis in den Tod. Das SS-Symbol, zwei parallel verlaufende Blitze, wurde ihm in den

Arm tätowiert. Er erhielt eine schwarze Uniform, neue Stiefel, eine Armbinde mit Hakenkreuz und einen Dolch, der am Gürtel zu tragen war.

Als Karl in seiner neuen Uniform nach Hause kam, fing Helga bei seinem Anblick an zu weinen und in Miras Augen stand das blanke Entsetzen.

„Du machst mir Angst", sagte sie.

„Es ist bloß eine Uniform", versuchte er sie zu beruhigen. „Viele Deutsche tragen so etwas heutzutage."

Sie seufzte. „Ich habe kein gutes Gefühl bei der Sache, Karl."

„Es besteht kein Grund zur Sorge, Mira."

„Wissen deine Vorgesetzten, dass du eine jüdische Frau hast?"

„Ich habe nie ein Geheimnis daraus gemacht."

„Und wie war ihre Reaktion?"

„Sie schienen nichts dagegen zu haben."

Ihre Augen im blassen, ängstlichen Gesicht schienen riesengroß. „Noch nicht, Karl, noch nicht. Aber glaube mir, eines Tages werden sie eine ganze Menge dagegen haben."

„Unsinn", widersprach er. „Sie werden sich damit abfinden müssen."

Doch Mira ließ nicht locker. „Erzähl mir nicht, sie hätten euch in diesem Übungslager die Rassenlehre der Nazis vorenthalten."

„Die Rassentheorie gehörte auch zum Lehrgang."

„Und das bedeutet", nickte Mira, „sie werden früher oder später verlangen, dass du dich zwischen mir und der SS entscheidest. Was willst du ihnen dann erzählen?"

„Dann werde ich sie davon überzeugen, dass du keine Gefahr für die Partei darstellst", sagte er bestimmt. „Ich werde ihnen sagen, dass du voll und ganz hinter mir stehst."

Mira senkte den Kopf und wandte sich ab. „Du bist naiv, Karl. So naiv."

3.

Mit der Machtübernahme Hitlers im Januar 1933 erfüllten sich Miras Voraussagen. Von nun an tat die nationalsozialistische Führung alles, um das jüdische Leben in Deutschland in sämtlichen Bereichen zu untergraben und die Juden ihrer kulturellen, sozialen und wirtschaftlichen Grundlagen zu berauben. Jüdische Angestellte in Regierungsbehörden wurden postwendend entlassen, ebenso jüdische Professoren an den Hochschulen und jüdische Führungskräfte in öffentlichen Einrichtungen. Sie wurden durch Deutsche, die sich als „reine Arier" ausweisen konnten, ersetzt.

Mira Rink verlor ihre Stelle im Justizministerium. Ihr Vorgesetzter entließ sie ohne Kündigungsschreiben mit den lapidaren Worten: „Laut Gesetz dürfen wir Sie nicht mehr beschäftigen. Bitte verlassen Sie noch heute das Ministerium."

Sie erhielt keinerlei Abfindung, auch den Lohn des angebrochenen Monats blieb man ihr schuldig.

Niedergeschlagen und beschämt ging sie nach Hause und kochte Essen für die achtjährige Helga, die um die Mittagszeit aus der Schule kam.

Als ihre Tochter sah, dass ihre Mutter schon da war, machte sie große Augen. „Mir war heute nicht gut", stieß Mira hastig als Entschuldigung hervor. Dann erst bemerkte sie die ungewöhnliche Anspannung ihrer Tochter und ahnte, dass in der Schule etwas vorgefallen war.

„Unser Lehrer hat heute gesagt, dass er uns nicht mehr unterrichten kann", erzählte das Mädchen stockend. „Morgen kriegen wir einen neuen Lehrer."

Mira kannte den jüdischen Lehrer, er wohnte im gleichen Viertel. Er hatte eine kranke Frau und drei Kinder.

Bei Tisch versuchte sie, so normal wie möglich zu klingen, um Helga nicht weiter zu beunruhigen. Danach half sie ihr bei den Rechenaufgaben. Am Abend, als Karl nach Hause kam, erzählte sie ihm, dass sie entlassen worden war – und ebenso Helgas Lehrer.

„Es ist genauso gekommen, wie ich immer befürchtet habe." Ihre Stimme klang gepresst. „Deine Nazis werden keine Ruhe geben, bis alle Juden in Deutschland erledigt sind."

Karl strich ihr beruhigend über den Kopf. Noch immer leugnete er die drohende Gefahr und verschloss die Augen vor den Tatsachen.

„Ich verstehe deine Sorge", beschwichtigte er sie, „aber das Ganze ist nichts weiter als ein Kraftakt, in dem Hitler sich beweisen muss. In Wirklichkeit kümmern ihn die Juden herzlich wenig, denn er hat andere, wichtigere Dinge im Kopf wie etwa die wirtschaftliche Lage Deutschlands. Außerdem können wir froh sein, dass ich einen sicheren Arbeitsplatz habe. Was sollte jetzt ohne mein Gehalt aus uns werden?"

In den nächsten Tagen kam Karl früher als sonst nach Hause, meistens mit einem Blumenstrauß. Regelmäßig lud er Mira ins Kino oder ins Theater ein und kaufte ihr kleine Geschenke und neue Bücher, da sie gern las. Er hoffte, sie würde sich bald wieder beruhigen und an die neue Situation gewöhnen. Dann würde es ihr sicher auch gelingen, die Dinge optimistischer zu sehen.

Doch Mira sah die Realität allzu deutlich. Die Übergriffe auf Juden, die Einschränkung ihrer Bewegungsfreiheit und die Zerstörung ihrer Lebensgrundlage nahmen in drastischem Maße zu. Überall, auch in Privatunternehmen, kam es vermehrt zu Entlassungen. Die Zeitungen waren voller Hetztiraden und Verleumdungen, jüdische Geschäfte und Produkte wurden boykottiert. Miras Eltern standen kurz vor der Schließung ihres Lebensmittelladens, weil die Kundschaft ausblieb. Am 14. November 1935 wurden die Nürnberger Rassengesetze verabschiedet. Die Juden verloren die deutsche Staatsangehörigkeit. Außerdem verbot das Gesetz „Mischehen" zwischen Juden und Ariern. „Weißt du, dass wir nach dem Gesetz eigentlich gar nicht mehr verheiratet sein dürften?" Miras Stimme klang bitter.

Wie gewöhnlich versuchte Karl ihre Bedenken zu zerstreuen. „Du wirst immer meine Frau bleiben", erklärte er feierlich. „Niemand kann uns trennen."

4.

In Warschau mussten Lydia und Jacob Stolowitzky am eigenen Leib erfahren, dass man sich mit Geld nicht alle Wünsche erfüllen kann und dass Reichtum nicht jede Sehnsucht stillt. Nach der ersten unbeschwerten Zeit, in der sie ihre junge Liebe und ihren Wohlstand genossen, schwand ihre Lebensfreude von Jahr zu Jahr. Lydia bewegte sich wie ein Schatten durch das große Haus, freudlos und stumm. Sie veranstaltete keine Partys oder Konzerte mehr, Freunde wurden nur noch selten eingeladen. In unzähligen Nächten weinte sie sich in den Schlaf. Denn trotz aller Bemühungen konnte sie nicht schwanger werden. Die Ärzte hatten alle Möglichkeiten ausgeschöpft und mussten eingestehen, dass sie ihr nicht helfen konnten. Alles deutete darauf hin, dass Lydia Stolowitzky niemals Kinder bekommen würde.

Doch Lydia gab nicht auf. Nachdem die besten Ärzte Warschaus ihren Kinderwunsch nicht erfüllen konnten, suchte sie Rat bei namhaften Spezialisten in Zürich und Wien. Die Behandlungen waren unangenehm und langwierig. Oft waren längere Aufenthalte in Privatkliniken fern von zu Hause nötig, doch sie ließ nichts unversucht, und Jacob unterstützte sie darin in jeder Hinsicht. „Geld spielt keine Rolle", pflegte er zu sagen. „Für ein eigenes Kind ist uns kein Preis zu hoch."

Trotz der erheblichen Summen, die sie als Honorare abrechneten, konnten auch die ausländischen Spezialisten nicht helfen. Aber Lydia wollte ihre Hoffnung noch nicht begraben.

Da ihr die Medizin offensichtlich nicht weiterhelfen konnte, suchte sie Rat bei Rabbinern, Wunderheilern und Wahrsagern, spendete Geld für wohltätige Zwecke und füllte das Haus mit Amuletten gegen den bösen Blick.

Als auch dies nicht zum gewünschten Erfolg führte, verfiel sie in eine schwere Depression. Ihr Hausarzt verschrieb ihr Beruhigungsmittel. Ihr Mann machte mit ihr eine Donaukreuzfahrt und fuhr mit ihr nach Paris zum Kleiderkauf bei berühmten französischen Modeschöpfern. Doch nichts half, Lydias seelisches Gleichgewicht wiederherzustellen. Sie sprach kaum noch, war bleich wie ein Gespenst und hatte an nichts mehr Interesse. Mehrfach hegte sie Selbstmordgedanken. Ohne ein eigenes Kind, das wusste sie, war ihr Leben leer und sinnlos. Freunde redeten ihnen zu, über eine Adoption nachzudenken, und Jacob hätte sich sogar mit dem Gedanken anfreunden können. Doch für Lydia kam so etwas nicht in Frage. Sie wollte ein leibliches Kind.

Umso größer war – nach zehn langen Jahren der Unfruchtbarkeit – bei Lydia und den Ärzten die Überraschung, als sie eines Tages feststellte, dass sie schwanger war. Von dem Augenblick an war Lydia wie verwandelt. Ihre Augen begannen wieder zu leuchten, ihr ganzes Gesicht strahlte, ihr Gang war aufrecht und beschwingt, und in das herrschaftliche Haus am Fluss war das Lachen zurückgekehrt. Eine Krankenschwester wurde eingestellt, die während Lydias gesamter Schwangerschaft Tag und Nacht für sie da war. Der Arzt kam täglich, um sie zu untersuchen.

Lydia und Jacob Stolowitzkys Tochter wurde zu Hause geboren, in einer rauen Winternacht. Sie lebte nur wenige Tage. Nach ihrem Tod war das Ehepaar fest entschlossen, es noch einmal zu versuchen, und begab sich erneut in Behandlung. Dann, Mitte Februar 1936, wurde ihnen ein Sohn geschenkt. Die Geburt verlief ohne Komplikationen und war leichter, als

Lydia zu hoffen gewagt hatte. Sie war so glücklich wie nie zuvor im Leben.

Sie nannten den Jungen Michael, nach dem Engel Gottes, der das Böse besiegte, als Sinnbild der göttlichen Gnade. Jacob ging in die Synagoge, dankte dem Schöpfer und spendete eine beträchtliche Summe für die Armen. Lydia saß selig an der Wiege ihres Sohnes, lachte und weinte abwechselnd und betrachtete ihn, als könne sie das Wunder noch immer nicht begreifen. Michael bekam ein fürstlich eingerichtetes Kinderzimmer, und eine Kinderfrau war rund um die Uhr für seine Bedürfnisse da. „Er ist mein Prinz, mein Ein und Alles", sagte Lydia bei der Einstellung der Kinderfrau. „Passen Sie gut auf ihn auf und lassen Sie ihn niemals aus den Augen."

Die Erpressung

Wie ein Kind sein Lieblingsstofftier streichelt, so pflegte der neunundzwanzigjährige Emil mit seinen kräftigen Händen über die Radkappen des weißen Cadillac zu streichen. Er trug seine schwarze Chauffeurlivree und eine weiße Schirmmütze. Emil war Pole und katholisch, groß und dunkel und der Chauffeur der Familie Stolowitzky. Für seine treuen Dienste wurde er mit den Dingen honoriert, die ihm am wichtigsten waren: ein guter Lohn, ein warmes Zimmer und drei Mahlzeiten am Tag.

Der Cadillac rollte über eine von Schlaglöchern durchsetzte Landstraße, doch die erstklassige Federung fing die schlimmsten Stöße ab. Sie hatten die Stadtgrenze Warschaus bereits weit hinter sich gelassen, und Emil warf zwischendurch einen Blick auf seine Arbeitgeber hinten im Fond. Jacob Stolowitzky, ein kleiner, drahtiger, nervös wirkender Mann von sechsunddreißig Jahren in Jagdkleidung und Lederstiefeln, rauchte eine dicke Zigarre. Daneben seine Frau Lydia, vierunddreißig und schön wie eine Prinzessin in ihrem schneeweißen Kleid, die ihn bat, mit dem Rauchen aufzuhören. Und ihr zweijähriger rotwangiger Sohn Michael, der in seinem maßgeschneiderten kleinen Anzug still an einem Stück Schokolade kaute. Vorn auf dem Beifahrersitz saß die Kinderfrau, Martha.

Martha war dreißig Jahre alt, eine schmale junge Frau mit ernstem Gesicht. Sie kümmerte sich gut um Michael, lehrte ihn Gehorsam, Manieren und Höflichkeit, spielte mit ihm und brachte ihm viele Dinge bei. Die Eltern waren zufrieden mit ihr. Sie erzogen Michael liebevoll und sorgten dafür, dass es ihm an nichts mangelte. Es verging keine Stunde, in der Lydia nicht mindestens einmal nach ihm schaute, ihn in die Arme nahm und küsste und sich nach seinem Befinden erkundigte. Sie wusste, dass sie aller Wahrscheinlichkeit nach keine weiteren Kinder mehr zur Welt bringen würde. Nach Meinung der Ärzte war eine dritte Schwangerschaft zu risikoreich, und Lydia und ihr Mann waren überzeugt, dass Michael ihr einziger Erbe sein würde.

Müde und zufrieden ließ sich die Familie in den weichen Ledersitzen der amerikanischen Limousine durch die Landschaft schaukeln, voll Vorfreude auf einen sorgenfreien Urlaub in ihrer ländlichen Sommerresidenz.

Die Straße führte durch verschlafene Städte und ärmliche Dörfer. Bauern blickten erstaunt auf, als das prunkvolle Auto vorbeifuhr, der einzige Cadillac in ganz Polen. Jacob Stolowitzky streifte sie mit gleichgültigem Blick. Seine Frau cremte sich die zarten Hände mit einer duftenden französischen Hautcreme ein. Michael klebte am Fenster und musterte die Leute in schäbigen Kleidern, die ihrem Auto hinterherstarrten, als käme es von einem anderen Stern. Sie waren anders als die Leute, die er zu Hause in der Ujazdowska-Allee sah, Fremde in seiner Welt, so wie er ein Fremder in der ihrigen war.

Wie sein Vater war Jacob ein guter Geschäftsmann, klug und vorausschauend. Er verstand es, die familieneigenen Unternehmen zu vergrößern, erwarb Kohle- und Eisenminen, Häuser und Ländereien, unterzeichnete Partnerverträge mit Firmen in aller Welt und war Arbeitgeber für Hunderte von Angestellten. Einen Großteil seines Geldes legte er bei Schweizer Banken auf geheimen Nummernkonten an, wobei er stets einen Teil an Wohltätigkeitsorganisationen spendete. Abgesandte aus Israel, die nach Polen kamen, wurden im Hause Stolowitzky großzügig beherbergt und fuhren nie mit leeren Händen zurück. Hin und wieder versuchten sie, Jacob zu überzeugen, mit seiner Familie ins Gelobte Land überzusiedeln. „Was soll ich denn in Israel?", pflegte er zu antworten. „Ich bin zufrieden hier."

Das Leben meinte es gut mit ihm in Polen. Er und seine Familie pflegten einen Lebensstil, der für die meisten Menschen unerreichbar war. Die Stolowitzkys konnten so viele Bedienstete einstellen, wie sie wollten; sie konnten in den Metropolen Europas einkaufen, teuren Schmuck und elegante Kleider tragen und jedes Frühjahr mit ihrer Luxusjacht auf der Adria segeln, einmal sogar mit dem Herzog von Windsor und seiner Geliebten, Mrs Simpson.

In ihrem herrschaftlichen Haus veranstalteten sie rauschende Bälle, luden die polnische Elite und berühmte Gäste aus dem Ausland ein. International bekannte Künstler traten in dem großen Ballsaal auf. Ihre Urlaube verbrachten sie gern auf ihrem Sommersitz, einem wunderschönen Gut zwei Autostunden von Warschau entfernt.

Der malerische Landsitz war von dichtem Wald umgeben und grenzte an einen idyllischen kleinen See. Auf dem weitläufigen Gelände hatten die Stolowitzkys parkähnliche Gärten sowie Obst- und Gemüseplantagen anlegen lassen. Mitten im Wald, auf einer Lichtung, befanden sich geschmackvolle Holzhäuser für die Familie und ihre Gäste sowie für das Personal, das ganzjährig dort wohnte, um die Gebäude instand zu halten.

Endlich waren sie am Ziel. Zwei bewaffnete Wachmänner beeilten sich, das schwere Eisentor zu öffnen, und verbeugten sich, als der weiße Cadillac an ihnen vorüberfuhr. Vor dem größten Holzhaus hielten sie an und stiegen aus. Emil nahm wie immer den kleinen Michael auf die Schultern und galoppierte mit ihm zum Haus. Nachdem der Chauffeur das Kind in der geräumigen Diele abgesetzt hatte, ging er in den Garten und pflückte einen Blumenstrauß für Lydia. „Nie vergessen Sie die Blumen", pflegte sie zu sagen und dankte ihm mit einem warmen Lächeln, während er ihr galant den Strauß über-

Jacob Stolowitzky, Juli 1929

reichte. Jacob lächelte ebenfalls und klopfte dem Chauffeur anerkennend auf die Schulter.

„Wie könnte ich sie jemals vergessen", erwiderte Emil mit schmeichelnder Stimme. „Gnädige Frau sind wie eine Mutter zu mir."

Die betagte Haushälterin begrüßte die Familie mit unterwürfigen Verbeugungen und sorgte dafür, dass das Gepäck ausgeladen und auf die Zimmer gebracht wurde. Die Räumlichkeiten waren schlicht, aber edel möbliert, die Betten mit schneeweißen Laken bezogen und mit weichen Daunendecken bestückt. Durch die geöffneten Fenster wehte der würzige Duft von Tannennadeln. Das Rauschen des Waldes, begleitet von einer Symphonie der Vogelstimmen, drang an das Ohr. Die Sonne lachte von einem wolkenlosen blauen Himmel herunter. In den gepflegten Gärten leuchteten die Blumen.

Das Personal hatte bereits vor der Ankunft der Familie emsig Vorbereitungen getroffen. Die geladenen Verwandten, Freunde und Geschäftspartner, die ihren Urlaub gemeinsam mit den Stolowitzkys in ihrer Sommerresidenz verbringen würden, waren bereits angereist oder wurden – sofern sie nicht im eigenen Wagen von ihrem Chauffeur gefahren wurden – mit Kutschen vom Bahnhof abgeholt. Aus den Häusern drang

Lachen und das unbeschwerte Geplauder der Gäste. Angestellte servierten ein opulentes Mittagessen auf einem Esstisch, der vierhundert Jahre zuvor der polnischen Königsfamilie gehört hatte. Kinder rannten umher und spielten auf dem Rasen, Babys wurden von ihren Kindermädchen im Sonnenschein spazieren gefahren.

Das Abendessen fiel genauso üppig und extravagant aus wie die Mittagsmahlzeit, und nach dem Essen bat Lydia alle Gäste in den Ballsaal zum Konzert eines berühmten Kammerorchesters, das eigens zu dieser Gelegenheit aus Warschau gekommen war. Später zogen sich die Männer zurück und rauchten Zigarren, die Damen tranken warmen Cognac. Hausangestellte verteilten kleine Süßigkeiten auf den Kopfkissen. Später würden sie die Schuhe der Gäste, die über Nacht vor den Zimmertüren standen, auf Hochglanz bringen.

Bei Tagesanbruch ritt die Familie mit ihren Gästen zur Jagd und zum Angeln, in Begleitung des gutseigenen Försters. Die erbeuteten Fasane und Steinbutte wanderten in die Küche und wurden dort für das Abendessen zubereitet. Am Nachmittag breiteten die Bediensteten weiße Picknickdecken am Seeufer aus und verwöhnten die Herrschaften mit erlesenen Köstlichkeiten und einem leichten Wein. Lydia las ihrem Sohn eine Geschichte vor, während Martha, die Kinderfrau, ausritt.

Als es Abend wurde und die Gesellschaft sich anschickte, zum Haus zurückzukehren, bemerkte man, dass Martha immer noch fehlte. Lydia und Jacob begannen, sich Sorgen zu machen. Martha war außergewöhnlich gewissenhaft und kam nie zu spät. Sie warteten noch kurze Zeit, dann trommelte Jacob eine Gruppe Reiter zusammen, um Martha zu suchen. Sie fanden sie in einiger Entfernung vom Haus, im Wald zwischen den Bäumen liegend. Die Kinderfrau stöhnte vor Schmerzen. Das Pferd lag neben ihr mit gebrochenem Bein. „Er ist ganz plötzlich gestolpert, vielleicht in ein Kaninchenloch getreten", sagte sie mit matter Stimme. Auf einer provisorischen Trage aus Decken und Jagdgewehren trug man sie zurück ins Sommerhaus.

Ihr Unfall löste Sorge und Bestürzung aus. Martha war mehr als ein Kindermädchen; sie war zu einem geliebten und geschätzten Familienmitglied geworden. Michael schluchzte und Lydia ließ Emil rufen, der die Verletzte nach Warschau ins Krankenhaus brachte. Sie selbst fuhr ebenfalls mit. Bei der Eingangsuntersuchung wurde eine komplizierte Knieverletzung festgestellt sowie mehrere Quetschwunden am Arm. Die Ärzte äußerten sich besorgt. „Sie müssen ganz viel Geduld haben", sagte einer von ihnen. „Es wird sehr lange dauern, bis das Knie wieder belastbar ist."

Lydia fuhr nicht sofort mit zurück zum Sommerhaus. Marthas Unfall ging ihr so nahe, dass sie stundenlang an ihrem Bett saß, versuchte, ihre Schmerzen zu lindern, ihr Trost zu spenden und sie aufzuheitern. Nie zuvor waren ihr Krankheit, Leid und Schmerz so unmittelbar begegnet; sie betete um Marthas schnelle Genesung.

2.

Es sollte der glücklichste Tag ihres Lebens werden, ein Meilenstein im Leben von Gertruda Babilinska. Wie hatten sie und ihre Familie diesen Tag herbeigesehnt! Nun war er endlich da und erfüllte Gertruda mit freudiger Erwartung.

In dem kleinen Haus in Starogard bei Danzig, drei Eisenbahnstunden von Warschau entfernt, machte sich die Familie im Sonntagsstaat auf den Weg zur Kirche, wo die Trauung stattfinden sollte. Gertruda war das älteste Kind und die einzige Tochter.

Die Braut sah bezaubernd aus in ihrem Hochzeitskleid, ein großes, schlankes Mädchen von neunzehn Jahren mit blondem Haar. Sie war Lehrerin der örtlichen Schule und außerordentlich beliebt. Schüler und Kollegen schätzten und bewunderten sie, und die Eltern zeigten ihre Anerkennung am Ende jedes Schuljahrs mit Blumen und Geschenken. Gertruda wollte nach ihrer Heirat weiter im Schuldienst bleiben, zumindest bis zur Geburt ihres ersten Kindes.

Zahlreiche Verehrer hatten ihr den Hof gemacht, unter ihnen angesehene Männer. Doch Gertruda hatte keine Eile gehabt, und wenn es einem Bewerber nicht gelang, ihr Herz zu gewinnen, beendete sie die Verbindung. Eine Ehe aus Vernunftgründen, um des Geldes oder des sozialen Status willen, kam für sie nicht in Frage. Wenn sie schon heiratete, dann musste es jemand sein, den sie wirklich liebte.

Dann lernte sie bei einer Feier im Freundeskreis Zygmunt Komorowski kennen. Er war in Warschau im Import-Export-Geschäft tätig, gepflegt und gut aussehend und zehn Jahre älter als sie. Es war Liebe auf den ersten Blick. Er war beeindruckt von ihrer umfassenden Allgemeinbildung, ihren Sprachkenntnissen und ihrem charmanten Wesen und überhäufte sie mit Komplimenten, die sie zum Erröten brachten.

Zygmunt war ein Mann von Welt. Er beeindruckte Gertruda durch seine höfliche, großzügige Art, durch die Geschichten über sein Leben in der Großstadt und seine internationalen Geschäfte, die er zu erzählen wusste. Nachdem er sie einige Monate lang umworben hatte, machte er ihr eines Abends im besten Restaurant von Starogard einen Heiratsantrag. Gertruda, überzeugt, nun endlich die Liebe ihres Lebens gefunden zu haben, sagte freudig ja. Er versprach, mit ihr in Warschau in eine schöne große Wohnung zu ziehen, ihr jeden Wunsch von den Augen abzulesen, und schwor ihr ewige Liebe.

Sie beschlossen, in der kleinen Kirche von Starogard zu heiraten und anschließend im Haus der Brauteltern zu feiern. Gertrudas Mutter und sämtliche weiblichen Verwandten waren wochenlang mit den Vorbereitungen für die Hochzeitsfeier und das große Festessen beschäftigt.

Als der große Tag gekommen war, schritt Gertruda, umringt von Freundinnen und Verwandten, zur Kirche auf dem Rathausplatz. Sie trug das weiße Kleid, das sie in Danzig gekauft hatte, und ihre Wangen glühten vor Aufregung.

Vor dem Eingang standen die Schulkinder Spalier und applaudierten, als sie die Braut entdeckten. Errötend umklammerte Gertruda ihren kleinen Veilchenstrauß und dankte allen, die gekommen waren, für die guten Wünsche.

Gemessenen Schrittes begab sich die Hochzeitsgesellschaft in die Kirche. Alles war bereit für die feierliche Zeremonie. Der betagte Organist wartete auf seinen Einsatz, der Priester strich sein Gewand glatt, und die Brauteltern schüttelten den zuletzt eingetroffenen Gästen die Hand. Alle warteten gespannt auf den Bräutigam, der gemeinsam mit seinen Eltern und Geschwistern eintreffen sollte. Doch es wurde immer später.

Endlich, nach einer halben Ewigkeit, betrat ein Bote die Kirche und überreichte Gertruda einen Brief. Während sie die Zeilen las, wich jegliche Farbe aus ihrem Gesicht. Der Mann ihrer Träume erklärte ihr in knappen Worten, ohne einen Grund zu nennen, er könne sie leider doch nicht heiraten. Er schloss mit einer Entschuldigung für den Kummer, den er ihr damit bereitete, und wünschte ihr für die Zukunft alles Gute.

Nachdem Gertruda sich aus ihrer Erstarrung gelöst hatte, brach sie in Tränen aus und stürzte aus der Kirche. Zu Hause schloss sie sich in ihrem Zimmer ein und wollte niemanden sehen. Drei Tage lang lag sie im Hochzeitskleid auf ihrem Bett, aß nichts und schluchzte unaufhörlich. Als sie endlich wieder herauskam, mit rot geweinten Augen und durchsichtig wie ein Gespenst, teilte sie ihren Eltern mit ruhiger, gefasster Stimme mit, sie könne wegen der Schande nicht länger in der Stadt bleiben und habe beschlossen fortzugehen. Die Eltern, noch immer wie gelähmt von den Ereignissen, versuchten nicht, sie zum Bleiben zu überreden, sondern fragten nur, was sie denn vorhabe.

„Ich gehe nach Warschau und suche mir dort eine Stelle. Ich werde schon darüber hinwegkommen. Dort kennt mich wenigstens niemand."

„Aber du musst versprechen, dass du wiederkommst", beharrte ihre Mutter

Gertruda zögerte. „Wie könnte ich das versprechen? Ich weiß doch selbst nicht, was die Zukunft bringt." Und mit einer vagen Handbewegung fügte sie hinzu: „Vielleicht finde ich dort sogar einen neuen Mann."

Unmittelbar darauf reichte sie bei der Schule ihre Kündigung ein. Der Schulleiter beteuerte, wie sehr er ihr Ausscheiden bedauere, und versuchte, sie zum Bleiben zu überreden. Mehrfach betonte er, wie sehr die Schüler sie vermissen würden und dass die Großstadt ein hartes Pflaster sei, wo Fremde nicht unbedingt mit offenen Armen empfangen wurden. „Bitte, Frau Babilinska, überlegen Sie es sich noch einmal. Die Zeit heilt alle Wunden."

Doch seine Worte prallten an ihr ab, sie hatte ihre Entscheidung getroffen. „Alles, worum ich Sie bitte, ist ein Empfehlungsschreiben." Der Schulleiter stellte ihr ein sehr gutes Zeugnis aus und verabschiedete sie mit warmen Worten.

Sie packte ein paar Sachen in einen kleinen Koffer, umarmte ihre Eltern zum Abschied, hob auf der Bank ihre wenigen Ersparnisse ab und bestieg den Zug nach Warschau.

Mit Hilfe einer Bekannten fand sie eine Stelle als Kindermädchen für die beiden kleinen Töchter einer gut situierten Familie. Dort blieb sie einige Jahre, bis die Familie in eine andere Stadt umzog. Gertruda ging zurück nach Starogard, doch in ihrer Heimatstadt war sie jetzt eine Fremde. Nach ein paar Jahren, in denen sie vergeblich versucht hatte, ihr altes Leben wieder aufzunehmen, kehrte sie nach Warschau zurück.

Die Hauptstadt empfing sie mit schwarzen Wolken und Regenböen. Gertruda lief durch die windgepeitschten Straßen, der Sturm riss ihr fast den Schirm aus der Hand. Schon bald war sie bis auf die Haut durchnässt und fror erbärmlich. Mit schnellen Schritten ging sie zurück zum Bahnhof, wo sie sich in den geheizten Warteraum setzte, bis ihre Kleider einigermaßen getrocknet waren. Als der Regen nachließ, wagte sie sich wieder nach draußen und begann, die Straßen durchzukämmen, bis sie an einem Haus mit abbröckelndem Mauerputz ein Schild „Wohnung zu vermieten" entdeckte. Im Treppenhaus hing der schale Geruch von Schimmel und Küchendunst, die Vermieterin war mürrisch und ungehobelt, doch die Miete war niedrig genug, dass Gertruda beschloss zu bleiben. Sie hängte ihre Kleider in den schäbigen Schrank und trat ans Fenster. Über der Stadt breitete sich die Dunkelheit aus, die ersten Lichter erhellten die gegenüberliegenden Fenster. Der Gedanke, dass sie auf unbestimmte Zeit hier bleiben sollte, erschreckte sie. Die Angst vor neuen, noch größeren Enttäuschungen stieg in ihr hoch. Dennoch blieb ihr keine andere Wahl. Es gab kein Zurück, und sie würde alles daransetzen, um hier wieder irgendwie Fuß zu fassen.

Ihre mageren Ersparnisse würden, selbst wenn sie ihr Geld zusammenhielt, nicht länger als ein paar Wochen reichen. Das hieß, sie musste bald wieder eine Arbeit finden. Außerdem konnte sie nie lange untätig sein. Sie brauchte den Kontakt zu anderen Menschen und wünschte sich nichts sehnlicher, als zu arbeiten und sich ihren Lebensunterhalt zu verdienen.

Draußen schlug der Regen von Neuem mit voller Wucht gegen die Fensterscheiben. Gertruda streckte sich auf dem Bett aus und fiel in einen unruhigen Schlaf. Früh am Morgen wachte sie auf, ging in ein kleines Café und studierte dort bei einer Tasse Kaffee den Anzeigenteil der Zeitung. Sie ließ ihre Augen über die Seiten schweifen. Gesucht wurden vorwiegend Ladenmädchen, Köche und Büroangestellte. Dann fiel ihr Blick auf ein Inserat, das ihr Interesse erregte. Sie las es wieder und wieder:

Angesehene Familie in Warschau sucht dringend eine liebevol-
le Kinderfrau für 2-jähriges Kind. Keine Hausarbeit. Bieten
Kost und Logis und ein gutes Gehalt. Bitte melden Sie sich bei
Familie Stolowitzky, Ujazdowska-Allee 9.

Die Anzeige beschrieb genau, was sie suchte. Sie liebte Kinder,
verstand es, auf sie einzugehen, und könnte sie, wenn sie ins
Schulalter kamen, zu Hause unterrichten oder ihnen bei den
Hausaufgaben helfen. Wenn das Inserat hielt, was es versprach, und die Arbeitsbedingungen gut waren, dann war dies
ihre Traumstelle.

Gertruda wollte keine Zeit verschwenden und machte sich
sofort auf den Weg zu der angegebenen Adresse. Es war noch
früh, und die Stadt erwachte gerade erst zu einem neuem Tag
voller Hektik und Betriebsamkeit. Der Himmel war grau und
wolkenverhangen, die Geschäfte öffneten eines nach dem anderen, und Leute auf dem Weg zur Arbeit füllten die Straßen-
bahnen.

Ihr Herz klopfte vor Aufregung, als sie in die Ujazdowska-
Allee einbog. Sie bewunderte die stattlichen Häuser, in denen
die Reichen und Mächtigen wohnten, und die auf Hochglanz
polierten Autos, die beinahe lautlos durch schmiedeeiserne
Tore glitten. Aus Starogard kannte sie nichts Vergleichbares.

Gertruda fasste sich ein Herz und drückte auf den vergoldeten Klingelknopf von Haus Nummer 9. Die darauf folgende
Stille kam ihr wie eine Ewigkeit vor, bis eine ältere Hausangestellte die Tür öffnete.

„Guten Tag, ich komme auf Ihre Anzeige."

Die Frau musterte sie ausdruckslos von Kopf bis Fuß. „Bitte, kommen Sie herein", sagte sie schließlich.

Gertruda setzte zögernd einen Fuß in die luxuriöse Eingangshalle. Staunend betrachtete sie die wertvollen Statuen,
Gemälde, die breite Treppe zur Galerie, die Blumensträuße in
riesigen Vasen. Alles zeugte von einem noch nie gesehenen

Wohlstand. Auch den Namen Stolowitzky hatte sie noch nie gehört.

Das Dienstmädchen nahm ihr den Mantel ab und geleitete sie zu einem kleinen Zimmer mit Blick in den Garten. „Warten Sie hier. Ich sage Frau Stolowitzky Bescheid, dass Sie da sind."

Gertruda saß auf der Kante des mit Samt bezogenen Sofas, als fürchtete sie, das teure Polster abzunutzen oder schmutzig zu machen. Sie hatte Angst, dass die Hausherrin eine strenge, arrogante Frau war, wie die eingebildeten Reichen, die sie aus Romanen kannte, und hoffte, sie würde nicht wegen ihrer schlichten Kleidung verächtlich auf sie herabsehen oder Anforderungen stellen, die sie nicht erfüllen konnte. Verstohlen strich sie ihr Kleid glatt und versuchte vergeblich, ihre Hände zu verstecken, die ihr heute besonders plump und abgearbeitet schienen. *Ich gehöre wirklich nicht hierher,* dachte sie, *sie erwarten bestimmt ein Kindermädchen, das Erfahrung im Umgang mit verwöhnten Kindern aus reichen Familien hat. Was kann ich als ehemalige Lehrerin in einer armseligen Kleinstadt schon vorweisen?* Je länger sie dort saß, desto sicherer war sie, dass sie vergeblich gekommen war.

Dann ging die Tür auf, und sie sah eine schöne, elegante Frau, die sie mit freundlichem Blick wohlwollend anschaute. Gertruda erhob sich verlegen.

„Bitte, setzen Sie sich", sagte die Frau mit leiser, melodischer Stimme. „Möchten Sie eine Tasse Tee?"

„Nein, danke."

Die Frau streckte ihr eine zarte Hand entgegen. „Mein Name ist Lydia. Und wie heißen Sie?"

„Gertruda."

„Danke, dass Sie so schnell gekommen sind", sagte die Dame des Hauses. „Die Anzeige erschien heute früh zum ersten Mal, und außer Ihnen hat sich noch niemand gemeldet. Wo kommen Sie her?"

Gertruda beantwortete ihre Frage kurz und einsilbig.

„Haben Sie Erfahrung mit Kindern?"

„Ja, das habe ich." Gertruda reichte ihr ein Empfehlungsschreiben der Familie, bei der sie zuvor als Kindermädchen gearbeitet hatte.

Lydia Stolowitzky las es aufmerksam durch. „Hier steht sehr viel Gutes über Sie", kommentierte sie anerkennend.

Gertruda errötete leicht.

„Sind Sie verheiratet?"

„Nein."

„Erzählen Sie mir von Ihrer Familie."

Während Gertruda sprach, betrachtete Lydia sie mit freundlichem Interesse und studierte ihre Züge. „Sie sind also keine Jüdin", sagte sie danach.

„Ich bin Katholikin."

„Nun, wir sind Juden", erwiderte die Hausherrin zu Gertrudas Erstaunen.

Sie sah Lydia Stolowitzky mit einer Mischung aus Angst und Neugier an. Juden? Das hatte sie nicht erwartet. In ihrer Kleinstadt gab es keine Juden. Früher hatte einmal ein jüdischer Einzelhändler versucht, sich im Ort niederzulassen, doch einige Einheimische hatten der Familie das Leben so schwer gemacht, dass sie sich gezwungen sah, das Geschäft aufzugeben und wegzuziehen. Und Gertruda hatte schreckliche Geschichten gehört über Juden, die zum Passahfest Kinder von Nichtjuden umbrachten, um deren Blut für ihr Feiertagsritual zu verwenden. Sie kannte eine Reihe von bösen Gerüchten über Juden, Halbwahrheiten und üble Verleumdungen. Aber wer weiß, ob nicht doch etwas Wahres daran war? Nein, in diesem Haus konnte sie nicht bleiben.

„Ich … ich weiß nicht, ob das die passende Stelle für mich ist", sagte sie unsicher.

„Und warum nicht?" Sie begegnete Lydias offenem, fragendem Blick.

„Weil Sie Juden sind und ich nicht", antwortete Gertruda wahrheitsgetreu.

Die Hausherrin lächelte. „Unser erstes Kindermädchen war auch keine Jüdin. Sie war Katholikin wie Sie. Und es hat niemanden gestört – weder uns noch sie."

Gertruda erhob sich. „Trotzdem ...", sagte sie. „Es tut mir leid."

„Mir auch", erwiderte Lydia.

„Ich hoffe, Sie finden eine passende Kinderfrau", sagte sie, während sie sich zum Gehen wandte. „Und verzeihen Sie bitte, dass ich Ihre kostbare Zeit vergeblich in Anspruch genommen habe."

Sie war schon fast aus der Tür, als sie noch einmal Lydias Stimme vernahm. „Warten Sie!"

Die Hausherrin stand im Flur und sah sie mit demselben freundlichen Blick an. „Bevor Sie gehen, möchte ich Ihnen sagen, dass Sie mir sehr sympathisch sind. Falls Sie es sich anders überlegen und die Stelle doch antreten möchten, kommen Sie bitte wieder. Ich würde mich freuen, wenn wir uns wiedersehen."

Als Gertruda ins Freie trat, fiel ihr kalter Nieselregen ins Gesicht. Sie fragte sich, ob es richtig gewesen war, diese Stelle auszuschlagen, denn eine bessere würde sie kaum finden.

3.

Einen ganzen Tag lang wanderte sie ziellos umher. Mehr als je zuvor sehnte sie sich nach jemandem, der sie verstand und ihr raten konnte, was sie tun sollte. Doch hier in der Stadt hatte sie keine engen Vertrauten. Ihr fiel nur ein einziger Mensch ein, der ihr helfen konnte, und der wohnte nicht in Warschau. Sie musste ihn aufsuchen.

Den Kopf voll trüber Gedanken, stieg sie in den Zug nach

Starogard. Das Häusermeer der Großstadt blieb hinter ihr zurück, vor ihr lagen ausdehnte Ländereien, grüne Wiesen und Felder. Bauern arbeiteten auf den Äckern. Der Duft frisch gepflügter Erde, gepaart mit dem bitteren Rauchgeruch der Lokomotive, stieg ihr in die Nase, als sie am geöffneten Fenster stand. Mit allen Sinnen nahm sie die vertraute Umgebung ihrer Heimat wahr. Hier war sie geboren, aufgewachsen und zur Schule gegangen, hier hatte sie ihre ersten Jahre als junge Lehrerin verbracht. Als der Zug sein Tempo verlangsamte und im kleinen Bahnhof von Starogard hielt, spürte sie einen Kloß im Hals. Obwohl es erst wenige Tage her war, seit sie ihre Heimatstadt wieder verlassen hatte, wurde ihr plötzlich bewusst, wie sehr sie ihre Eltern vermisste.

Vom Bahnhof ging sie auf direktem Weg zur Kirche im Stadtzentrum. Die Tür stand den Gläubigen immer offen, und Gertruda betrat das leere Kirchenschiff. Kerzen flackerten vor dem Altar, und der Gekreuzigte mit der vergoldeten Dornenkrone sah auf sie herab. Sie kniete nieder, senkte den Kopf und sprach ein lautloses Gebet.

Nach einer Weile hörte sie leise Schritte hinter sich.

„Gertruda?"

Sie blickte auf und sah den Priester neben sich, auf seinen Lippen lag ein gütiges Lächeln.

„Gertruda, mein Kind", sagte er mit warmer Stimme. „Willkommen daheim. Ich dachte, du würdest nicht so bald wiederkommen."

„Ich bin gekommen, um Euch um Rat zu bitten."

Der alte Priester kannte Gertruda, seit sie ein kleines Mädchen war, und ebenso ihre Eltern, strenggläubige Katholiken und regelmäßige Kirchgänger.

„Wie kann ich dir helfen?", fragte er.

Sie erzählte ihm von ihrer Arbeitssuche in Warschau und von der Stelle im Hause Stolowitzky. „Das Problem ist, dass sie Juden sind", schloss sie leise.

Der Priester wartete, doch Gertruda hatte nichts mehr zu sagen. Sie hoffte, er würde sie verstehen.

„Du bist also gekommen, um mich zu fragen, ob es in Ordnung ist, in einem jüdischen Haushalt zu arbeiten?", fragte er.

Sie nickte.

„Machte die Frau einen guten Eindruck auf dich?"

„Ja."

„Und was genau stört dich an dem Gedanken, in einem jüdischen Haus zu arbeiten?"

„Eigentlich nichts Besonderes, aber ich kenne ihre Sitten und Bräuche nicht. Ich weiß nicht, ob sie mich überhaupt zur Kirche gehen oder Bilder von Jesus und der Jungfrau Maria in meinem Zimmer aufhängen lassen würden. Ich meine, ich bin nicht sicher, ob ich mich dort wohlfühlen würde."

Der Priester legte seine Hand auf ihre Schulter. „Weißt du", sagte er, „es gibt gute und schlechte Christen, und es gibt gute und schlechte Juden. Aber das Wichtigste ist, dass sie gute Menschen sind, die dir mit Liebe und Respekt begegnen. Dann wirst auch du sie lieben und respektieren können."

„Ich hoffe, dass sie wirklich gute Menschen sind", entgegnete Gertruda.

„Das hoffe ich auch, mein Kind. Und nun geh in Frieden. Gott möge dich schützen."

Als sie aus der Kirche trat, schlug sie den Weg ein, der zu ihrem elterlichen Haus führte. Daheim erzählte sie von ihrer Unterredung mit dem Priester. Die Eltern versuchten, sie zum Bleiben zu überreden, doch Gertruda lehnte ab. Ihr Vater war grundsätzlich dagegen, dass sie bei Juden arbeitete.

Am nächsten Tag saß Gertruda im Zug zurück nach Warschau. Durch das monotone Rattern der Räder hörte sie immer wieder Lydia Stolowitzkys Stimme: „Ich würde mich freuen, wenn wir uns wiedersehen." Und sie hoffte, dass sich in der Zwischenzeit niemand anderes auf die Stelle beworben hatte.

Lydia begrüßte sie mit einem strahlenden Lächeln. „Ich habe Sie erwartet", sagte sie. „Ich wurde das Gefühl nicht los, dass Sie wiederkommen werden. Kommen Sie, ich möchte, dass Sie Michael kennenlernen."

Sie führte Gertruda nach oben in ein wunderschönes Kinderzimmer. Ein kleiner Junge mit rosigen Wangen saß auf dem Teppich und spielte mit einer elektrischen Eisenbahn. Seine blauen Augen schauten neugierig zu ihr auf.

„Sag Gertruda Guten Tag", forderte seine Mutter ihn freundlich auf. „Sie ist deine neue Kinderfrau."

Der Junge musterte Gertruda neugierig. „Spielst du mit mir Eisenbahn?", fragte er mit einer klaren, hellen Stimme.

Gertrudas Herz tat einen Sprung bei seinem Anblick. Dieses Kind war so liebenswert, so niedlich und wohlerzogen, dass sie es am liebsten sofort an sich gedrückt und seine rosigen Wangen geküsst hätte.

„Ja, ich will gern mit dir spielen", antwortete sie und setzte sich zu Michael auf den Boden. Als sie ein paar Minuten später aufblickte, war Lydia verschwunden.

In den darauf folgenden Tagen zerstreuten sich Gertrudas Ängste mehr und mehr. Das Leben im Hause Stolowitzky war angenehmer und bequemer, als sie es sich hätte träumen lassen. Lydia akzeptierte Gertrudas christlichen Glauben und hatte nichts dagegen, dass sie in ihrem Zimmer Bilder der Jungfrau Maria mit dem Jesuskind aufhängte und ein Kruzifix auf ihren Nachttisch stellte. Im Allgemeinen hatte sie den Eindruck, dass Lydia der Religion als solcher eher gleichgültig gegenüberstand. Jacob, ihr Mann, spendete zwar regelmäßig hohe Geldbeträge an die jüdische Gemeinde, ging aber selten in die Synagoge. Er war ein viel beschäftigter Mann, der nur hin und wieder zu Hause anzutreffen war. Lydia arbeitete ehrenamtlich bei verschiedenen Wohltätigkeitsorganisationen mit. Sie las gern, lud oft Gäste ein und spielte Klavier. Gertruda suchte sich den Sonntag als freien Tag aus, damit sie in den Gottesdienst gehen konnte.

Michael hatte die neue Kinderfrau sofort ins Herz geschlossen. Für ihn gehörte Gertruda ganz selbstverständlich zur Familie. Ihr komfortables Zimmer lag neben dem Kinderzimmer, sodass sie jederzeit nach ihm schauen konnte. Als Michael etwas älter war, brachte sie ihm Lesen und Schreiben bei. Manchmal gingen sie zusammen ins Museum, wo er die ganze Zeit ihre Hand fest umklammert hielt. Sie liebte Michael, und ihre Arbeit als Kinderfrau erfüllte sie mit Freude. Ihren Eltern schickte sie Fotos, auf denen sie mit ihrem Schützling zu sehen war, und schrieb ihnen, dass sie noch nie im Leben so glücklich gewesen sei.

Abends sang sie ihm die Wiegenlieder, die ihre Mutter gesungen hatte, als sie noch ein kleines Mädchen gewesen war, und als er einmal krank war, saß sie Tag und Nacht an seinem Bett. Sie hütete ihn wie ihren Augapfel und kaufte ihm von ihrem eigenen Geld Geschenke. Er bedeutete ihr viel mehr als ein Kind, für dessen Betreuung sie bezahlt wurde. Michael war für sie der Sohn, den sie so gern gehabt hätte. „Mein kleiner Junge", flüsterte sie ihm abends ins Ohr, wenn er schlief. „Mein geliebter kleiner Junge."

Gertruda tat ihre Arbeit still und unauffällig, sorgsam bedacht, niemandem im Haus zu nahe zu treten. Nach einer Weile freundete sie sich mit den Dienstmädchen an und half der Köchin, wenn es Gäste zu bewirten galt. Ihr Gehalt war mehr als ausreichend, und so war es ihr möglich, einen großen Teil davon beiseitezulegen.

Michael war ein begabtes Kind. Er liebte Bücher, und bereits im Alter von zwei Jahren erhielt er von einem Privatlehrer Klavierunterricht. Gertruda vergötterte den kleinen Jungen. Sie konnte sich an ihm nicht sattsehen und liebte sein sanftes, höfliches Wesen und seine klare, reine Kinderstimme, wenn sie zusammen bekannte Volkslieder sangen. Michael verbrachte mehr Zeit mit ihr als mit seiner Mutter. Er hörte für sein Leben gern die Gutenacht-Geschichten, die Gertruda ihm vorlas, und vermisste sie, wenn sie auf Besuch zu ihren Eltern fuhr.

Als er etwas älter war, begleitete er sie sonntags manchmal zur Kirche und spielte draußen auf dem Hof, bis sie wiederkam. Mehr als einmal wollte er mit hinein, um zu sehen, was drinnen vor sich ging, doch Gertruda wehrte ab. „Nein, du kannst leider nicht mitkommen. Du bist jüdisch. Diese Kirche ist nichts für dich."

Damals, nach Marthas Unfall, war Gertruda mit Michael jede Woche ins Krankenhaus gefahren, um Martha zu besuchen. Die beiden Frauen freundeten sich rasch an, und Gertruda war bereit, zugunsten von Martha auf ihre Stelle zu verzichten, falls diese zurückkommen wollte. Doch sie hatten die Rechnung ohne Michael gemacht. „Ich mag Martha", sagte er zu Gertruda, „aber dich hab ich viel lieber." Lydia bestand darauf, dass Gertruda blieb, und Jacob zahlte Martha eine ansehnliche Abfindungssumme.

Von da an wich Michael nicht mehr von Gertrudas Seite. Er bestand darauf, dass sie mit der Familie am Tisch aß anstatt mit den anderen Angestellten in der Küche. Als sie ihm erzählte, dass sie bald Geburtstag habe, überredete er seine Mutter, ihr ein teures Geschenk zu kaufen. Lydia ging in ein gutes Bekleidungsgeschäft, erstand für Gertruda ein schönes Kleid und organisierte eine kleine Geburtstagsfeier für sie, bei der sie ihr das Geschenk überreichte. Gertruda weinte vor Freude.

Ihr ganzes Leben spielte sich in der Welt der Stolowitzkys ab, und mit der Zeit kam es ihr vor, als ob das herrschaftliche Haus schon immer ihr Zuhause gewesen sei. Lydia war wie eine Schwester zu ihr. Die Dienstboten spürten diese besondere Verbundenheit und begegneten Gertruda mit dem Respekt, den man Höhergestellten entgegenbringt. Gertruda war jedoch sorgsam darauf bedacht, ihre Position nicht auszunutzen. Mit der Welt außerhalb hatte sie nur noch wenig Berührungspunkte, und als der Rektor ihrer alten Schule sie bat zurückzukommen, da man sie dort sehr vermisse, lehnte sie höflich, aber bestimmt ab und schrieb, sie sei glücklich in ihrer jetzigen Stellung und würde hier ebenso gebraucht und geschätzt.

Sie pflegte einen regen Briefwechsel mit alten Freundinnen, lernte Englisch in einem Fernkurs, strickte Pullover für Michael und zeigte Emil, dem Chauffeur, die kalte Schulter, als er ihr unbeholfen den Hof machte. Nach ihrer großen Enttäuschung wollte sie mit Männern nichts mehr zu tun haben.

4.

Hava Stolowitzky, Jacobs Mutter, starb am 22. September 1938 nach langer, schwerer Krankheit. Nur knapp drei Monate später erlitt ihr Mann Moshe in seinem Büro während einer Sitzung einen Schlaganfall und wurde ins Krankenhaus eingeliefert. Er war eine ganze Woche bewusstlos. Als er wieder zu sich kam, war er halbseitig gelähmt und konnte nur noch mit Mühe sprechen. Jacob sorgte dafür, dass sein Vater von den besten Ärzten behandelt wurde und die beste Pflege bekam. Er saß Tag und Nacht am Krankenbett und war glücklich, als sein Vater nach einer Woche die Augen aufschlug und ihn ansah.

„Ich weiß nicht, wie lange ich noch zu leben habe", sagte Moshe Stolowitzky unter großer Anstrengung. Doch er hatte noch etwas auf dem Herzen. „Ich bin sehr beunruhigt, mein Sohn. Die Lage in Deutschland spitzt sich zu. Hitler stellt eine große Armee auf, und er ist verrückt genug, mit ganz Europa einen Krieg anzuzetteln. Ich fürchte, er wird die ganze Welt gegen sich aufbringen und Unheil und Verwüstung anrichten. Am Ende wird alles zusammenbrechen und viele Unternehmen werden eingehen. Ich habe vor, meine Häuser und meinen Grundbesitz rechtzeitig zu verkaufen und das Geld in die Schweiz zu transferieren. Dieses Geld kann ein Notgroschen für Krisenzeiten sein und sich, wenn es gut angelegt ist, um ein Vielfaches vermehren. Wenn ich bald sterbe, möchte ich, dass du dies an meiner Stelle tust."

Wenige Tage später schloss Moshe Stolowitzky für immer die Augen. Tausende wohnten seiner Beerdigung auf dem großen jüdischen Friedhof im Norden Warschaus bei. Er wurde neben seiner Frau beigesetzt, unweit des Grabes des Schriftstellers Isaac Leib Peretz. In den Marmorstein des Doppelgrabes der Stolowitzkys war die Darstellung einer Hand eingraviert, die ein Geldstück in eine Spendendose wirft – ein Symbol ihrer Großzügigkeit.

Nach dem Tod beider Eltern gingen das Haus in der Ujazdowska-Allee und das gesamte Vermögen der Familie auf Jacob über. Seine Frau Lydia verbrachte einige Monate damit, die Räume nach ihrem Geschmack umzugestalten. Jacob bemühte sich, die geschäftlichen Angelegenheiten seines Vaters zur Zufriedenheit der Kunden zu regeln und bestehende Verträge zu erfüllen.

Der kleine Michael wuchs wie ein Märchenprinz auf. Seine Kleider waren von einem renommierten Schneider angefertigt, die Köchin verwendete für seine Mahlzeiten nur die besten, frischesten Zutaten, und Gertruda wachte von morgens bis abends über ihm.

Lydia war stolz auf die neue Innenausstattung des Hauses und brannte darauf, ihr Werk den Gästen vorzuführen. Die Einweihung wurde mit einem rauschenden Ball für die Honoratioren Polens und die oberen Zehntausend Europas gefeiert. Der Wein floss wie Wasser, und der berühmte Bassist Fjodor Schaljapin, begleitet von den besten Musikern Warschaus, unterhielt die Gäste im großen Ballsaal mit Opernarien.

Jacob Stolowitzky erfüllte den letzten Willen seines Vaters und verkaufte fast den gesamten Familienbesitz, was ihm eine stolze Summe einbrachte. Mithilfe seines Schweizer Anwalts und Freundes Joachim Turner schaffte er die Millionen in die Schweiz und verteilte das Geld auf mehrere Banken. Er war überzeugt, das Richtige getan zu haben. Auf den Rat seines Vaters und dessen Vorahnung hatte er sich immer verlassen können.

5.

Seit ihren verzweifelten Bemühungen, ein Kind zu bekommen, war Lydia Stolowitzky abergläubisch und fürchtete, dass ihr Glück nicht von Dauer war. Obwohl es keinen einzigen konkreten Grund zur Sorge gab, lebte sie in ständiger Angst, ihrem einzigen Sohn könne etwas zustoßen, die Unternehmen ihres Mannes würden in Konkurs gehen, oder irgendeine andere Katastrophe würde sie alle in Trauer und Armut stürzen. Jacob ertrug geduldig die langen Monologe seiner Frau, die in allem und jedem ein schlechtes Omen sah, und versuchte vergeblich, ihre Ängste zu zerstreuen.

Falls Lydia einen Beweis brauchte, dass ihre Befürchtungen keine Hirngespinste waren, so sollte sie ihn an jenem schicksalhaften Samstagnachmittag bekommen. Es war ein warmer, sonniger Tag gewesen, und die Familie saß beim Sabbatmahl. Die Stimmung am Tisch war heiter und gelöst. Jacob erzählte von einem zukünftigen Vertrag mit der Regierung der Sowjetunion, in dem es um eine neue Eisenbahnstrecke von Moskau nach Taschkent in Usbekistan ging. Lydia schlug vor, das Ereignis durch einen festlichen Empfang mit musikalischer Umrahmung zu feiern und einen berühmten Geiger einzuladen. Michael sagte stolz und ohne zu stocken ein lustiges Gedicht aus einem neuen Kinderbuch auf, und alle klatschten Beifall.

Sie waren gerade mit der Suppe fertig, und das Küchenpersonal trug die gefüllten Fasane auf, als jemand klopfte. Alle schauten sich erstaunt an, denn es war strikt untersagt, die Familie während der Mahlzeiten zu stören, und das Hauspersonal respektierte das.

Es klopfte noch einmal, und plötzlich stand Emil in der Türöffnung. Er verbeugte sich und entschuldigte sich für die Störung.

„Kommen Sie später wieder", sagte Jacob ungehalten.

„Verzeihung, aber dies ist dringend!", beharrte der Chauffeur.

„Was ist so dringend, Emil?"

„Eine Frau gab mir diesen Brief für Sie. Sie sagte, es ginge um Leben oder Tod."

Jacob Stolowitzky legte seine Gabel nieder und machte sich daran, den Umschlag zu öffnen. Dringende geschäftliche Nachrichten gehörten für ihn zum Alltag. Boten kamen und gingen selbst am Sabbat, doch noch nie hatte es jemand gewagt, ihn bei Tisch zu stören.

Als er die Zeilen überflog, erstarrte er. Wortlos reichte er den Brief an seine Frau weiter. Lydia unterdrückte einen Aufschrei. „Was in aller Welt soll das heißen?" Ungläubig sah sie ihren Mann an.

„Ich habe keine Ahnung", antwortete Jacob. „Ich habe noch nie zuvor einen derartigen Brief bekommen."

„Ich habe es immer gewusst", jammerte Lydia. „Unser sorgenfreies Leben konnte nicht ewig dauern." Sie starrte auf das anonyme Schreiben, bis die Buchstaben vor ihren Augen verschwammen:

Sehr geehrter Herr Stolowitzky,
wenn Sie verhindern wollen, dass Ihnen und Ihrer Familie ein Unglück zustößt, halten Sie bis morgen eine Million Zloty in bar bereit. Schicken Sie Ihren Chauffeur zum Eingang des

Kraszinskiparks als Zeichen, dass Sie sich einverstanden erklä-
ren, das Geld zu zahlen. Danach werden Sie von uns weitere
Anweisungen erhalten. Gehen Sie auf keinen Fall zur Polizei.
Wir warnen Sie!

Jacob las den Brief wieder und wieder und versuchte, den Inhalt zu verarbeiten.

Einige seiner wohlhabenden Geschäftsfreunde waren bereits Opfer von Erpressungen geworden. Einer von ihnen war
sogar vor der eigenen Haustür erschossen worden, nachdem
er sich geweigert hatte, auf die Bedingungen der Erpresser
einzugehen. Lange Zeit hatte Jacob Stolowitzky verdrängt,
dass ihm so etwas auch zustoßen konnte. Nun war er an der
Reihe.

Besorgt wandte er sich an Emil. „Von wem haben Sie den
Brief?"

„Eine Frau, die ich nicht kenne, gab ihn mir vor dem Haus
und verschwand."

„Beschreiben Sie sie."

„Nicht mehr ganz jung, dünn, mit schwarzem Mantel und
Sonnenbrille. Und sie trug ein braunes Kopftuch."

„Waren noch andere Leute in ihrer Nähe?"

„Ich habe niemanden gesehen."

„Woher wusste die Frau, dass Sie bei uns arbeiten?"

„Sie stand vor dem Tor. Als sie mich kommen sah, wartete
sie, bis sich das Tor öffnete, schlüpfte hindurch und sprach
mich an. Sie fragte, ob ich für Herrn Stolowitzky arbeite. Ich
bejahte, und daraufhin gab sie mir den Brief und rannte davon."

„Danke, Emil. Sie können jetzt gehen."

Michael forschte im Gesicht seines Vaters, und Gertruda
wagte nicht zu fragen, was passiert sei. Jacob stand vom Tisch
auf und zog sich in sein Zimmer zurück. Von dort aus rief er
die Polizei an.

Es dauerte nicht lange, bis ein Kommissar in Begleitung von zwei Polizeibeamten die Szene in der Ujazdowska-Allee betrat. Die Zeugenberichte des Chauffeurs und des übrigen Personals wurden zu Protokoll genommen. Die Beamten nahmen den Erpresserbrief mit und warnten die Familie, niemand solle in den nächsten Tagen allein aus dem Haus gehen. Jacob steckte seinen Revolver aus der Schreibtischschublade in seine Jackentasche. Lydia sagte alle Termine ab und schloss sich im Haus ein. Gertruda erhielt die strikte Anweisung, aus Sicherheitsgründen mit Michael nicht mehr nach draußen zu gehen, solange die Erpresser auf freiem Fuß waren.

Einige Tage lang geschah nichts, dann brachte Emil einen zweiten Brief. Dieses Mal habe ihm, so berichtete er, jemand den Umschlag zum halb geöffneten Fenster des Cadillacs hereingeworfen, als er in der Stadt an einer Kreuzung hielt. „Es war dieselbe Frau", behauptete er.

Auch dieser Brief war anonym und an Jacob Stolowitzky adressiert:

Wir haben erfahren, dass Sie entgegen unserer Warnungen zur Polizei gegangen sind. Wir warnen Sie zum letzten Mal: Wenn Sie nicht wollen, dass Ihnen und Ihrer Familie etwas zustößt, brechen Sie die Verbindung zur Polizei sofort ab und bezahlen Sie die geforderte Summe. Sagen Sie Ihrem Chauffeur, er soll morgen Nachmittag um fünf Uhr mit dem Wagen am Tor vor dem Chopinpark stehen als Zeichen, dass Sie unsere Bedingungen akzeptieren. Dann werden Sie weitere Anweisungen erhalten.

„Sie beschatten uns", sagte Jacob zu Lydia mit besorgter Miene. „Sie haben gesehen, dass die Polizei hier war."

„Oder jemand hat sie informiert."

„Aber wer?" In Jacobs Gesicht spiegelten sich Erstaunen und Bestürzung.

„Irgendjemand vom Personal. Ein Dienstmädchen, der Gärtner, die Köchin ... Jeder von ihnen könnte mit den Erpressern unter einer Decke stecken."

„Wir haben unser Personal immer gut behandelt. Der Gedanke, dass jemand von ihnen uns Böses will, ist ziemlich abwegig."

„Was wirst du jetzt tun?", fragte Lydia.

„Natürlich gehe ich mit dem Brief zur Polizei. Auf keinen Fall lasse ich mich von diesen Schurken erpressen!"

6.

Von den Fenstern des Hauses in der Ujazdowska-Allee konnte man den beliebten Chopinpark überblicken. Eltern gingen mit ihren Kindern spazieren, Kindermädchen schoben Babys in ihren Wagen, und Familien breiteten unbeschwert ihre Picknickdecken auf dem Rasen aus.

Seit Tagen lag Michael Gertruda in den Ohren, mit ihm endlich wieder einmal in den Park zu gehen. Wegen der Drohbriefe waren sie ans Haus gefesselt, doch die Wochen vergingen und nichts passierte. Der Junge konnte nicht verstehen, warum er nicht mehr nach draußen durfte, und Gertruda litt zusehends darunter, ihn im Haus einsperren zu müssen. Eines Tages fasste sie sich ein Herz und besprach die Sache mit Lydia.

„Na schön, gehen Sie mit ihm in den Park", willigte Lydia ein, „aber nur ganz kurz und unter der Bedingung, dass Emil zur Sicherheit mitkommt."

Emil wurde von seiner Arbeit freigestellt, um Gertruda und Michael zu begleiten. Der Himmel war wolkenlos und die Sonne lachte, als die drei den Weg zum Park einschlugen. In der Jackentasche des Chauffeurs steckte die Pistole, die Jacob ihm anvertraut hatte. Als er sie ihm gab, hatte er ihn ausdrücklich angewiesen, dicht bei Gertruda und dem Kind zu bleiben und sie nicht aus den Augen zu lassen.

Sie beschlossen, auf ein Eis in das kleine Café am See zu gehen. Gertruda konnte nichts Verdächtiges entdecken. Sie schloss die Augen und ließ sich die Sonne aufs Gesicht scheinen. Michael löffelte zufrieden seinen Eisbecher, und Emil zündete sich eine Zigarette an.

Bald darauf machten sie sich auf den Heimweg. Gertruda hielt Michaels Hand, Emil ging hinterher. Der Weg war stellenweise von Hecken gesäumt, und plötzlich stürzten ein Mann und eine Frau aus dem Gebüsch und ergriffen Michael. Gertruda hielt den Jungen mit aller Kraft fest und schrie um Hilfe. Die Angreifer versuchten, ihr das Kind aus den Armen zu reißen, und versetzten ihr einen derben Schlag ins Gesicht. Einige Spaziergänger sahen das Handgemenge und kamen herbeigerannt, um zu helfen. Die beiden Kidnapper ließen von Michael ab und flohen. Emil zog den Revolver, schoss und nahm die Verfolgung auf. Gertruda schloss den weinenden Michael in die Arme. Dann fragte sie die Umstehenden, ob jemand von ihnen sie nach Hause begleiten könne.

Als Lydia ihren Sohn und die Kinderfrau sah, ahnte sie, dass etwas Schlimmes geschehen war, und sperrte in panischer Eile die Haustür hinter ihnen zu. „Was ist passiert?"

Gertruda erzählte.

„Sie bluten ja."

„Das ist halb so schlimm." Gertruda wischte sich die blutende Nase. Sie fühlte sich am ganzen Körper zerschlagen, doch sie wollte nicht klagen. Das Wichtigste war, dass Michael wieder zu Hause und in Sicherheit war. Wäre es den Kidnappern gelungen, ihn zu entführen, sie hätte es sich nie verziehen.

Lydia holte Verbandsmaterial und Jod.

Einige Zeit später kam Emil zurück. „Ich war den Schurken auf den Fersen, aber sie sind mir leider entwischt."

7.

Die Polizeibeamten nahmen sich Zeit, um Gertruda und Emil zu befragen. Immer wieder sollten sie die Entführer beschreiben. Der Inspektor wandte sich an Emil. „Handelte es sich um dieselbe Frau, die Ihnen den Erpresserbrief gegeben hat?"

„Ja", antwortete der Chauffeur, „es war eindeutig dieselbe."

„Haben Sie gesehen, wohin die Kidnapper geflüchtet sind?"

„Sie sind aus dem Park gerannt. Draußen wartete ein Auto auf sie. Ich habe auf das Auto geschossen, um sie aufzuhalten, aber sie waren zu schnell."

„Was für ein Auto war das?"

„Ein schwarzer Mercedes."

„Konnten Sie das Nummernschild erkennen?"

„Dazu blieb mir keine Zeit."

Am nächsten Tag suchten die Beamten Jacob Stolowitzky in seinem Büro in der Innenstadt auf.

Jacob unterbrach eine Sitzung und bat die Polizei herein. Sie setzten ihn über den Stand der Ermittlungen in Kenntnis und schilderten ihre Sicht der Ereignisse. „Es ist offensichtlich, dass die Entführer ihre Informanten haben. Jemand muss ihnen gesagt haben, dass sich Ihr Sohn an einem bestimmten Tag um eine bestimmte Uhrzeit draußen im Park aufhält. So brauchten sie sich nur noch auf die Lauer legen. Wer könnte den Entführern solche Details über den Ausflug in den Park zugetragen haben?"

Jacob überlegte. „Nur Gertruda, die Kinderfrau, wusste von dem Ausflug. Und Emil, der Chauffeur."

„Seit wann ist die Kinderfrau bei Ihnen beschäftigt?"

„Seit über einem Jahr."

„Hat sie jemals Grund zur Beanstandung gegeben?"

„Niemals. Im Gegenteil, wir sind sehr zufrieden mit ihr."

„Und der Chauffeur? Wie lange arbeitet er schon bei Ihnen?"

„Seit sechs Jahren."

„Haben Sie ihn persönlich eingestellt?"

„Ja. Wir haben damals eine Annonce aufgegeben, und er brachte gute Referenzen mit."

„Kam es zwischen ihm und Ihnen jemals zu Differenzen?"

„Nein, nie."

„Trotzdem ist nicht auszuschließen, dass er mit den Entführern zusammenarbeitet", gab der Inspektor zu bedenken. „Er war derjenige, der die beiden Drohbriefe überbrachte. Und er wusste im Voraus von dem geplanten Ausflug in den Park. Er schoss zwar auf die Kidnapper, doch er verletzte sie nicht. Vielleicht hat er sie absichtlich verfehlt. Wir sollten ihn vorläufig festnehmen."

„Haben Sie irgendwelche Beweise gegen ihn?"

„Nein, doch dieser Mann ist zweifellos der Hauptverdächtige."

„Ihn zu verdächtigen, reicht nicht", beharrte Stolowitzky. „Sie haben keinerlei Beweise gegen Emil. Er war immer ein guter Angestellter und ein zuverlässiger Chauffeur. Er wäre zu einer solchen Gemeinheit nicht fähig."

„Die Menschen sind zu vielem fähig, wenn es um Geld geht", sagte der Inspektor. „Wie dem auch sei, wir können nicht ausschließen, dass Ihr Chauffeur seine Hand im Spiel hat. Vielleicht hat er uns ja dazu etwas zu sagen. Eine Zeit in Untersuchungshaft hat schon manche Zunge gelöst. Wenn ich Ihnen einen guten Rat geben darf: Sehen Sie sich schon einmal nach einem neuen Chauffeur um."

„Das kommt überhaupt nicht in Frage!", protestierte Stolowitzky. „Ich kann Ihnen versichern, dass Emil absolut nichts damit zu tun hat. Er hat sich stets korrekt verhalten, und es besteht nicht der geringste Grund, ihn zu verdächtigen."

Doch die Polizei ließ sich nicht davon abbringen, Emil zur Befragung mit auf die Wache zu nehmen. Mit gesenktem Blick und hängenden Schultern wurde der Chauffeur abgeführt.

Zwei Tage später war er wieder frei. „Ich wurde völlig zu Unrecht verdächtigt", klagte er. „Man hat mich mit gewöhnlichen Verbrechern zusammen in eine Zelle gesteckt und mich Tag und Nacht verhört. Doch zum Schluss mussten sie einsehen, dass sie mir nichts nachweisen können."

Kristallnacht

1.

In der Parteizentrale wogte ein Meer von schwarzen Uniformen. Draußen biss ein früher Novemberfrost, drinnen war die Luft stickig und rauchgeschwängert. Bei den SS-Soldaten und -Offizieren im Saal herrschte gespannte Erwartung.

Karl Rink sah den Ereignissen gelassen entgegen. Sein Einsatzbereich bei der SS bestand hauptsächlich darin, als Leibwächter für höhere Dienstgrade zu fungieren, eine einfache Aufgabe, die ihm sehr entgegenkam. Niemand erwähnte mehr seine jüdische Frau, und er war sicher, dass die Angelegenheit inzwischen in Vergessenheit geraten war. Zu seiner Freude hatten sich auch Miras Ängste mit der Zeit etwas gelegt.

Punkt neunzehn Uhr betrat SS-Gruppenführer Reinhard Schreider eiligen Schrittes den Saal. Er ging zum Rednerpult und hob seine Rechte. „Heil Hitler!" Ein Wald von erhobenen Händen erwiderte seinen Gruß. Schreider begann zu sprechen, und es wurde still im Saal. Aufgebracht und rot vor Zorn ereiferte er sich über einen Zwischenfall, der zwei Tage zuvor Schlagzeilen gemacht hatte: Ein jüdischer Student namens Herschel Grynszpan war in die deutsche Botschaft in Paris eingedrungen und hatte den Diplomaten Ernst vom Rath erschossen, als Vergeltung für die Vertreibung und Deportation seiner Familie.

„Wir alle haben von dem abscheulichen Verbrechen gehört, das in Paris geschehen ist", stachelte Schreider die Zuhörer auf. „Und wer ist, wie immer, schuld daran?"

„Die Juden!", brüllte der Saal wie aus einem Mund.

„Aber wenn die Juden denken, wir lassen uns das gefallen", fuhr Schreider fort, „dann haben sie sich gründlich geirrt! Wir werden es ihnen mit gleicher Münze heimzahlen. Heute Abend wird es in ganz Deutschland anti-jüdische Demonstrationen geben, und ich rufe Sie alle auf, so viele Kameraden wie möglich zusammenzutrommeln und gemeinsam mit uns auf die Straße zu gehen. "

Schreider überließ nichts dem Zufall, er gab klare Befehle zur Vorgehensweise: Jüdische Geschäfte und Wohnhäuser sollten zerstört, Synagogen angezündet, wichtige jüdische Schlüsselfiguren aus Industrie und Gesellschaft ermittelt und auf der Stelle verhaftet werden. In ganz Deutschland erhielten Tausende von Mitgliedern der NSDAP zur selben Zeit ähnliche Anweisungen.

Karl Rink trat hinaus in die kalte Nacht, die als „Kristallnacht" in die Geschichte eingehen sollte. Er wusste, was von ihm als SS-Mann erwartet wurde. Und man würde sich darauf verlassen, dass er Befehle ordnungsgemäß ausführte. Seine Vorgesetzten schätzten seinen Gehorsam und seine Treue zur Partei und deren Richtlinien. Schneller als manch andere war er befördert worden. Er hatte einen Posten im SS-Führungshauptamt, ein gutes Gehalt und ein Motorrad. Durch seine Parteitreue war es für ihn undenkbar, Befehlen nicht nachzukommen. Doch jetzt, in dieser Nacht der geplanten Plünderungen und Gewalttaten gegenüber Juden, zögerte er zum ersten Mal.

Er dachte an Mira, an ihre Eltern und Verwandten. Seit ihrer Heirat war Miras Familie auch seine Familie, Menschen, die er lieben und schätzen gelernt hatte. Nie hatte er in ihrer Gegenwart über seine Arbeit gesprochen, nie auch nur ein Wort gegen Juden gesagt. Es hatte ihn tief getroffen, als Miras ganze Familie den Kontakt zu ihm abgebrochen hatte, nachdem bekannt geworden war, dass er in die SS eingetreten war. Nie würde er ihnen etwas antun oder sich an ihrem Besitz vergreifen, egal, was seine Kameraden dachten. Heute Abend hatte er die ausdrückliche Order erhalten, Dinge zu tun, die ihm zutiefst widerstrebten. Dennoch war er Teil einer Maschinerie; er gehörte zu einer Einheit von Männern, die einen Eid geleistet und Befehle zu befolgen hatten. Karl sah keine Möglichkeit, wie er sich der Situation entziehen konnte.

In jener Nacht war er gezwungen, mitzugehen und mit anzusehen, wie seine Kameraden Anschläge auf jüdische Geschäfte verübten, wie sie Schaufenster einwarfen, in Wohnungen von zu Tode erschrockenen Juden eindrangen, wie sie auf Menschen einprügelten und Möbel kaputt schlugen. Er versuchte dabei, sich so weit wie möglich im Hintergrund zu halten, ohne Misstrauen zu erregen, und atmete erleichtert auf, als sich die Situation tief in der Nacht zu beruhigen schien. Schleppenden Schrittes ging er nach Hause, vorbei an den Trümmern zerschmetterter Möbel, die man aus den Fenstern jüdischer Häuser geworfen hatte. Auf Zehenspitzen schlich er ins Haus, um seine Frau und seine Tochter nicht zu wecken. Vorsichtig legte er sich ins Bett und lag dort schlaflos bis in die frühen Morgenstunden, verfolgt von den angstvollen, blassen Gesichtern der Juden, die von den Nazi-Schergen schikaniert worden waren. Er schwor sich, Mira und Helga niemals davon zu erzählen.

Erst am Vormittag wachte er auf. Helga war längst in der Schule. Mira saß am Küchentisch und wich seinem Blick aus.

„Ich habe gehört, was heute Nacht passiert ist", begrüßte sie ihn. „Sag mir die Wahrheit, Karl: Warst du auch dabei?"

„Ja", sagte er müde. „Aber glaub mir, ich habe mich im Hintergrund gehalten."

Mira hob den Kopf und sah ihn an. „Wie lange willst du dir noch etwas vormachen, Karl? Du kannst dich nicht ewig im Hintergrund halten. Irgendwann wirst auch du gezwungen sein, deine Hand gegen Juden zu erheben." Sie schloss die Augen und seufzte. „Als du damals der Partei beigetreten bist, konnte ich deine Motive ja noch irgendwie verstehen. Du warst arbeitslos wie so viele. Es mag sein, die Partei hat den Leuten Hoffnungen gemacht, ihnen ihre Träume zurückgegeben – sie glaubten an Hitler und seine Macht. Doch ich habe immer gewusst, dass die Juden eines Tages dem Wahnsinn dieses selbst ernannten ‚Führers‘ zum Opfer fallen werden. Und ich habe dich oft genug gewarnt, Karl." Sie suchte seinen Blick. „Du gehörst nicht zu diesem Verbrecherhaufen!", rief sie leidenschaftlich. „Du gehörst nicht dazu, weil du mein Mann bist und der Vater unserer Tochter. Und vergiss nicht für eine Sekunde, Karl, dass ich Jüdin bin und Helga nach den Nazi-Gesetzen auch. Um ihret- und um meinetwillen, versprich mir, dass du aus der SS austrittst!"

Karl war wie vor den Kopf gestoßen, hin und her gerissen zwischen zwei Welten – wie immer in solchen Momenten. Es fiel ihm schwer, an diesem Tag einen klaren Gedanken zu fassen. Mühsam suchte er nach Worten.

„Die Partei hat viel für uns getan", sagte er schließlich, obwohl es ihm inzwischen wie eine abgedroschene Floskel vorkam. „Ich hatte keine Arbeit, wir hatten kein Geld, und plötzlich kam Hitler und alles wendete sich zum Guten. Und nicht alle sind Verbrecher, Mira, es gibt auch anständige Leute bei der SS. Was sie mit den Juden gemacht haben, geschah im Affekt, sozusagen eine Überreaktion auf den Mord in Paris. Die Lage wird sich bald wieder beruhigen, das verspreche ich dir."

„Oh, Karl, wie kannst du so verblendet sein! Im Gegenteil, es wird noch schlimmer kommen, siehst du das denn nicht?"

„Du siehst die Dinge überspitzt und im falschen Licht, Mira."

Karl goss sich gerade eine Tasse Kaffee ein, als es plötzlich an der Tür klingelte. Er öffnete und sah sich einem ihm bisher unbekannten SS-Mann gegenüber.

„Schreider will Sie sprechen."

„Wann?"

„Sofort."

Während seiner gesamten SS-Karriere hatte Karl Rink noch nie Gelegenheit gehabt, den Verantwortlichen seiner Einheit persönlich kennenzulernen. Weshalb wünschte Reinhard Schreider ihn so dringend zu sprechen?

„Was hat das zu bedeuten?" Er spürte Miras fragenden Blick. „Vielleicht bekommst du einen Verweis, weil du dich an der Aktion heute Nacht nicht richtig beteiligt hast."

Karl antwortete nicht. Schweigend verließ er das Haus, schwang sich auf sein Motorrad und fuhr zum Führungshauptamt.

2.

In ganz Europa zogen am Horizont die dunklen Vorboten des Krieges herauf. Der massive Aufbau der deutschen Wehrmacht, die Annektierung Österreichs durch das Dritte Reich, Hitlers Machtübernahme im Sudetenland sowie die Besetzung der Tschechoslowakei lösten auch in Polen tiefe Besorgnis aus, doch das Leben im Hause Stolowitzky blieb von den politischen Ereignissen völlig unberührt. Wie immer fuhr man zum Skilaufen in die Berge, verbrachte den Urlaub in der luxuriösen Sommerresidenz, und das große Haus war weiterhin Schauplatz von Bällen und Banketten. Die Geschäfte florierten, und Erpressungen und Entführungsversuche gehörten der Vergangenheit an. „Alle Sorgen sind unbegründet", pflegte Jacob zu sagen. „Hitler wird es niemals wagen, einen Krieg anzufangen." Er blickte optimistisch in die Zukunft, denn selbst wenn seine schlimmsten Befürchtungen eintreffen sollten, hatte er seine Schäfchen im Trockenen – in den gepanzerten Tresoren von Schweizer Banken.

Jeden Nachmittag, wenn es nicht zu kalt war oder zu stark regnete, ging Gertruda mit Michael in den Park. Bevor sie das

Haus verließen, folgten sie stets demselben Ritual, indem der Kleine seine Mutter mit ernster Miene fragte: „Mama, können wir so gehen? Sind wir gut genug angezogen, wie es sich für die Familie Stolowitzky gehört?" Und jedes Mal lächelte Lydia und antwortete: „Aber natürlich. Ihr seht wunderbar aus." Dann drückte sie Gertruda ein paar Zlotys in die Hand und wünschte ihnen viel Spaß.

Die beiden schritten zum Tor hinaus und überquerten die Straße, gewöhnlich in Begleitung von Emil, der sie bis zum Eingang des Chopinparks brachte. Im Park streichelten sie die zahmen Pfauen, die dort frei umherliefen, aßen Eis oder Kuchen im Café Belvedere und ruderten in einem der bunten Boote auf dem kleinen See.

Michael liebte es, mit der Straßenbahn zu fahren, und so fuhren sie manchmal zusammen in die Stadt, beobachteten die Züge am Bahnhof, schlenderten durch die Straßen und bewunderten die Auslagen in den Schaufenstern.

Hin und wieder chauffierte Emil sie durch die Gegend, hinaus aufs Land, wo die Bewohner der kleinen Dörfer über die reichen Leute aus Warschau staunten. Sie kauften Äpfel oder Kirschen von den Marktständen der Bauern am Straßenrand und gingen auf lauschigen Wegen zwischen Gemüsefeldern spazieren.

Emil machte kein Geheimnis aus seiner Zuneigung zu Gertruda. Er wurde nicht müde, sie heftig zu umwerben und mit Geschenken zu überhäufen – die sie stets höflich ablehnte. Mehr als einmal machte sie ihm deutlich, dass sie seine Gefühle nicht erwiderte.

An einem schönen Frühlingstag 1939 bummelten Gertruda und Michael wie üblich durch die Stadt. Die warme Sonne stand hoch am wolkenlosen Himmel. In der Yeruzalimska-Straße stießen sie auf einen kleinen Kiosk, wo Gertruda für Michael und sich eine Tafel Schokolade kaufte. Als sie auf einer Bank saßen und sich die Schokolade schmecken ließen, tauchte plötzlich ein kleiner brauner Welpe auf und kam schwanzwedelnd auf sie zu. Michael streichelte ihn und der Hund leckte seine Hand.

„Am liebsten würde ich ihn mit nach Hause nehmen", sagte der Junge. „Glaubst du, Mama würde es mir erlauben?"

„Nein, Michael", erwiderte Gertruda. „Du weißt doch, dass sie keine Tiere im Haus mag."

„Schade", schmollte Michael, „er ist so niedlich."

Als sie aufstanden und ihren Weg fortsetzten, lief der kleine Hund hinter ihnen her. Gertruda versuchte, ihn wegzuscheuchen, doch der Welpe blieb ihnen hartnäckig auf den Fersen. Erst nach mehreren Versuchen trollte er sich, traurig und mit eingeklemmtem Schwanz. In dem Moment, als er die Straße überquerte, näherte sich eine Straßenbahn. Der Fahrer läutete die Glocke zur Warnung, doch der kleine Hund machte keine Anstalten, zur Seite zu gehen. Michael umklammerte ängstlich Gertrudas Hand. „Pass auf!", rief er dem Hund zu, doch der stand immer noch wie angewurzelt da. Die Bahn kam unaufhörlich näher.

Plötzlich ließ Michael Gertrudas Hand los und rannte über die Gleise, um das Hündchen zu retten. Dann ging alles sehr schnell. Michael hob den Welpen hoch, die Straßenbahnglocke schrillte, Gertruda schrie auf und stürzte herbei, riss den Jungen von den Gleisen weg, der Hund sprang von seinem Arm und entkam, doch die Bahn streifte Michael am Knie und schleuderte ihn an den Straßenrand. Blut sickerte durch seine Hose.

In panischer Angst beugte sich Gertruda über das wimmernde Kind. „Bitte, Gott, hilf uns", flehte sie inständig. Der Gedanke durchzuckte sie, was Michaels Mutter sagen würde, wenn sie von dem Unfall erfuhr. Wie konnte ihr so etwas passieren! Sie hätte besser aufpassen müssen. Wie konnte sie gegenüber dem Kind, das ihr anvertraut war, so verantwortungslos sein!

Die Straßenbahn war unterdessen zum Stehen gekommen, Leute stiegen aus. Bald waren Gertruda und Michael, die immer noch am Boden kauerten, von besorgten Fahrgästen und Schaulustigen umringt. Jemand bahnte sich einen Weg durch die Menge. „Bitte, lassen Sie mich durch. Ich bin Arzt."

Es war ein junger, schlicht gekleideter Mann. Gertruda sandte ein stilles Stoßgebet zum Himmel, während der Fremde Michael untersuchte. Der junge Arzt zog ohne zu zögern sein Hemd aus, riss es in Streifen und legte sachkundig einen Druckverband an. Dann nahm er Michael auf den Arm. „Kommen Sie! Wir müssen ihn ins Krankenhaus bringen!"

In Windeseile lief er mit dem Kind durch die Straßen, Gertruda hinterher. Die Klinik befand sich nur wenige Häuserblocks entfernt, und Michael wurde in die Notaufnahme gebracht und sofort operiert. Die Zeit der Operation kam Gertruda wie eine Ewigkeit vor, und als der Arzt ihr die Nachricht überbrachte, der Kleine habe das Schlimmste überstanden und werde bald wieder nach Hause dürfen, küsste sie ihm vor Dankbarkeit die Hand.

„Sind Sie die Mutter?", fragte er.

„Nein, ich bin seine Kinderfrau."

„Dann gehen Sie am besten nach Hause und benachrichtigen Sie seine Eltern. Ich kümmere mich so lange um den Jungen."

Von Angst und Schuldgefühlen erfüllt, beichtete Gertruda zu Hause, was geschehen war. Lydia war bestürzt, doch sie machte ihr keine Vorwürfe und bat sie stattdessen, mit ihr ins Krankenhaus zu fahren.

Als sie Michaels Krankenzimmer betraten, lag er friedlich schlafend im Bett. Der junge Arzt stand neben ihm. Gertruda berichtete, wie selbstlos er sich für Michael eingesetzt hatte.

„Ich weiß nicht, wie ich Ihnen danken soll", sagte Lydia.

„Sie sind mir keinen Dank schuldig", erwiderte er schlicht. „Ich habe nur getan, was meine Pflicht war." Bevor sie etwas erwidern konnte, zog er sich zurück und ließ die beiden Frauen mit dem Kind allein.

Sie saßen die ganze Nacht an seinem Bett. Am nächsten Morgen schlug Michael die Augen auf, und ein schwaches Lächeln huschte über sein Gesicht. Der junge Arzt kam herein, klopfte dem Jungen aufmunternd auf die Schulter und versprach, er dürfe bestimmt bald nach Hause.

„Entschuldigen Sie", sagte Lydia, „ich weiß noch nicht einmal, wie Sie heißen. In der Aufregung gestern habe ich vergessen, Sie nach Ihrem Namen zu fragen."

„Joseph Berman", stellte er sich vor.

„Dem Namen nach sind Sie Jude", sagte sie. „Genau wie wir!"

„Es freut mich, Sie kennenzulernen."

„Der Himmel hat Sie geschickt, um meinen Sohn zu retten. Ich kann Ihnen nicht genug danken für das, was Sie getan haben."

Zwei Tage später wurde Michael aus dem Krankenhaus entlassen, musste jedoch zu Hause noch im Bett bleiben. Lydia hatte Emil beauftragt, Dr. Bermans Adresse ausfindig zu machen und mit ihr zum Haus des Doktors zu fahren. Sie hielten vor einem gepflegten Mietshaus und stiegen die Treppen empor in den dritten Stock. Dort hing ein Türschild mit der Aufschrift *Dr. med. Joseph Berman, Lungenfacharzt.*

Dr. Bermans Frau öffnete. Aus der Wohnung drangen Kinderstimmen. Frau Berman blickte fragend auf die elegant gekleidete Dame und ihren Chauffeur.

„Ist Herr Dr. Berman zu Hause?", fragte Lydia.

„Ja. Er behandelt gerade einen Patienten. Aber kommen Sie doch herein."

Sie setzten sich auf die Stühle im Flur gegenüber dem Sprechzimmer. Als Dr. Berman nach einiger Zeit seinen Patienten zur Tür geleitete, musterte er erstaunt die Besucher. Lydia erhob sich und reichte ihm einen Umschlag. „Bitte, das ist für Sie."

Der Doktor öffnete den Umschlag, in dem sich eine beträchtliche Summe befand. Er sah auf die Geldscheine und schüttelte den Kopf. „Das kann ich nicht annehmen", sagte er ruhig, „ich habe Ihren Sohn nicht des Geldes wegen ins Krankenhaus gebracht."

Lydia war peinlich berührt. „Aber … Sie sollen doch einen Lohn für Ihre Arbeit bekommen."

Er gab ihr den Umschlag zurück. „Das war keine Arbeit", sagte er. „Im Gegenteil, ich war froh, dass ich helfen konnte."

Lydia konnte nicht verstehen, warum er das Geld nicht annehmen wollte. Dass jemand ein Geldgeschenk von ihr ausschlug, war ihr noch nie passiert. „Trotzdem", beharrte sie, „Wir möchten uns gern für Ihre Hilfe erkenntlich zeigen."

Er lächelte. „Ihre Dankbarkeit ist für mich Lohn genug, Madame."

Lydia machte auf dem Absatz kehrt und eilte aus der Tür. Davor legte sie rasch den Umschlag auf eine Kommode im Flur.

3.

Karl Rink betrat das SS-Führungshauptamt mit gemischten Gefühlen. Er wusste, Schreider würde ihn nicht ohne triftigen Grund rufen lassen. Karl strich die schwarze Uniform glatt, zog seine Hakenkreuz-Armbinde fest und fragte sich, was sein Vorgesetzter ihm wohl Wichtiges mitzuteilen hatte.

Auf den Korridoren herrschte reges Treiben. Rink waren die meisten Schwarzuniformierten vertraut, die ihm entgegenkamen oder in Gruppen beisammen standen. Man kannte und grüßte sich.

Im Vorzimmer von Schreiders Büro empfing ihn Kurt Baumer, ein ranghoher Offizier, mit freundlichem Lächeln. Baumer war zugleich ein guter Freund von Karl, sein einziger

Freund bei der SS. Sie kannten sich noch aus ihrer Jugendzeit, hatten als Kinder in derselben Straße gewohnt. Später hatten sie sich dann aus den Augen verloren, bevor sie sich bei der SS wiedertrafen.

Baumer nickte ihm zu. „Schreider wartet schon auf dich."

„Was will er denn?"

„Ich habe keine Ahnung."

Kurt Baumer führte Rink in das geräumige Büro des Vorgesetzten. An der Wand hing eine gerahmte Fotografie von Hitler und über dem Schreibtisch eine überdimensionale Hakenkreuz-Flagge.

Karl straffte die Schultern und hob die rechte Hand. „Heil Hitler!"

Schreider richtete sich in seinem Ledersessel auf und erwiderte sitzend seinen Gruß. Er war ein kahler, untersetzter Mann mit einem nervösen Zucken um die Mundwinkel.

„Lassen Sie uns allein", sagte er zu Baumer.

„Karl Rink." Seine Stimme klang förmlich. „Sie sind nun schon seit sieben Jahren bei uns, nicht wahr?"

„Seit genau sieben Jahren und zwei Monaten."

„Sie haben sich in der Partei verdient gemacht, Rink. Ich habe die Berichte über Sie gelesen und viel Gutes über Sie und Ihre Treue zum Führer gehört. Sie haben gute Aussichten, befördert zu werden und in Zukunft mehr Verantwortung zu tragen."

„Danke, Herr SS-Gruppenführer."

„Zuvor möchte ich allerdings ein paar Dinge klarstellen. Aus einem Bericht über die Aktivitäten unserer Einheit bei der Vergeltungsmaßnahme gegen die Juden am 9. November geht hervor, dass Sie sich nicht wirklich an der Operation beteiligt haben."

„Ich war auch dabei."

„Das waren Sie wohl. Aber was haben Sie getan?"

„Ich nahm daran teil wie alle anderen."

76

„Mir wurde zugetragen, dass Sie sich im Hintergrund hielten. Unsere Männer hatten den Befehl, die Schaufenster jüdischer Geschäfte einzuwerfen und den Ladeninhabern mit den Fäusten einen Denkzettel zu verpassen. Sie haben sich nicht beteiligt. Warum nicht?"

„Ich tat mein Bestes", sagte Karl mit fester Stimme.

Schreider maß ihn mit durchdringendem Blick. „Ihre Frau ist Jüdin, nicht wahr?"

„Ja."

„Und ich vermute, Sie werden mir jetzt erzählen, dass diese Tatsache nichts damit zu tun hat, dass Sie bei den Demonstrationen gegen die Juden nicht mitmachen wollten."

„Nein, das hat nichts damit zu tun", log Karl.

„Leben Sie zusammen oder getrennt?", fragte Schreider.

„Wie meinen Sie das?"

„Sie wissen doch, dass die Nürnberger Gesetze Mischehen zwischen Ariern und Juden verbieten."

„Es ist mir bekannt."

„Mir ist zu Ohren gekommen, dass Sie trotzdem immer noch mit Ihrer Frau zusammenleben und sich somit gegen das Gesetz stellen."

Karl biss die Zähne zusammen und schwieg.

„Rink", fuhr der SS-Offizier fort, „Hitler ist im Begriff, Deutschland und die ganze Welt in ein neues Zeitalter zu führen. Revolutionäre Veränderungen werden stattfinden. Wir brauchen gute Leute, die dafür eintreten und helfen, diesen hehren Auftrag, der uns anvertraut ist, auszuführen. Wir brauchen Sie, Karl."

„Ich werde alle Befehle ausführen."

Schreiders Gesicht war unbeweglich. „Dann ist Ihnen hoffentlich auch klar, dass Sie sich entscheiden müssen." In seiner Stimme lag eine plötzliche Schärfe. „Entscheiden zwischen uns und Ihrer Frau. Sie können nicht gleichzeitig der Partei und den Juden dienen. Sie müssen sich von ihr trennen."

„Meine Frau wird der Partei niemals im Weg stehen", machte Karl einen letzten Versuch. „Und die Tatsache, dass sie Jüdin ist, ändert nichts an meiner Überzeugung für unsere Ideale."

„Hören Sie, Rink", zischte Schreider. „Wir haben bisher noch keinen Druck auf Sie ausgeübt, weil wir dachten, Sie wären klug genug, von selbst die richtige Entscheidung zu treffen. Doch nun müssen Sie endgültig Farbe bekennen. Es gibt keine Grauzone."

Karl schluckte. „Darf ich Sie noch etwas fragen?"

„Nein." Schreider war mit seiner Geduld am Ende.

„Bitte, ich brauche etwas Zeit."

Sein Vorgesetzter starrte ihn wütend an. „Ein treuer SS-Mann", sagte er, „muss in der Lage sein, für das Reich alles zu opfern. Wir setzen voraus, dass für unsere Männer nur eines zählt: der Sieg. Die Familie darf für einen SS-Mann niemals Vorrang haben. Haben wir uns verstanden?"

„Ja", murmelte Rink.

„Wann werden Sie die Scheidung einreichen?"

„Bald."

„Bald genügt nicht, Rink. Tun Sie es sofort, noch diese Woche."

Karl rang verzweifelt nach einer Antwort, doch er brachte kein Wort heraus.

„Diese Woche", wiederholte Schreider. „Dies ist ein Befehl, Rink. Haben Sie verstanden?"

Karl fuhr mit seinem Motorrad ziellos durch die regennassen Straßen Berlins. Er hatte es nicht eilig, nach Hause zu kommen. Er brauchte Zeit zum Nachdenken und um eine Entscheidung zu fällen, die schwerer war als alles andere, was er mit seinen achtunddreißig Jahren erlebt hatte. Was sollte er tun? Er liebte Mira, doch gleichzeitig fühlte er sich der Partei verpflichtet. In den meisten Dingen stimmte er mit der Partei überein – bis auf die Judenfrage. Bei der SS wurde von morgens bis abends die Überlegenheit der „arischen Rasse" gepredigt, die Juden wurden für alle Missstände in Deutschland verantwortlich gemacht. Die Presse bezeichnete sie als abscheuliche Blutsauger, die das deutsche Volk ausbeuteten. Karl waren solche Hetztiraden zuwider. Doch er lebte immer noch in dem Glauben, dies seien lediglich vereinzelte Ausrutscher, Fallstricke auf dem Weg zum Ziel. Seine Parteitreue war genauso groß wie die Liebe zu seiner Frau, das war sein Zwiespalt. Zerknirscht dachte er daran, wie Schreider ihm das Versprechen abgerungen hatte, sich binnen einer Woche von Mira zu trennen. Sie hatten immer eine glückliche Ehe geführt. Wie könnte er ihre gemeinsamen Jahre einfach wegwerfen?

Mira saß im Wohnzimmer und hörte Radio, Opernklänge drangen aus dem Raum. Seit ihrer Kündigung hatte sie keine neue Arbeitsstelle finden können. Niemand wagte es mehr, Juden einzustellen.

Sie drehte die Musik leiser und sah ihren Mann forschend an. Karl ließ sich in einen Sessel fallen.

„Schreider hat mir ein Ultimatum gestellt", sagte er tonlos, ohne sie anzuschauen.

„Lass mich raten. Du sollst dich entscheiden – zwischen mir und der Partei."

„Genau das hat er gesagt."

„Ich habe es geahnt, Karl. Und was hast du geantwortet?"

„Ich sagte ihm, du würdest meinen Aufgaben in der Partei nicht im Wege stehen."

„Und das hat ihn überzeugt?"

„Ich glaube kaum."

„Er will also die Scheidung."

„Ja."

„Und wie hast du dich entschieden?"

„Ich sagte ja, aber ich habe es nicht so gemeint."

„Wie soll ich das nun wieder deuten?"

„Ich meine damit, dass ich keinesfalls beabsichtige, mich von dir zu trennen."

„Und was ist, wenn Schreider die Wahrheit erfährt?"

„Das wird er nicht."

Karl stand auf und begann, nervös im Zimmer auf und ab zu gehen.

„Die Partei spielt in meinem Leben nun mal eine wichtige Rolle, Mira", sagte er nach einer langen Zeit des Schweigens. „Sie ist meine Zukunft, die Zukunft von uns allen, die Zukunft Deutschlands."

„Deine Partei wird noch viel Leid und Unheil über uns alle bringen."

„Du übertreibst mal wieder, Mira. Du siehst das völlig falsch."

Sie seufzte. „Nein, *du* siehst das falsch, Karl, nicht ich."

4.

Mitte Juni 1939 brachte ein schwerer Sturm Bäume zum Umstürzen und deckte ganze Dächer ab, vor allem in den ärmeren Gegenden Warschaus. Wie gewöhnlich wurden auch die Telefonleitungen in Mitleidenschaft gezogen. Die Frauenstimme am anderen Ende der Leitung war kaum zu verstehen, doch durch die ohrenbetäubenden Pfeif- und Knackgeräusche konnte Jacob Stolowitzky ihr verzweifeltes Schluchzen hören.

Er umklammerte den Telefonhörer, bis seine Knöchel weiß wurden, und presste die Muschel fest ans Ohr. Nach einer Weile gelang es ihm, in der Anruferin die Frau des Geschäftsführers seines Stahlwerks in Berlin zu erkennen.

„Bitte, beruhigen Sie sich doch", sagte er. „Ich kann Sie kaum verstehen."

Das Weinen ließ langsam nach und die Frau sagte mit erstickter Stimme: „Die SS hat gestern meinen Mann verhaftet. Sie halten ihn im Gefängnis fest."

„Aber warum?"

„Er hat sich nichts zuschulden kommen lassen. Sein einziges Verbrechen ist, dass er Jude ist."

Jacob Stolowitzky wurde blass. Die Festnahme des Betriebsleiters war schrecklich, und sie kam zum denkbar ungünstigsten Zeitpunkt, mitten in den Verhandlungen mit der französischen Eisenbahngesellschaft. Die Verlegung von mehreren Hundert Kilometern Schienen stand auf dem Spiel. Nur seine Fabrik in Deutschland konnte in kürzester Zeit solche großen Mengen liefern. Und nun sah es so aus, als stünde der Geschäftsabschluss kurz vor dem Platzen.

„Wo genau befindet sich Ihr Mann jetzt?"

„Ich weiß es nicht."

Stolowitzky rang sich ein paar tröstende Worte ab und versprach, sich selbst um die Angelegenheit zu kümmern. Er beschloss, als Erstes beim deutschen Verteidigungsministerium anzurufen. Als Geschäftsmann hatte er dort gute Kontakte zu höheren Beamten, mit denen er bei seinen Besuchen in Deutschland in teuren Restaurants zu speisen pflegte.

Er erreichte zwei seiner Bekannten, doch diesmal waren sie ihm gegenüber seltsam reserviert. „Die Angelegenheit fällt nicht in unseren Zuständigkeitsbereich", bekam er zu hören. „Wir haben keinerlei Informationen, hier ist alles in der Hand der Nazis. Wir können leider nichts für Sie tun."

„Dann werde ich eben persönlich bei den zuständigen Leuten vorsprechen, bis mein Betriebsleiter wieder auf freiem Fuß ist!", entgegnete Stolowitzky erbost. „Ich reise noch heute nach Deutschland."

„Das halte ich für keine gute Idee", warnte ihn sein Gegenüber am Telefon. „Niemand kann für Ihre Sicherheit garantieren. Auch Sie könnten verhaftet werden."

Nach dem Telefongespräch ging Jacob Stolowitzky rastlos

in seinem Büro auf und ab. Es fiel ihm schwer, irgendeinen klaren Gedanken zu fassen. Welche Schritte sollte er als Nächstes unternehmen?

In dem Moment klingelte das Telefon erneut. Wieder war es die Frau des Betriebsleiters in Berlin. „Herr Stolowitzky", sagte sie mit tränenerstickter Stimme, „die SS-Leute sind heute wieder in die Firma gekommen und haben sämtliche Angestellten mit polnischer Staatsbürgerschaft hinausgeworfen und des Landes verwiesen. Sie müssen alle zurück nach Polen."

Stolowitzky war immer stolz auf seine polnischen Ingenieure gewesen. Nur die besten wurden mit ihren Familien nach Berlin geschickt. Ohne sie, das war klar, würde die Produktion vollständig zum Erliegen kommen.

„Sie machen sich keine Vorstellung, Herr Stolowitzky", fügte die Frau hinzu. „Berlin ist die reinste Hölle. Der Hass auf Juden nimmt immer mehr überhand. Juden verlieren ihre Arbeit oder werden verhaftet. Wer kann, versucht, so schnell wie möglich von hier wegzukommen."

Dann brach die Verbindung ab, die Leitung war tot.

Jacob Stolowitzky vergrub das Gesicht in den Händen, die Ellbogen auf den Schreibtisch gestützt. Lange Zeit saß er bewegungslos da. Er hatte die Ereignisse in Deutschland in den Zeitungen verfolgt, hatte von der steigenden Feindseligkeit gegenüber den Juden gelesen, doch als ausländischer Unternehmer, der Geschäftsbeziehungen zur deutschen Regierung unterhielt, wähnte er sich auf der sicheren Seite. Es erschien ihm absurd, dass Deutschland ein Interesse daran haben sollte, ausländischen Bürgern zu schaden.

Entmutigt ging er nach Hause und musste unwillkürlich an die düstere Prophezeiung seines Vaters auf dem Sterbebett denken, der die Zeichen der Zeit richtig gedeutet und das Unvermeidliche kommen gesehen hatte. Der schon damals Hitlers teuflischen Plan durchschaut hatte.

Aufgebracht erzählte er Lydia von der Verhaftung seines

Betriebsleiters und der Ausweisung der polnischen Ingenieure.
„Ich muss unbedingt mit meinem Anwalt in Berlin sprechen",
sagte er. „Am besten fahre ich gleich heute noch hin."

Sie versuchte, ihn davon abzuhalten. „Die Deutschen werden dich auch noch verhaften", warnte sie. „Jeder sagt, dass es in Europa bald Krieg geben wird. Du solltest warten, bis sich die Lage beruhigt hat."

Jacob nahm ihre Hand. „Es ist meine Pflicht", sagte er eindringlich. „Mach dir keine Sorgen. In ein paar Tagen bin ich zurück."

Eine Hausangestellte packte seinen Koffer, dann sagte er seiner Frau und seinem Sohn Lebewohl. Auf dem Weg nach draußen traf er Gertruda.

„Ich muss verreisen", sagte er zu ihr. „Passen Sie gut auf Lydia und Michael auf."

Gertruda sah ihn voller Entsetzen an, als spürte sie, in welche Gefahr er sich begab. Doch in ihrer Stimme ließ sie sich nichts anmerken. „Ja, Herr Stolowitzky", antwortete sie, „ich werde mein Bestes tun."

Emil trug das Gepäck zum Auto.

„Zum Bahnhof", wies Jacob den Chauffeur an.

Im Wagen der Ersten Klasse sank er in die weichen Polster. Der Zug setzte sich in Bewegung, und aus dem Fenster sah Stolowitzky, wie die Silhouette der Stadt langsam am Horizont verschwand.

Er war überzeugt, dass er in ein paar Tagen zurückkehren würde.

5.

Die Schule war, wie gewöhnlich, am Spätnachmittag aus. Es begann schon zu dämmern, als Helga nach dem Unterricht nach Hause ging, dick eingehüllt in Mantel, Schal und wollene

Handschuhe. Auf der Straße waren noch deutlich die Spuren der „Kristallnacht" zu sehen: eingeworfene Schaufensterscheiben, Scherben überall und das Wort „Jude" über den Türen der Geschäfte. Ihr Herz stockte, als sie beobachtete, wie SS-Männer einen alten Mann in ein graues Auto zerrten. Einen kurzen Augenblick glaubte sie unter den Schwarzuniformierten ihren Vater zu erkennen, doch er war es nicht. Sie dachte an ihre Eltern und an die angespannte Stimmung zu Hause. Bilder aus glücklichen Tagen mit der Familie zogen vor ihrem inneren Auge vorbei, Spaziergänge in der Natur, Segeln auf dem Wannsee, ein Picknick am Waldrand, fröhliche Geburtstagsfeiern. In all diesen Szenen war Karl Rink ein liebevoller Vater, glücklich und mit einem Lächeln im Gesicht. Helga dachte an die Zeiten, in denen sie stolz auf ihren Vater gewesen war. Was war nur in ihn gefahren? Wie konnte er sich so verändern, wie konnte er alles, was sie gemeinsam erlebt hatten, mit Füßen treten und seinem alten Leben den Rücken kehren? Wie konnte er mit den Nazi-Schergen gemeinsame Sache machen? Sie hatten doch das Land, das ihre Heimat war, in einen Ort der Angst und Gewalt verwandelt!

Sie war so in Gedanken versunken, dass sie die Gruppe von Jungen zunächst nicht bemerkte, bis sie ihr den Weg versperrten. Helga wollte ausweichen und weglaufen, doch die Jungen umzingelten sie und überhäuften sie mit Schimpfworten. Der Anführer, ein großer, kräftiger Bursche mit blondem Haar, zog Helga an den Zöpfen und nannte sie „dreckiges Judenschwein". Verzweifelt versuchte das Mädchen sich zu wehren, bis sie eine Faust im Gesicht spürte. Helga taumelte und wurde von ihren Angreifern zu Boden gestoßen. Blut strömte aus ihrer Nase. Die Jungen lachten. „Stinkende Judensau!", schrie der Anführer und versetzte ihr einen Fußtritt. „Pass auf, das ist erst der Anfang. Morgen kommen wir wieder!"

Helga hielt sich die schmerzende Seite und schleppte sich

nach Hause. Vor der Haustür wischte sie sich, so gut es ging, das Blut von der Nase und hoffte, dass ihre Mutter nichts bemerken würde.

Doch Mira sah sofort, was los war. „Helga! Wie ist das passiert?"

Das Mädchen erzählte stockend.

Mira wusch ihrer Tochter das Gesicht und verarztete die immer noch blutende Nase. Als sie fertig war, ging Helga auf ihr Zimmer und schloss sich ein. Eine drückende Schwere legte sich auf Miras Gemüt. Rastlos lief sie durch die Wohnung, ein Schatten ihrer selbst. Es würde nicht das letzte Mal sein, dass Helga so etwas zustieß. Solches oder Ähnliches würde wieder passieren, vielleicht Schlimmeres. Ja, sie würde ihrem Mann alles erzählen, auch wenn sie nicht glaubte, dass er etwas tun konnte. Sie wusste um seine Zerrissenheit und dass es nicht leicht für ihn war, dieses Doppelleben zu führen. Und es tat ihr weh, dass er sich nach wie vor weigerte, der SS den Rücken zu kehren. Seine Sturheit war ihr unbegreiflich. Nervös zündete sie sich eine Zigarette an und goss sich ein Glas Wein ein. Karl kam nur noch selten nach Hause, und gerade heute, wo sie ihn dringend gebraucht hätte, war er nicht da.

Als er schließlich doch noch kam, spät in der Nacht, lag Mira noch immer rauchend auf dem Sofa im Wohnzimmer.

In knappen Worten schilderte sie, was geschehen war. Karl Rink seufzte, ging ins Zimmer seiner Tochter und schloss Helga in die Arme.

„Hab keine Angst, mein Schatz", sagte er beruhigend. „Es wird alles vorübergehen. Bald ist alles wieder gut."

Helga blickte zu Boden. Nichts würde wieder gut, nichts würde jemals wieder so sein wie früher.

„Weißt du, wer das war?" Er deutete auf das Pflaster auf ihrer Nase.

Sie nickte. Sein Name war Paul, ein Nachbarjunge. Früher

hatte er sie noch lächelnd gegrüßt. Helga verstand nicht, wie sich dieser nette Junge plötzlich in einen gemeinen Schläger verwandeln konnte.

6.

Der Zug von Warschau nach Berlin war am 20. Juni 1939 ungewöhnlich leer. Angespannt saß Jacob Stolowitzky in seinem Abteil und dachte mit Sorge an seine Fabrik in Deutschland, deren Existenz am seidenen Faden hing. Seine einzige Hoffnung war die Aussicht auf das Treffen mit seinem Anwalt und dass – bei allen Missständen in Berlin – solche Angelegenheiten immer noch rechtlich geregelt werden könnten.

Im selben Abteil saß ein deutsches Ehepaar, der Mann in brütendes Schweigen versunken, die Frau mit einem quengelnden Baby auf dem Schoß. Ein Kellner aus dem Zugrestaurant ging durch den Wagen und bot heiße Getränke und einen Imbiss an. Jacob Stolowitzky verspürte weder Hunger noch Durst. Das flaue Gefühl in seinem Magen nahm mit jedem Kilometer zu, der sie dem Ziel näher brachte.

An der Grenze hielt der Zug. Deutsche Zollbeamte stiegen ein. Aufmerksam studierten sie Jacobs polnischen Ausweis und fragten nach dem Grund seiner Reise.

„Ich bin geschäftlich unterwegs."

„Jude?", fragten sie.

„Ja."

Der Beamte verzog spöttisch die Mundwinkel nach unten. „Und was für Geschäfte führen Sie nach Berlin?"

„Ich besitze dort eine Fabrik."

„Nicht mehr lange, befürchte ich", sagte der Beamte mit hämischem Grinsen, und sein Kollege fragte: „Wann beabsichtigen Sie, nach Polen zurückzukehren?"

„Ende der Woche."

Widerstrebend drückten sie einen Stempel in seinen Pass und gaben ihm das Dokument zurück.

Als Stolowitzky aus dem Zugfenster blickte, sah er immer mehr Militärfahrzeuge auf den Straßen. Lastwagen mit Soldaten und Munition, Feldküchen im Schlepptau, lange Kolonnen von Panzern. Auch im Bahnhof wimmelte es von bewaffneten Soldaten.

Jacob nahm ein Taxi zum Büro seines Anwalts. Während der Fahrt durch die Stadt sah er eingeworfene Schaufensterscheiben und „Juden raus"-Schmierereien an den Hauswänden. Männer in Nazi-Uniformen mit Schlagstöcken in der Hand patrouillierten durch die Straßen.

Das Büro seines Anwalts war verlassen. An der Tür hing ein Schild mit der Aufschrift „Bis auf Weiteres geschlossen".

In fieberhafter Eile machte Stolowitzky die Privatadresse des Juristen ausfindig. Ein Mann, der über Nacht alt geworden war, öffnete die Tür und bat ihn herein. Der Anwalt bestätigte sämtliche Befürchtungen seines Klienten: Die Nationalsozialisten enteigneten nach und nach alle Fabriken, die in jüdischer Hand waren. Die Juden wurden immer mehr aus dem öffentlichen Leben verdrängt. Denen, die es wagten, sich den Regeln zu widersetzen, drohten harte Strafen.

„Niemand von uns weiß, was morgen sein wird", sagte der Anwalt. „Sie haben mir meine Lizenz entzogen, und ich habe fast alle Klienten verloren. Niemand traut sich noch, irgendwelche Kontakte zu Juden zu pflegen. Ein Kollege, ebenfalls jüdischer Anwalt, wagte es, zur Polizei zu gehen und Anzeige gegen einen nicht jüdischen Geschäftsmann zu erstatten. Man hat ihn geschlagen und gezwungen, nackt durch die Straßen zu laufen mit einem Schild um den Hals, auf dem stand: ‚Ich will nie wieder jemanden bei der Polizei anschwärzen.' Viele von uns flüchten aus Berlin. Andere bleiben zu Hause und schließen sich ängstlich in ihren Wohnungen ein." Er selbst, so sagte er, würde in ein paar Tagen auch abreisen und mit seiner

Familie nach Palästina gehen. „Ich habe versucht, meine Wertsachen und Immobilien zu verkaufen", fuhr er fort. „Aber es gibt keine Käufer. Jeder wartet darauf, dass wir Juden abhauen und ihnen unser Vermögen umsonst in die Hände fällt."

„Kann ich irgendetwas tun, um mein Unternehmen zu retten?", fragte Jacob Stolowitzky. „Hat es Sinn, vor Gericht zu gehen?"

„Nein", sagte der Anwalt traurig. „Man würde Sie hochkant hinauswerfen."

Stolowitzky sah aus dem Fenster, auf das geschäftige Treiben auf der Straße. Leute kamen vom Einkaufen oder von der Arbeit wie an einem ganz normalen Tag, doch unter der Oberfläche brodelte es. Offensichtlich war es nur eine Frage der Zeit, bis die Hölle losbrach.

„Ich kann Ihnen nur einen einzigen Rat geben", sagte der Anwalt. „Gehen Sie auf schnellstem Weg zum Bahnhof und reisen Sie ab, bevor es zu spät ist."

„So ernst ist die Lage?"

„Ja, so ernst. Wir müssen mit dem Schlimmsten rechnen. Es wird bald Krieg geben. An Ihrer Stelle würde ich darüber nachdenken, ob es nicht besser wäre, mit der ganzen Familie aus Polen zu fliehen. Meiner Meinung nach wird Ihr Land eines der ersten Ziele der Nazis sein."

Der Zug nach Warschau ging am nächsten Morgen in aller Frühe. Jacob nahm sich ein Zimmer in einem Hotel in der Nähe des Bahnhofs und meldete ein Telefongespräch an. Zwei Stunden später hörte er Lydias Stimme.

„Wie stehen die Dinge in Berlin?", wollte sie wissen.

„Schlecht, ganz schlecht. Ich komme morgen nach Hause."

Emil holte ihn in Warschau am Bahnhof ab. Jacob war müde. Er saß im Fond des Wagens und sagte während der ganzen Heimfahrt kein Wort.

Lydia begrüßte ihn in der Eingangshalle. „Was ist denn passiert?", fragte sie besorgt.

Er berichtete von den Ereignissen in Berlin.

Lydia reichte ihm ein Telegramm von seinem Agenten in Paris.

Jacob überflog die Zeilen:

Vertrag mit französischer Eisenbahngesellschaft liegt zur Unterschrift bereit. Einige Klauseln bedürfen noch Ihrer Zustimmung. Bitte kommen Sie so bald wie möglich.

Stolowitzkys Augen leuchteten auf. „Na also!", rief er erfreut. „Endlich eine gute Nachricht."

„Du fährst nach Paris?", fragte sie.

„Selbstverständlich."

Er ging in Michaels Zimmer und umarmte und küsste ihn.

„Ich muss noch mal verreisen", sagte er. „Und wenn ich wiederkomme, bringe ich dir ein schönes Geschenk mit."

„Wann kommst du denn wieder?", fragte Michael.

„In ein paar Tagen."

Jacob rief seinen Handelsvertreter in Paris an und teilte ihm mit, er käme sofort.

Wenige Stunden später, nach einer kurzen Nacht, saß er im Zug nach Paris. Während er durch die Morgendämmerung fuhr, sann er darüber nach, wie sich auch dieses Mal das Schicksal gewendet hatte: Eine Tür hatte sich geschlossen, eine andere hatte sich aufgetan.

7.

Karl Rink fand keine Ruhe. Die Gedanken jagten sich in seinem Kopf. Die Hände in der Tasche zu Fäusten geballt, lief er durch die Straße wie ein gereiztes Tier, das Haus des Jungen im Blick, der seine Tochter zusammengeschlagen hatte. Er musste irgendetwas tun. Er dachte an die Zeiten, als in Deutschland noch alles in Ordnung war. Damals hätte er einfach zur Polizei gehen und den Jungen anzeigen können. Aber nun war alles anders. Die Polizei würde in der Sache keinen Finger krumm machen. Und er? Er konnte unmöglich in SS-Uniform zu den Nachbarn gehen und den Jungen und seine Eltern zur Rede stellen. Wenn seine Vorgesetzten Wind von der Sache bekamen, würde er hinter Gittern landen. Aber das Ganze auf sich beruhen lassen und gar nichts tun, konnte er auch nicht.

Karl kannte den Jungen und wusste, wo er wohnte. Einige Tage lang beobachtete er ihn, wozu er sich hinter einer Litfaßsäule, die mit Naziparolen beklebt war, auf die Lauer begab.

Eines Abends, als der Junge allein auf dem Heimweg war, folgte er ihm unauffällig und ließ in einem günstigen Moment den Pistolenknauf auf seinen Hinterkopf niedersausen. Der Junge stöhnte auf und sackte zusammen. „Das kommt davon, wenn man wehrlose Mädchen verprügelt", zischte Karl. „Wenn du es noch einmal wagst, sie anzurühren, dann kannst du was erleben! Und nächstes Mal kommst du nicht so leicht davon."

„Wer sind Sie?", stammelte Paul, unfähig, Rink im Dunkeln zu erkennen.

„Das tut nichts zur Sache."

„Aber das Mädchen war Jüdin!", begehrte der Junge auf.

Karl versetzte ihm einen Tritt. „Versprich, dass du ihr nicht noch einmal zu nahe kommst!"

Paul begann zu wimmern. „Ich … ich verspreche es."

Karl Rink drehte sich um und verschwand in der Dunkelheit. Paul stolperte nach Hause.

„Was ist denn mit dir passiert?", fragte seine Mutter entsetzt.

„Jemand hat mich auf der Straße zusammengeschlagen."

„Wer war das?"

„Ich weiß es nicht. Ich konnte den Mann im Dunkeln nicht erkennen. Er sagte nur, das sei die Strafe dafür, dass ich einem jüdischen Mädchen eins auf die Nase gegeben habe."

„Mein armer Junge." Die Mutter nahm ihn tröstend in die Arme. „Die Juden sind ein Fluch. Geh ihnen besser aus dem Weg. Hitler wird sich um sie kümmern."

Als Karl nach Hause kam, saßen Helga und Mira dicht nebeneinander auf dem Sofa. Die Fensterläden waren zu, die Türen verschlossen.

„Paul wird dir nichts mehr tun", sagte er.

„Bist du sicher?"

„Ja, ganz sicher."

„Ich weiß nicht, ob ich überhaupt noch zur Schule gehen will", sagte Helga. „Selbst wenn Paul mich jetzt in Ruhe lässt, gibt es genug andere Judenhasser. Ich habe Angst ... Angst, dass alles noch schlimmer wird. Dieses Mal bin ich noch mit einer blutenden Nase davongekommen, nächstes Mal vielleicht nicht mehr."

Karl wollte irgendetwas Tröstendes sagen, aber ihm fiel nichts ein. Helga wandte den Blick ab und sah aus dem Fenster. Es regnete noch immer.

„Vati", sagte sie plötzlich, „Mutti und ich fühlen uns hier nicht mehr sicher. Es wird von Tag zu Tag gefährlicher – und du kannst uns nicht vor jedem beschützen, der uns Schläge androht, nur weil wir Juden sind."

Er ging zu ihr und legte seinen Arm um ihre Schulter. „Ich habe euch beide sehr lieb", sagte er. „Mehr als alles andere auf der Welt. Bitte, habt noch ein bisschen Geduld. Der Hass der Leute auf die Juden wird nicht ewig anhalten."

Sie spürte, wie von seiner Hand auf ihrer Schulter Wärme durch sie strömte, so wie früher.

„Danke, dass du uns trösten willst." Helga rang nach den richtigen Worten. Er konnte sehen, wie schwer es ihr fiel.

„Aber das nützt nichts, Vati. Du wagst es nicht, der Wahrheit ins Gesicht zu sehen. Du betrügst dich selbst, weil du weder die Partei noch deine Familie verleugnen willst. Und es ist bloß eine Frage der Zeit, bis dir und uns etwas Furchtbares passiert."

Karl sah seine Tochter lange an. Dann sagte er zu seiner Frau: „Vielleicht hat Helga recht. Vielleicht ist es wirklich das Beste, wenn du mit ihr fortgehst." Er seufzte. „Leider ist es so, dass ich in Berlin nicht mehr für eure Sicherheit garantieren kann."

„Ich gehe nirgendwohin!", entgegnete Mira heftig. „Hier bin ich zu Hause. Und ich kann meine Eltern nicht im Stich lassen. Sie sind alt und gebrechlich. Sie brauchen mich. Wir lassen uns von niemandem hinausekeln."

Er setzte sich ihr gegenüber und nahm ihre Hände in seine. Sein Gesicht war grau und zerfurcht. „Mira, sei doch nicht so stur."

„Lass uns in Ruhe, Karl. Geh doch zurück zu deinen Nazi-Freunden."

„Mira! Du hast kein Recht dazu, dein oder Helgas Leben aufs Spiel zu setzen."

Mira blickte zu Boden. Nach einer Weile sagte sie kaum hörbar: „Helga soll selbst entscheiden. Sie ist alt genug."

Helga stand noch immer am Fenster, den Blick starr nach draußen gerichtet. Sie überlegte gerade, wann sie ihren Vater das letzte Mal lächeln gesehen hatte. Es war lange her.

„Hast du gehört, was Mutter gesagt hat?"

„Ja, ich hab's gehört."

„Ich kann hier nicht weg", wiederholte Mira.

„Mutti", sagte Helga eindringlich, „Vati hat recht. Wir können nicht bleiben. Und ich möchte, dass du mitkommst."

„Das geht nicht. Ich muss leider hier bleiben, mein Kind."

„Helga", Karl sah seine Tochter flehend an, „dann musst du allein gehen."

„Ich will nicht ohne Mutti gehen!", schluchzte das Mädchen auf.

„Deine Mutter kann nicht weg, Helga", sagte Karl.

Miras Augenlider flatterten. Ihr Blick wanderte von Karl zu Helga und zurück. „Ich weiß nicht …", sagte sie zögernd. „Ich werde es mir überlegen."

„Dann überleg nicht zu lange", drängte Karl. „Schon bald werden die Grenzen geschlossen, und dann ist es zu spät."

Karl Rink, Berlin, Februar 1938

Sturm

I.

In Paris wurde Jacob von seinem französischen Handelsbevollmächtigten am Bahnhof abgeholt und zum Hotel Ritz gebracht, wo eine Suite im obersten Stockwerk für ihn reserviert war. „Es ist alles bereit", informierte ihn der Agent, „bis auf einige Fragen, die wir noch besprechen sollten. Ich hoffe, wir können den Vertrag zügig zur Zufriedenheit aller abschließen."

Jacob erzählte von seinem Aufenthalt in Berlin. „Bei der gegenwärtigen Lage in Deutschland muss ich damit rechnen, dass meine Fabrik geschlossen wird. Eine Menge Kapital geht dort verloren."

„Die Franzosen sind besorgt über die Situation in Deutschland", sagte sein Bevollmächtigter. „Was sollen wir tun, wenn Ihre Fabrik die Schienen nicht liefern kann?"

„Ich stehe in Kontakt mit großen Stahlwerken in Großbritannien", erwiderte Stolowitzky, „sodass die Produktion der Schienen auf jeden Fall gewährleistet ist. Wir sind in der Lage, jeden Auftrag zu erfüllen."

Seinem Optimismus zum Trotz dauerten die Verhandlungen länger als erwartet. Die Akte enthielt sämtliche Daten zukünftiger Arbeitnehmer sowie Fristen und Arbeitspläne. Zwei Jahre hatte es gedauert, um alle Unterlagen zusammenzustellen. Nun äußerten die französischen Partner in letzter Minute Zweifel, ob Stolowitzky die Produktion wirklich sicherstellen konnte. Doch bereits nach zwei Tagen hatte er die Zusage der britischen Stahlwerke, traf sich danach mit Vertretern der französischen Eisenbahngesellschaft und führte Gespräche mit erfahrenen Anwälten, um offene Fragen zu klären und über strittige Paragrafen zu diskutieren. Schließlich handelte es sich um ein Großprojekt, das eine beachtliche Summe einbringen würde.

Jacob war sich bewusst, dass er sich für die Verhandlungen in Paris Zeit nehmen musste, zumal dieser Geschäftsabschluss einer der lukrativsten seiner ganzen Unternehmerlaufbahn war und, angesichts der drohenden Verluste in Berlin, umso wichtiger. Dennoch war er ungehalten über die Verzögerung. Er wollte so bald wie möglich zurück nach Warschau, wo seine Frau und sein Sohn und eine Menge Arbeit auf ihn warteten.

Am Telefon beteuerte er Lydia regelmäßig, wie leid es ihm tue, dass er nicht eher nach Hause kommen konnte, und sie hatte wie immer Verständnis. Es war nicht das erste Mal, dass er sich auf einer längeren Geschäftsreise im Ausland verspätete.

„Mach dir keine Sorgen um uns", sagte sie. „Hier ist alles in Ordnung."

2.

Wolfgang Erst war ein ehemaliger Bauarbeiter, grobschlächtig und etwas schwer von Begriff. Er hatte durch seinen glühenden Hass auf die Juden und durch die heimliche Ermordung von Regimegegnern bei der SS Karriere gemacht. Erst war es gewohnt, die Befehle seiner Vorgesetzten blindlings zu befolgen. Er wusste, was in den Folterkammern der SS vor sich ging, und kannte viele interne Geheimnisse, doch er war verschwiegen wie ein Grab.

In gespannter Erwartung betrat er Reinhard Schreiders Büro, in der Hoffnung auf ein besonderes Lob für seine Leistungen oder gar eine Beförderung. Doch Schreider hatte ein anderes Anliegen.

Ohne Umschweife kam er zur Sache: „Ich hätte da einen Sonderauftrag für Sie, Erst."

Sein Ton war verschwörerisch und ließ Erst aufhorchen.

Schreider schob ihm einen Zettel mit einem Namen und einer Adresse über den Tisch.

„Wissen Sie, wer das ist?"

Erst schüttelte den Kopf.

„Wenn Sie die Frau nicht kennen, kommt Ihnen vielleicht der Name ihres Mannes bekannt vor – Karl Rink?"

„Nie gehört."

„Sie ist Jüdin", klärte Schreider ihn auf, „und mit einem unserer Männer verheiratet. Vor zwei Wochen hat er mir versprochen, sich von ihr scheiden zu lassen. Ich möchte wissen, ob er sein Wort gehalten hat."

Erst warf einen flüchtigen Blick auf die Notiz und nahm das Papier an sich. Ein Auftrag wie dieser war für ihn eine Kleinigkeit. Er hatte schon schwierigere Aufgaben ausgeführt.

„Ich werde mich sofort darum kümmern", versprach er. „Sie können sich auf mich verlassen."

„Das weiß ich."

Wolfgang Erst brauchte Karl und Mira nicht lange zu beschatten, um herauszufinden, was Schreider wissen wollte.

„Mira und Karl Rink leben offensichtlich immer noch zusammen. Er isst und schläft zu Hause und macht, wie es aussieht, keine Anstalten, sich von ihr scheiden zu lassen."

„Bringen Sie die Frau her", befahl Schreider.

Mira blieb, seit sie ohne Arbeit war, meistens den ganzen Tag zu Hause. Da sie Helga nicht mehr allein nach draußen gehen ließ, brachte sie ihre Tochter morgens zur Schule. Auf dem Rückweg erledigte sie ihre Einkäufe und verließ nur am Spätnachmittag noch einmal die Wohnung, um Helga von der Schule wieder abzuholen. Einmal in der Woche besuchte sie ihre Eltern.

„Morgen, wenn sie einkaufen geht", sagte Erst. „Das ist die beste Gelegenheit."

3.

Es war noch früh am Morgen, als Peter und Maria Babilinska in den Zug stiegen. Peter war Landwirt, baute Kohl und Kartoffeln an und arbeitete nebenbei auf dem Postamt. Seine Frau kochte Marmelade ein, um sie auf Märkten zu verkaufen.

Beide waren nervös und angespannt. Schon lange sorgten sie sich um ihre Tochter in Warschau, die sie seit Monaten nicht mehr gesehen hatten. Daher hatten sie beschlossen, Gertruda zu besuchen.

Gertruda war überrascht, als eine Hausangestellte die Ankunft ihrer Eltern meldete. Sie bat die beiden herein und kochte Tee, den sie nicht anrührten.

„Wie geht es dir?", fragte der Vater.

„Gut." Sie wunderte sich über den unverhofften Besuch. Seit sie als Kinderfrau arbeitete, hatten ihre Eltern sich rar gemacht, sie hatten sich kaum gesehen. Gertruda selbst war in ihrer ganzen Zeit bei den Stolowitzkys nur dreimal in Starogard gewesen.

„Für deine Mutter und mich ist es nicht leicht", seufzte der Vater. „Du bist jetzt schon über ein Jahr hier und ..." Verlegen brach er den Satz ab. Gertruda wartete, bis er weitersprach.

„Und jetzt sind wir gekommen, um dich nach Hause zu holen." Nun war es heraus. Ihre Mutter nickte.

Gertruda sah ihren Vater erstaunt an.

„Du wirst schließlich nicht jünger", fügte er hinzu. „Und wir ebenso wenig. Unser größter Wunsch wäre, dass du endlich heiratest und uns Enkelkinder schenkst."

„Aber mir geht es gut hier", erwiderte Gertruda. „Ich fühle mich hier zu Hause und ich denke momentan nicht ans Heiraten."

Peter versuchte es mit einem anderen Argument. „Dies ist nicht dein Zuhause. Vergiss nicht: Du bist nicht jüdisch. Du gehörst nicht hierher."

„Vater, ich kümmere mich hier um ein Kind!", entgegnete Gertruda, zunehmend gereizt. „Michael braucht mich. Besonders jetzt, wo sein Vater nicht da ist. Seine Mutter wäre sonst mit ihm ganz allein. Ich kann nicht einfach gehen."

„Doch, du kannst, Gertruda."

Ein leichtes Klopfen unterbrach ihre Unterhaltung. Lydia stand in der Tür. Gertruda stellte ihre Eltern vor.

„Wir sind gekommen, um unsere Tochter nach Hause zu holen", sagte Maria ohne Umschweife. „Es ist Zeit für sie, dass sie heiratet und eigene Kinder bekommt, anstatt sich um die Kinder anderer Leute zu kümmern."

Lydia sah Gertruda fragend an.

„Wann werden Sie gehen?", brachte sie schließlich heraus.

„Überhaupt nicht. Ich bleibe hier."

Lydia blickte verstört von einem zum anderen, doch sie fasste sich rasch. „Ich kann Ihre Eltern gut verstehen. Vielleicht sollten Sie wirklich mit ihnen gehen."

Gertruda schüttelte den Kopf und sagte, zu ihren Eltern gewandt: „Es tut mir leid, aber ich möchte hierbleiben."

Maria und Peter kannten ihre Tochter und wussten, dass sie sich in ihrer Entscheidung von ihnen nicht umstimmen lassen würde. Mühsam erhoben sie sich.

„Vielleicht überlegst du es dir ja anders", sagte ihr Vater noch zum Abschied. „Wir warten zu Hause auf dich. Ich hoffe, du kommst bald."

„Danke für euren Besuch und dass ihr die weite Reise auf euch genommen habt", erwiderte Gertruda. „Aber ich bleibe bei meinem Entschluss."

Ihre Mutter brach in Tränen aus.

„Siehst du, wie schwer du es deiner Mutter machst!", ereiferte sich der Vater. „Komm nach Hause – ihr zuliebe."

Gertruda umarmte ihre Mutter. „Ich habe dich sehr lieb", sagte sie. „Aber ich bin eine erwachsene Frau. Bitte, lass mich tun, was ich für richtig halte."

Maria umarmte und küsste ihre Tochter, als wäre es ein Abschied für immer. „Versprich, dass du auf dich aufpasst."

„Ich verspreche es."

Niedergeschlagen traten die Eltern den Heimweg an.

Als sie aus der Tür waren, drückte Lydia Gertrudas Hand. „Danke", sagte sie. „Michael und ich freuen uns, dass Sie bei uns bleiben wollen."

4.

Ende der Dreißigerjahre stand Deutschland völlig unter der Diktatur der Nationalsozialisten. Überall hatte die Partei ihre Spitzel. Offenen oder mutmaßlichen Regimegegnern drohte eine Haftstrafe oder Konzentrationslager. Die jüdische Bevölkerung wurde durch den Erlass neuer Gesetze immer mehr an den Rand der Gesellschaft gedrängt. Viele Juden waren gezwungen, aus Deutschland zu fliehen. Die breite Bevölkerung hatte die Situation akzeptiert, und das Vertrauen zu Hitler und seinen Verheißungen war ungebrochen.

In solchen Zeiten schien es ratsam, vor Dingen, die man normalerweise weder tolerieren noch gutheißen würde, die Augen zu verschließen. Man gewöhnte sich an Szenen wie diese: Ein Auto hielt vor einem Wohnhaus, Männer in schwarzen Ledermänteln stiegen aus und stürmten das Gebäude. Minuten später schleppten sie einen verängstigten Gefangenen heraus, verfrachteten ihn gewaltsam in den Wagen und brausten davon. Niemand wusste, wohin sie ihn brachten. Doch das Leben ging weiter, und man wandte sich anderen Dingen zu. Solches oder Ähnliches widerfuhr nicht nur Juden, sondern auch Politikern, Gewerkschaftern, Schriftstellern, Journalisten und Künstlern, die es wagten, ihre Stimme gegen Hitler, seine Gefolgsleute und ihre kriminellen Machenschaften zu erheben.

Auch Mira Rink war für die Nazis ein unbequemes „Element", das es zu beseitigen galt. Da Karl sich nicht dazu durchringen konnte, sich von ihr scheiden zu lassen, hatte sein Vorgesetzter die Entscheidung für ihn getroffen. Miras Schicksal war besiegelt.

Ende August 1939 kaufte sie wie gewöhnlich in dem kleinen Lebensmittelgeschäft unweit ihrer Wohnung ein. Sie hielt sich eine Weile in dem Laden auf und trat dann den Heimweg an. Ihre Gedanken kreisten darum, wie belastend die Situation für ihre Ehe war, seit ihr Mann bei der SS war. Sie liebte Karl, den ersten und einzigen Mann in ihrem Leben, und sie konnte es je länger desto weniger verstehen, dass er immer noch an die Partei glaubte und an Einsätzen der SS teilnahm. Täglich trafen sie auf der Straße die wütenden Blicke ihrer jüdischen Nachbarn. Mit manchen war Mira eng befreundet gewesen, doch sie hatten den Kontakt zu ihr abgebrochen, als Karls Verbindung zur SS bekannt wurde. Mira litt noch immer darunter, doch sie hatte gelernt, damit zu leben.

Gerade wollte sie in ihre Straße einbiegen, als sich ihr drei Männer in schwarzen Ledermänteln in den Weg stellten.

„Frau Rink?", fragte Erst.

Sie nickte. Die Männer ergriffen sie und warfen sie, ohne ein Wort zu sagen, auf den Rücksitz eines braunen Autos, das eilig davonfuhr.

„Wer sind Sie?", schrie Mira, obwohl sie es bereits wusste.

Die Uniformierten schwiegen.

„Mein Mann ist SS-Offizier", sagte sie mit Nachdruck, in der Hoffnung, dass es sich um ein Missverständnis handelte. Doch ihre Worte zeigten keine Wirkung. Die Männer sahen sie aus kalten Augen an, ohne etwas darauf zu erwidern. Für den Bruchteil einer Sekunde dachte sie daran, die Wagentür aufzureißen und sich hinauszustürzen, doch ihr war klar, dass sie ihren Entführern nicht entkommen konnte. Eine Flucht war unmöglich.

Der Wagen hielt vor einem alten Backsteingebäude im Süden Berlins. Mira sah sich um. Hier war sie noch nie gewesen.

Sie wurde aus dem Auto gezerrt, unsanft zur Tür hineingeschoben und durch enge Korridore zu einem geräumigen Büro geführt. Reinhard Schreider sah von seinem Schreibtisch auf.

„Lasst uns allein", sagte er zu Erst und seinen Gehilfen.

Höflich bot er Mira ein Glas Wasser an, was sie dankend ablehnte.

„Sie wissen doch sicherlich, Frau Rink", sagte er ernst und betonte dabei jede Silbe, „dass das Gesetz Ehen zwischen Juden und Ariern verbietet?"

„Das ist mir bekannt."

„Nun, wenn ich richtig informiert bin, sind Sie Jüdin und Ihr Ehemann ist Arier, nicht wahr?"

„So ist es."

„Und es ist Ihnen klar, dass Sie dadurch beide das Gesetz übertreten?"

„Ich habe Karl geheiratet, lange bevor dieses Gesetz in Kraft trat."

Schreider presste die Lippen zusammen.

„Frau Rink, ich habe kürzlich mit Ihrem Mann vereinbart, dass Sie sich scheiden lassen werden."

Mira tat, als sei sie überrascht. „Ich weiß nicht, wovon Sie reden."

„Dann muss ich Sie leider davon in Kenntnis setzen, dass um der öffentlichen Ordnung willen jeder von uns die Gesetze befolgen muss. Und dass für Sie eine Scheidung unumgänglich ist."

In seiner Stimme lag eine Kälte und Schärfe, die sie schaudern ließen. Ihr war, als griffe eine eisige Hand nach ihr. Angst stieg in ihrer Kehle hoch. Sie wusste, welche Antwort er von ihr erwartete.

Trotzdem nahm sie all ihren Mut zusammen und antwortete tapfer: „Niemals. Wir lieben einander und wir haben eine vierzehnjährige Tochter. Wir denken nicht daran, uns scheiden zu lassen."

Schreiders Gesichtszüge verzerrten sich zu einer Grimasse. „Das ist sehr unklug, Frau Rink."

Sie erhob sich. „Kann ich jetzt gehen?"

„Nein!" Seine Stimme war schneidend. „Sie können nicht gehen."

Er griff zum Telefon und bellte einen Befehl in den Hörer. Die drei Männer, die sie entführt hatten, betraten das Zimmer.

„Bringt sie in den Hinterhof", befahl Schreider.

Als Mira klar wurde, was sie vorhatten, war es zu spät. Der gepflasterte Hof war von einer hohen Steinmauer umgeben. Sie stellten sie mit dem Gesicht zur Wand. Steine splitterten, als die Gewehrsalven Miras Körper durchlöcherten und sie zu Boden sank. Die Männer warfen ihren leblosen Körper in eine Grube, in der Opfer wie sie für immer verschwanden.

5.

Karl Rink schwamm mit dem Strom der Massen, der sich auf den großen Versammlungssaal zubewegte. Unter riesigen Hakenkreuz-Flaggen entlang der Wände warteten Tausende auf die Ankunft des Führers, der in einem offenen Mercedes vorfuhr. Langsam bahnte sich der Wagen seinen Weg durch die „Heil Hitler" schreiende Menge. Hitler betrat den Saal und erklomm das Rednerpult. Er verstand es, seine Zuhörer mitzureißen, und Karl hing wie gebannt an seinen Lippen. Wie seine Kameraden links und rechts, so sah auch er in ihm den auserwählten Retter, und als Hitler hysterisch „Deutschland über alles!" schrie, spürte Rink, wie ihn ein Schauer der Erregung durchlief. Von Neuem fühlte er sich als Mitstreiter einer glühenden Idee, einer wunderbaren Zukunftsvision für Deutschland, eines politischen Feldzugs, der das Land in ein blühendes Zeitalter ohnegleichen führen würde.

Von derartigen Gedanken beseelt, schwang er sich nach der Veranstaltung auf sein Motorrad. Doch auf dem Heimweg wuchs mit jedem Kilometer die Beklemmung, die er zu Hause so oft verspürte. Da waren Miras traurige Augen und ihre schwere, gedrückte Stimmung. Die bohrenden Fragen seiner Tochter und das Gefühl, dass sie ihn nicht verstanden. Vielleicht, dachte er, sollte er Freunde oder Verwandte als Vermittler hinzuziehen, bis sich die Lage etwas entspannt hatte.

Die Wohnung war hell erleuchtet. Aus Helgas Zimmer drang lautes Schluchzen. Als er die Tür öffnete, war seine Tochter völlig aufgelöst, mit wirrem Haar und rot geweinten Augen in ihrem tränennassen Gesicht. „Mutti ist weg!", schluchzte sie. „Ich habe keine Ahnung, wo sie ist … Ich habe bei dir im Büro angerufen, aber du warst nicht da."

Karl sah auf die Uhr. Es war bereits nach zehn.

„Wo kann sie bloß sein?", dachte er laut und zwang sich zur Ruhe, um Helga nicht noch mehr zu ängstigen.

„Sie ist heute Morgen zum Einkaufen gegangen und nicht wiedergekommen. Ich habe im Laden gefragt."

„Vielleicht besucht sie noch jemanden?"

„Aber doch nicht so spät! Sie ist noch nie so lange weggeblieben … Ich habe Angst, dass ihr etwas zugestoßen ist!"

Karl redete beruhigend auf sie ein. „Bitte, Helga, mach dir keine Sorgen. Geh jetzt schlafen. Und wenn du morgen früh aufwachst, ist sie bestimmt wieder da."

„Du musst sie suchen gehen!", schluchzte sie. „Such sie, bevor es zu spät ist!"

Karl ließ das Motorrad an und gab Gas. Als Erstes fuhr er zu Miras Eltern. Sie schliefen bereits, und er musste mehrmals klingeln, bis seine Schwiegermutter öffnete. Sie sah ihn entgeistert an. Seit er bei der SS war, hatten seine Schwiegereltern kein Wort mehr mit ihm gewechselt.

„Ist Mira hier?", fragte er knapp.

„Nein. Was ist passiert?" Angst spiegelte sich auf ihrem Gesicht.

„Sie ist heute Morgen aus dem Haus gegangen und bis jetzt nicht zurück."

„Was soll das bedeuten?"

„Ich weiß es nicht."

„Dann geh und frag bei deinen sauberen Nazi-Freunden nach!", rief sie anklagend. „Ich bin sicher, die wissen, wo sie ist!"

Sein Schwiegervater, von dem Lärm geweckt, erschien im Türrahmen. „Du bringst sie zurück nach Hause!", schrie er aufgebracht. „Wenn du sie nicht findest, dann gnade dir Gott!"

Karl suchte ihre alten Freunde auf, doch niemand hatte Mira gesehen. Er klapperte sämtliche Krankenhäuser ab, fragte auf der Polizeiwache nach – nirgendwo auch nur die geringste Spur. Niedergeschlagen machte er sich auf den Heimweg. Eine letzte Möglichkeit drängte sich auf: die SS. *Nein*, verwarf er den Gedanken, *das konnte, das durfte nicht sein.* Das waren seine Parteifreunde, seine Kameraden. So etwas würden sie ihm nicht antun. Trotzdem war es einen Versuch wert. Vielleicht wusste Schreider etwas. Als er ihn anrief, war sein Vorgesetzter noch im Büro.

„Meine Frau ist verschwunden", sagte Karl. „Haben Sie irgendeine Ahnung, wo sie sein könnte?"

„Woher soll ich das wissen?", spielte Schreider den Unschuldigen.

Karl legte auf und lief in der Wohnung umher wie ein gehetztes Tier. Er zermarterte sein Hirn, spielte zum wiederholten Mal alle Möglichkeiten durch. Je mehr er darüber nachdachte, desto sicherer war er, dass Miras Verschwinden kein Zufall sein konnte. Er fuhr zum Führungshauptamt zurück, fragte seinen Freund Kurt Baumer, sprach mit den Hauptverantwortlichen für Vernehmungen, mit den Kollegen, die für die frisch Inhaftierten zuständig waren, und mit jedem Offizier, den er antreffen konnte. Sie alle beteuerten, nichts über den Verbleib seiner Frau zu wissen. Karl glaubte ihnen nicht, doch er war machtlos gegen diese Mauer des Schweigens.

Helga war immer noch wach und weinte bitterlich. „Hast du sie gefunden?"

„Noch nicht", antwortete er ausweichend.

Er wusste, dass die Wahrscheinlichkeit, Mira jemals wiederzusehen, mit jeder Stunde, die verstrich, geringer wurde. Doch er hatte alles getan, was er konnte. Er war am Ende.

6.

Karl tat in der Nacht vom 24. auf den 25. August 1939 kein Auge zu. Mira war spurlos verschwunden. Verzweifelt klammerte er sich an das kleine Fünkchen Hoffnung, dass sie noch gefunden wurde. Doch selbst wenn – wer würde für ihre und Helgas Sicherheit garantieren, wenn er nicht Tag und Nacht an ihrer Seite war? Wie konnte er sie vor Angriffen oder Schlimmerem bewahren?

Früh am nächsten Morgen stand er auf, zog seine Zivilkleidung an und fuhr mit dem Motorrad ans andere Ende der Stadt. Im zweiten Stock eines heruntergekommenen Wohnblocks befand sich ein jüdisches Hilfswerk für Kinder. Rink hatte gehört, dass die Organisation jüdische Kinder und Jugendliche aus Deutschland nach Israel evakuierte. Dort wurden sie in verschiedenen Kibbuzen untergebracht, halfen in der Landwirtschaft mit und erhielten dafür freie Kost und Logis. Die Nazis sahen keine Notwendigkeit, die Aktivitäten der Hilfsorganisation zu unterbinden – dienten sie doch indirekt demselben Ziel, nämlich Deutschland auf schnellstem Weg von Juden zu „säubern".

Die Leiterin des Hilfswerks, eine Sozialarbeiterin namens Recha Freier, blickte kurz vom Telefon auf, als Karl Rink eintrat, und bedeutete ihm, Platz zu nehmen. In seiner Zivilkleidung wirkte er wie ein beliebiger jüdischer Vater, der um die Sicherheit seiner Kinder in Deutschland besorgt war. Recha beendete ihr Gespräch und wandte sich Karl zu.

„Ich bin SS-Offizier", sagte er und sah, wie sich Erstaunen und Entsetzen in ihrem Gesicht spiegelten. Der Besuch eines SS-Mannes konnte nichts Gutes bedeuten.

Karl lächelte beschwichtigend. „Aber erschrecken Sie nicht", sagte er. „Ich bin in eigener Sache hier. Ich komme wegen meiner Tochter."

Er schilderte ihr die besonderen Umstände und den Grund seines Besuchs. „Ich möchte, dass Helga Deutschland verlässt, bevor es vielleicht zu spät ist."

„Sie sind gerade noch rechtzeitig gekommen", sagte die Sozialarbeiterin. „Übermorgen bringen wir eine Gruppe Kinder und Jugendliche mit der Bahn in die Schweiz. Von dort geht es weiter nach Italien und dann mit dem Schiff nach Palästina. Die Kinder werden vor Ort auf die Kibbuze verteilt. Wenn Ihre Tochter sich für übermorgen bereithalten kann, verspreche ich Ihnen, wir werden sie sicher nach Palästina bringen."

Sie ging ins Nebenzimmer und kehrte mit einem jungen, einfach gekleideten Mann zurück.

„Das ist Karl Rink", stellte sie ihn vor.

Sie deutete auf den jungen Mann. „Und dies ist Jossi Millmann vom Kibbuz Dafna. Er wird die Gruppe nach Palästina begleiten."

Karl fragte, ob schon sicher sei, in welchen Kibbuz Helga aufgenommen würde.

„Noch nicht", antwortete Millmann. „Das wird sich erst entscheiden, wenn wir dort sind."

Nach dem Gespräch beeilte sich Karl, nach Hause zu kommen. Helga saß am Fenster und schaute wie versteinert auf die Straße, als hielte sie Ausschau nach ihrer Mutter.

„Helga, du kannst leider nicht mehr länger in Berlin bleiben", begann Karl. „Du weißt, wie gefährlich es hier für dich ist. Ich möchte dich gern in Sicherheit bringen."

„Und was wird aus Mutti?"

„Wenn Mutti zurückkommt, werde ich auch sie überreden, die Stadt zu verlassen."

„Dann will ich hier auf sie warten."

„Das kann länger dauern, Helga. Und wir haben nicht mehr viel Zeit."

„Du kannst doch herausfinden, wo sie ist! Du hast Beziehungen."

„Das habe ich ja versucht. Aber so einfach ist das nicht."

Sie konnte ihre Tränen nicht länger zurückhalten. „Ich kann nicht ohne Mutti gehen! Ich war noch nie allein. Wenn du sie gefunden hast, dann gehen wir alle zusammen!"

Karl umarmte seine Tochter. „Mir wäre es auch am liebsten, wenn wir zusammenbleiben könnten", sagte er. „Aber das geht jetzt nicht. Und wenn du hierbleibst, dann wird dir vielleicht etwas Furchtbares zustoßen. Das möchte ich auf jeden Fall verhindern."

Sie verbarg ihr Gesicht an seiner Schulter.

„Ich weiß nicht, was ich machen soll", schluchzte sie.

„Vertrau mir, Helga. Ich bringe dich in Sicherheit."

„Und wohin willst du mich bringen?" Die Worte kamen stockend aus ihrem Mund.

„Du kannst mit einer Gruppe von jüdischen Kindern nach Palästina reisen. Dorthin wird der Krieg nicht kommen."

„Aber ich kenne dort niemanden."

Karl erzählte von seinem Gespräch mit Recha Freier und beschrieb das Leben im Kibbuz in leuchtenden Farben.

„Glaub mir, für dich ist es dort viel besser als in Deutschland", schloss er.

„Und was wird aus dir, Vati?"

„Ich bleibe hier. Ich suche weiter nach Mutti und werde mich schon durchschlagen", sagte er betont fröhlich. „Nur noch zwei Tage bis zu deiner großen Reise! Am besten, du fängst gleich an zu packen."

Helga zögerte. „Aber wenn ..."

„Es gibt kein Wenn und Aber. Du kannst nicht bleiben. Und ich verspreche dir, dass ich deine Mutter, sobald ich sie gefunden habe, auch nach Palästina schicken werde."

„Ich will aber, dass du auch mitkommst."

„Ich habe hier meine Verpflichtungen, Helga. Ich muss hierbleiben, zumindest noch für eine Weile."

Tapfer wischte sie sich die Tränen ab. „Ich werde euch beide sehr vermissen."

Früh am übernächsten Morgen knatterte Karl Rinks Motorrad durch die noch leeren Straßen Berlins. Helga saß hinter ihm, einen Arm um ihren Vater geschlungen, in der freien Hand einen kleinen Koffer. Auch diesmal trug Karl Zivilkleidung, um kein Aufsehen auf dem Bahnhof zu erregen, auf dem es von uniformierten Männern wimmelte. Vater und Tochter eilten zu dem Bahnsteig, wo der Zug nach Zürich bereits wartete.

Die jüdischen Kinder saßen schon in den Abteilen, die Eltern winkten ihnen durch die Fenster zu und wischten sich verstohlen die Augenwinkel.

Karl begleitete Helga noch, bis sie ihren Sitzplatz gefunden hatte. Während er sie umarmte, hielt er nur mühsam die Tränen zurück. „Mach's gut, bis bald", sagte er leise und wusste im selben Moment, dass er log. Er küsste seine Tochter ein letztes Mal, dann griff er in die Tasche, zog seine Börse heraus und drückte ihr ein paar Geldscheine in die Hand.

„Vergiss Mutti nicht", ermahnte sie ihn.

Das Pfeifen der Lokomotive drängte zur Eile.

„Ich wünsch dir gute Reise", sagte er. „Und pass gut auf dich auf."

„Schreib mir ganz oft, Vati!", rief sie ihm hinterher, als Karl das Zugabteil verließ.

Auf dem Bahnsteig blieb er stehen und sah, wie sich der Zug in Bewegung setzte und immer kleiner wurde. Und wie mit ihm seine einzige Tochter in der Ferne verschwand. Es war ihm, als hätte man ihm eines seiner Gliedmaßen abgetrennt. Nun hatte er beide verloren. Seine Frau war verschollen und seine Tochter unterwegs in ein fernes, unbekanntes Land. Eine plötzliche Angst beschlich ihn, dass er keine von beiden je wiedersehen würde.

7.

Am 31. August 1939 feierte Jacob Stolowitzky den erfolgreichen Vertragsabschluss mit der französischen Eisenbahngesellschaft. Im Büro der Bahngesellschaft knallten die Champagnerkorken, Reden wurden gehalten und es herrschte eine ausgelassene Stimmung.

Ungeachtet der Nachrichten von den Kriegsabsichten Deutschlands bereitete Jacob sich auf seine Rückreise vor. Er blieb noch einen Tag in Paris, um Geschenke zu kaufen. Bei einem berühmten Modeschöpfer auf den Champs-Élysées erwarb er ein elegantes Kleid für seine Frau, und Michael sollte eine ganze Schachtel mit Spielzeugautos und eine Autorennbahn bekommen. Auch die Hausangestellten vergaß er nicht und kaufte für jeden ein kleines Geschenk.

Wieder im Hotel, bat er um ein Telefongespräch nach Warschau, um seiner Familie mitzuteilen, dass er bald nach Hause kommen werde.

„Es tut mir leid", sagte die Telefonistin, „aber ich bekomme keine Verbindung. Bitte probieren Sie es später noch einmal."

Auch sein Versuch zu telegrafieren scheiterte. Stolowitzky war beunruhigt. Dass er bei seinen Reisen Schwierigkeiten hatte, nach Hause zu telefonieren, war noch nie vorgekommen. Irgendetwas stimmte nicht, aber er konnte sich nicht erklären, was.

Er ging hinunter ins Hotelrestaurant und nahm eine leichte Mahlzeit zu sich. Später, von seinem Zimmer aus, versuchte er noch einmal zu telefonieren, aber die Leitungen waren noch immer tot.

Verzweifelt bat er die Telefonistin, es weiter zu probieren. Stunde um Stunde wartete er vergeblich, bis er irgendwann einschlief und erst am Morgen aufwachte, als jemand an die Tür klopfte. Der Zimmerservice brachte sein Frühstück. Stolowitzky setzte sich im Bett auf, murmelte ein Dankeschön und stellte sich das Tablett auf den Schoß. Er trank einen Schluck Kaffee und schaltete das Radio ein. Was er hörte, ließ ihm das Blut in den Adern gefrieren:

Deutsche Truppen sind in Polen einmarschiert.

Nie würde die Welt den 1. September 1939 vergessen. Es sollte einer der verhängnisvollsten Tage der Geschichte werden. Im Morgengrauen verdunkelten zweitausend deutsche Kampfflugzeuge den Himmel über Polen wie Schwärme hungriger Heuschrecken. 1,8 Millionen deutsche Soldaten mit 2600 Panzern drangen aus drei Himmelsrichtungen ins Land ein. Gerüchte, dass Deutschland sich zu einem größeren militärischen Angriff rüstete, hatten schon seit längerer Zeit kursiert. Polen hatte einen solchen Angriff befürchtet und seine Reserven mobilisiert, aber die Maßnahmen reichten bei Weitem nicht aus, um eine deutsche Invasion abzuwehren.

Die polnische Armee war der deutschen Wehrmacht auch zahlenmäßig unterlegen, doch immerhin gelang es ihr, Hitlers Streitkräften erhebliche Verluste zuzufügen. Zehntausende von Soldaten fielen, rund dreihundert Flugzeuge und etwa zweihundertvierzig Panzer wurden zerstört. Doch dies reichte nicht aus, um die deutsche Armee zum Rückzug zu bewegen. Polen hatte in diesem ungleichen Kampf von Anfang an keine Chance. Die Deutschen rückten unaufhaltsam vor, eine Stadt nach der anderen wurde eingenommen, Zivilisten erbarmungslos umgebracht.

Der Einmarsch der Deutschen in Polen erschütterte die ganze Welt. Unter der polnischen Bevölkerung machte sich Panik breit. Tag und Nacht warfen die Häuserwände in Warschau das Echo der Kanoneneinschläge zurück, obwohl die Front noch in weiter Ferne lag. Am Hauptbahnhof drängten sich die Menschen, die Haus und Hof verlassen und eilig ihre Habe zusammengerafft hatten, um einen Platz in einem der überfüllten Züge zu ergattern. Und in den Straßen, die aus der Stadt hinausführten, stauten sich endlose Karawanen von Autos.

Lydia Stolowitzky konnte keinen klaren Gedanken fassen. Planlos und völlig aufgelöst lief sie durchs Haus, hilflos ohne die beruhigende Anwesenheit ihres Mannes. Seit zwei Tagen wartete sie vergeblich auf Nachricht von ihm. Gewöhnlich rief er sie von seinen Reisen täglich an. Und falls das Telefon nicht funktionierte, hätte er zumindest ein Telegramm geschickt, um ihr mitzuteilen, wo er sich aufhielt und wann er nach Hause kam. Von seinem Hotel in Paris hatte sie weder die Adresse noch die Telefonnummer. Sie versuchte, ihre Eltern in Krakau anzurufen, bekam aber keine Verbindung.

Langsam sickerte die Tragweite ihrer Situation in ihr Bewusstsein. Es war Krieg. Und in Warschau würden sie nicht mehr lange sicher sein. Sie würden fliehen müssen, aber wie und wohin? In ihrem ganzen sorgenfreien Leben an Jacob Stolowitzkys Seite hatte Lydia nie schwerwiegendere Entscheidungen treffen müssen als die, welche Gerichte beim Bankett serviert oder welche Musiker zum Konzertabend eingeladen würden. Nun musste sie allein über ihr Schicksal und das Schicksal ihres Sohnes entscheiden, eine Bürde, die bleischwer auf ihren Schultern lastete.

8.

Die Nachricht vom deutschen Überfall auf Polen traf Jacob Stolowitzky wie ein Keulenschlag. Gerade jetzt, wo seine Frau und sein Sohn ihn dringend brauchten, war er Hunderte von Kilometern entfernt. Er musste auf irgendeinem Weg nach Warschau gelangen. Er musste seine Familie in Sicherheit bringen, bevor die deutschen Truppen in der Stadt einmarschierten. Mit Geld war schließlich nichts unmöglich. Doch als er bei seinem Reisebüro anfragte, machte man ihm keine Hoffnung: Der Bahn- und Busverkehr nach Warschau war bis auf Weiteres eingestellt. Bei einem erneuten Versuch, nach Hause zu telefonieren, bekam er von der Telefonistin lediglich zu hören: „Ja, wissen Sie denn nicht, dass Krieg ist?"

Wild entschlossen nahm er ein Taxi zur Polnischen Botschaft, doch dort herrschte das Chaos. Angestellte hasteten in heller Aufregung durch die Gänge, redeten wild durcheinander und belagerten die Telefonzentrale in der Hoffnung auf eine funktionierende Leitung. Niemand nahm Notiz von ihm. Stolowitzky schlug sich zum Büro des Botschafters durch. Der Botschafter und er waren alten Freunde, und wann immer der Millionär aus Warschau geschäftlich in Paris war, pflegten sie gemeinsam in gediegener Atmosphäre zu speisen.

„Bitte, hilf mir. Ich muss dringend zurück nach Warschau!"

Der Botschafter schenkte ihm ein müdes Lächeln. „Vergiss es, Jacob. Es ist unmöglich. Die Deutschen rücken rasch vor und werden bald die Stadtgrenze erreichen."

„Aber … Lydia und Michael … Ich muss zu ihnen! Ich kann sie doch nicht einfach ihrem Schicksal überlassen!"

Der Botschafter seufzte und sagte bedauernd: „Ich kann dir leider nicht helfen, Jacob."

Doch Stolowitzky war kein Mann, der sich so rasch geschlagen gab. „Ich könnte einen Wagen samt Chauffeur mieten und auf dem schnellsten Weg nach Warschau fahren. Dann könnten wir es vielleicht noch schaffen."

„Wenn du unbedingt dein Leben aufs Spiel setzen willst." Der Botschafter sah ihn eindringlich an. „Selbst wenn du es bis zur polnischen Grenze schaffst – spätestens dort würde man dich verhaften. Und das wäre dein Ende."

Jacob stützte den Kopf in die Hände und dachte nach. Es wäre unklug, die Warnung seines Freundes in den Wind zu schlagen und sein Leben in Gefahr zu bringen. Aber es musste doch einen Weg geben! Und wenn der Chauffeur ohne ihn fuhr?

Wieder im Büro seines französischen Bevollmächtigten diskutierten sie gemeinsam die Möglichkeit, einen Wagen mit Fahrer nach Warschau zu schicken, der Lydia und Michael aus der Stadt heraus und in Sicherheit bringen würde. Der Franzose stellte ihm ohne zu zögern seinen Wagen und seinen Chauffeur zur Verfügung. Stolowitzky gab dem Fahrer einen Koffer mit Geldscheinen mit, falls es unterwegs jemanden zu bestechen galt, und versprach ihm eine fürstliche Summe, wenn er seine Frau und seinen Sohn wohlbehalten nach Paris brachte. Der Chauffeur war einverstanden, notierte sich die Adresse und machte sich umgehend auf den Weg nach Warschau.

Die nächsten Tage verbrachte Jacob größtenteils im Büro seines Bevollmächtigten und wartete auf ein Lebenszeichen des

Chauffeurs. Die französische Bahngesellschaft hatte inzwischen angesichts der politischen Lage in Europa Bedenken geäußert und die Vertragserfüllung vorläufig auf Eis gelegt.

Doch der Vertrag war Stolowitzkys geringste Sorge. Wenn es nur gelang, Lydia und Michael in Sicherheit zu bringen – alles andere war zweitrangig. Bald würde er, so hoffte er, Frau und Kind hier in Paris in die Arme schließen können, und alles wäre gut.

Es dauerte vier Tage, bis der Fahrer zurückkam. Er kam allein. Die Grenze nach Polen war dicht, berichtete er, die deutschen Soldaten hätten ihn nicht durchgelassen. Für Jacob brach die Welt zusammen. Eine dunkle Vorahnung stieg in ihm hoch.

9.

Die leise Hoffnung, dass es der polnischen Armee gelingen würde, die deutschen Streitkräfte zurückzudrängen, bevor sie Warschau erreichten, löste sich auf wie eine federleichte Wolke im Sturm. Von der Front kamen schlechte Nachrichten, und die Versuche der polnischen Regierung, die Bevölkerung zu beruhigen, schlugen fehl. Tag und Nacht heulten die Sirenen, das Donnern der Geschütze kam immer näher, deutsche Flugzeuge bombardierten Städte und machten auch vor Wohngegenden nicht halt. In den Straßen Warschaus drängten sich Menschen und Fahrzeuge auf der Flucht.

Auch die Angestellten der Stolowitzkys verließen einer nach dem anderen das Haus in der Ujazdowska-Allee 9, erst die Köchin, dann der Gärtner, dann alle anderen. Zuletzt blieb nur noch Emil, der Chauffeur, mit Lydia, Michael und Gertruda zurück.

Ohne Jacobs Anwesenheit und seine Rolle als Familienoberhaupt spürte Lydia, wie der schwache Rest von Selbstsicherheit, der ihr geblieben war, von Tag zu Tag schwand. Immer noch hoffte sie, ihr Mann würde jeden Augenblick zur Tür hereinkommen – hatte er doch versprochen, in ein paar Tagen wieder da zu sein.

Michael war völlig verstört. Nachts schreckte er durch die Detonationen der Bomben aus dem Schlaf. Nächtelang saß Gertruda an seinem Bett. Tagsüber wich er nicht von ihrer Seite und umklammerte ängstlich ihre Hand. Ihr kühler Kopf, ihr kräftiger Körper und fester Schritt gaben ihm Halt und Trost.

Lydia, die noch nie im Leben selbst eine Mahlzeit zubereitet hatte, war völlig verzweifelt, als die Köchin kündigte, und so übernahm Gertruda das Kochen. Sie kaufte Lebensmittel auf dem Schwarzmarkt ein, kochte, deckte den Tisch und wusch das Geschirr ab. Es machte ihr nichts aus, morgens als Erste aufzustehen und abends als Letzte ins Bett zu gehen. Sie kümmerte sich um Michael und seine Mutter, hielt das Haus in Ordnung und schnitt sogar im Garten die Rosenbüsche.

Emil warf Gertruda eindeutige Blicke zu. In der Abwesenheit des Hausherrn hatte er wenig zu tun, und die Untätigkeit bekam ihm nicht. Von Anfang an hatte er ein Auge auf die Kinderfrau geworfen, sie war das Objekt seiner müßigen Tagträume, und dass sie ihm die kalte Schulter zeigte, reizte ihn nur noch mehr. Nun, allein mit Gertruda, bis auf die nervöse Lydia, die ohne ihren Mann hilflos und eingeschüchtert wirkte, witterte er seine Chance.

Gertruda stand am Herd und kochte das Essen für den folgenden Tag. Die Dämmerung senkte sich über die Stadt, und in der Ferne donnerten die Artilleriefeuer. Gertruda führte gerade den Löffel zum Mund, um die Suppe zu probieren, als eine starke Hand sie von hinten um die Hüfte fasste. Sie schrie auf und versuchte, sich loszumachen. Emil lachte. „Was ist denn – gefällt dir das nicht?"

„Wagen Sie es nicht, mich anzurühren!", fuhr sie ihn an. „Lydia wird Sie rausschmeißen, wenn sie davon erfährt!"

Er dachte nicht daran, sie loszulassen. „Lydia kann mir überhaupt nichts", lachte er unbeeindruckt. „Außerdem bin ich der einzige Mann im Haus. Ihr braucht mich. Lydia hätte viel zu viel Angst allein mit dir und Michael."

Gertruda wand sich in seiner Umklammerung, doch er war stärker als sie. Sie versuchte, um Hilfe zu rufen, aber er hielt ihr den Mund zu und schob seine freie Hand unter ihr Kleid. Vergeblich trat sie nach ihm, bis sie ins Straucheln geriet und er sie mit seinem ganzen Gewicht zu Boden riss. Sie schloss die Augen und betete.

Plötzlich erklang eine verängstigte Kinderstimme auf der Treppe. „Gertruda, bist du hier?"

Emil erstarrte. Noch immer presste er seine Hand auf ihren Mund, sodass sie nicht antworten konnte. „Still – und keine Bewegung!", zischte er in ihr Ohr.

„Gertruda?" Da war wieder Michaels fragende Stimme. „Ich kann nicht schlafen. Kommst du jetzt in mein Zimmer?"

Zielstrebig kamen die kleinen Schritte näher, auf die Küchentür zu. Mit einem Fluch sprang Emil auf die Füße und entwischte durch die Hintertür. Gertruda lag noch immer auf dem Fußboden, als Michael hereinkam. Ihr ganzer Körper schmerzte.

Michael beugte sich mit sorgenvollem Gesicht über sie. „Gertruda, bist du krank?"

„Nein, mein Liebling. Ich bin nur hingefallen. Komm und hilf mir aufstehen, ja?"

Sie ergriff seine kleine, weiche Hand und stand langsam auf. Auf dem Weg zum Kinderzimmer bemühte sie sich, die Risse in ihrem Kleid zu verbergen. Später, als Michael im Bett lag und fest schlief, lief sie auf ihr Zimmer, um sich umzuziehen. Erst dann merkte sie, dass sie weinte.

10

Die Gruppe jüdischer Kinder aus Berlin war in Italien an Bord des Schiffes gegangen, das sie ins Gelobte Land bringen sollte. Sie erreichten ihr Ziel an einem kalten, wolkenverhangenen Tag im Oktober 1939. Die Gruppe bestand aus zwölf Jungen und Mädchen im Alter von dreizehn bis sechzehn Jahren, die in Berlin jüdische Schulen besucht hatten und ein wenig Hebräisch konnten. Während der Überfahrt waren sie in engen Kabinen zusammengepfercht gewesen, seekrank und krank vor Heimweh und Angst um die Eltern und deren ungewisses Schicksal. Traurig und mit gemischten Gefühlen warteten sie im Hafen von Haifa in einem überfüllten Lagerhaus auf die Busse, die sie in einen Kibbuz bringen sollten. Die Kinder besaßen nur wenig Gepäck. Manche hielten Fotos ihrer Eltern und Familien umklammert.

Helga kam zusammen mit ein paar anderen Kindern in den Kibbuz Kfar Giladi. Dort wurden sie von freundlichen Mitarbeitern empfangen, die sie mit dem Leben im Kibbuz vertraut machen sollten. Einige Tage später erhielten sie hebräische Namen, und aus Helga wurde Elisheva. Sie wohnte gemeinsam mit den Kindern aus ihrer Berliner Gruppe in einem Haus, ging mit den Kibbuz-Kindern zur Schule und lernte verschiedene Arbeiten im Kibbuz kennen. Ihre freie Zeit verbrachten die Flüchtlingskinder mit ihren Adoptivfamilien. Elisheva war dankbar für die Wärme und Liebe, mit der ihre Adoptivfamilie ihr begegnete. Es war eine der ersten Familien im Kibbuz gewesen, der seit dreiundzwanzig Jahren bestand.

Elisheva gefiel das Leben im Kibbuz, doch ihre Vergangenheit ließ sie nicht los. Sie vermied es, über ihre Familie zu sprechen, und erzählte nur, dass ihre Eltern in Berlin bleiben wollten. Die Wahrheit über ihren Vater verschwieg sie lieber. Sie lernte, wie man Kühe molk, Orangen pflückte und auf den Weiden in den Bergen Galiläas die Ziegen hütete. Die meiste

Zeit ging sie barfuß. Ihre zarten Füße gewöhnten sich an die steinigen Feldwege und dornigen Wiesen. Die Sonne bräunte ihr blasses Gesicht und ihre bloßen Arme. Sie war schweigsam und verschlossen, verbrachte die Tage am liebsten in der Einsamkeit der Natur, und ihre Gasteltern ließen sie gewähren. Oft streifte sie allein durch die Felder, versunken in Gedanken an ihre Eltern und die Freunde, die sie zurückgelassen hatte. Nachts lag sie häufig wach und dachte an ihren Vater. In Europa tobte der Krieg, und sie wusste, früher oder später würde auch er an die Front geschickt. Voller Sorge wartete sie auf Post von ihm.

Mehrere Wochen in Kfar Giladi vergingen, bis sie endlich einen Brief erhielt.

Meine geliebte Tochter,
es tut mir leid, dass ich keine besseren Nachrichten für Dich habe. Trotz all meiner Bemühungen ist es mir bis jetzt nicht gelungen, irgendeine Spur von Mutti zu finden. Unter den vielen Leuten, die ich gefragt habe, war niemand, der mir weiterhelfen konnte. Und von meinen Kollegen will niemand etwas mit ihrem Verschwinden zu tun haben.

Jeden Abend kehre ich bedrückt in die leere Wohnung zurück. Dort sind noch Muttis Sachen und all die vertrauten Dinge, die Du zurückgelassen hast, und es zerreißt mir das Herz vor Sehnsucht. Meine einzige Hoffnung ist, dass wir bald alle wieder vereint sein werden und gemeinsam besseren Zeiten entgegensehen können.

Unterdessen wurde mir mitgeteilt, dass ich nach Polen eingezogen werde. Ich hoffe, dass ich dort keine Arbeiten verrichten muss, die ich nicht mag.

Ich brenne darauf zu hören, wie Du Deine Tage verbringst. Geht es Dir gut? Wie ist die Schule? Hast Du schon neue Freunde gefunden? In dem Umschlag ist ein bisschen Geld für Dich. Leider wird hier wegen des Krieges seit Kurzem keine

Post mehr zugestellt. Ich kann also keine Briefe von Dir be-
kommen, aber ich hoffe, dass ich Dir weiterhin schreiben
kann.
Ich vermisse Dich,
Dein Vater

Karl Rink hatte den Brief einem Freund mitgegeben, der unterwegs in die Schweiz war und versprach, ihn von dort aus
abzuschicken. Da Karl nicht wusste, in welchem Kibbuz seine
Tochter sich aufhielt, hatte er ihn an Jossi Millmann vom Kibbuz Dafna adressiert, der ihn an Helga weiterleitete. Sie zeigte
den Brief niemandem. Gern hätte sie ihrem Vater geantwortet,
aber auf dem Umschlag befand sich kein Absender.

Es sollten Jahre vergehen, bis Karl Rink das nächste Mal an
seine Tochter schrieb.

11.

Jacob Stolowitzky hatte durch seine Charakterstärke und Entschlossenheit im Leben schon viele Hindernisse überwunden,
die manch anderen zu Fall gebracht hätten. Doch nie zuvor
hatte er sich so hilflos und nutzlos gefühlt wie in jenen nass-
kalten Tagen in Paris im Herbst 1939. Im Radio und in den
Zeitungen häuften sich Berichte vom raschen Vorstoß der
deutschen Truppen in Polen und von der Niederlage der polnischen Armee. Überall sah man Bilder von ausgebombten Ortschaften mit von Leichen gesäumten Straßen.

Für Lydia begann die schwerste Zeit ihres Lebens. Täglich
erreichten sie neue bedrohliche Nachrichten von der Front:
Kolonnen von Panzern und Lastwagen mit deutschen Soldaten waren unterwegs nach Warschau, Dörfer und Städte in allen Teilen des Landes wurden wahllos bombardiert und erga-
ben sich ohne Gegenwehr. Unter den polnischen Soldaten und

Zivilisten gab es zu viele Tote, als dass man sie beerdigen konnte. Lydia versuchte vergeblich, im Ausland lebende Verwandte oder Freunde auf höherer Regierungsebene zu erreichen, von denen sie sich Hilfe versprach. Das Land befand sich im Ausnahmezustand, überall regierte die Furcht, und Gerüchte über die Brutalität der Besatzer breiteten sich aus.

Die meisten Nachbarn und Freunde in Warschau waren bereits aus der Stadt geflohen. Der Verwalter ihrer Sommerresidenz riet dringend, die Familie solle dort Zuflucht suchen, bevor es zu spät sei. Doch Lydia lehnte ab. „Es ist nirgendwo mehr sicher", sagte sie. „Die Deutschen werden ganz Polen durchkämmen."

Sie gab dem Verwalter etwas Geld und bat ihn, die Angestellten auszuzahlen. „Es tut mir leid, aber ich werde die Gehälter bald nicht mehr bezahlen können."

„Machen Sie sich keine Sorgen", erwiderte der Mann. „Das hat Zeit, bis der Krieg vorüber ist. Wir bleiben auf dem Landsitz und werden dort auf Sie warten."

Am selben Tag klingelte Isaac Geller, der Nachbar aus der Ujazdowska-Allee 15, an der Haustür. Er war ein wohlhabender Diamantenhändler, ein guter Freund der Familie und häufiger Gast bei den Stolowitzkys. Michael spielte oft mit seinem kleinen Sohn.

„Ich wollte mich noch verabschieden", sagte Geller. „Wir werden die Stadt verlassen. Die Deutschen können jeden Augenblick hier sein. Wenn ich dir einen guten Rat geben darf: Flieht, bevor es zu spät ist!"

„Aber wohin?" Lydia brachte die Worte nur mühsam heraus.

„Geht nach Wilna. Dort ist es sicherer als hier."

Lydia wusste nicht, was sie antworten sollte. Es war gefährlich, noch länger in Warschau zu bleiben. Aber was sollte aus Jacob werden? Sie hatte Angst, dass sie sich für immer aus den Augen verlieren würden.

Als habe er ihre Gedanken erraten, fragte Geller: „Hat Jacob angerufen?"

„Nein. Alle Leitungen sind tot."

Geller blickte betreten zu Boden. „Wenn wir noch irgendetwas für euch tun können, bevor wir abreisen, lass es uns wissen."

„Danke. Aber ich wünsche mir nur eines: Dass Jacob hier wäre."

Doch Jacob Stolowitzky kam nicht, und der Geschützdonner rückte mit jedem Tag näher. Die litauische Stadt Wilna war damals unter sowjetischer Herrschaft und lag rund fünfhundert Kilometer entfernt. Aufgrund des von Hitler und Stalin geschlossenen Nichtangriffspakts sahen viele Juden in Wilna einen sicheren Zufluchtsort. Nachdem sie noch eine Zeit lang mit sich gerungen hatte, beschloss Lydia, ebenfalls dorthin zu fliehen.

„Packen Sie nur das Allernotwendigste für sich und Michael", sagte sie zu Gertruda. „Wir können nicht alles mitnehmen."

Emil sollte den Wagen volltanken und für die lange Reise am nächsten Tag bereit machen. Er besorgte Benzin auf dem Schwarzmarkt, ebenso Reservereifen, Werkzeug und Ersatzteile, um den Wagen unterwegs notdürftig reparieren zu können, und befreite den Kofferraum von unnötigem Ballast. Dann packte er seine eigenen Sachen.

Früh am Morgen, als noch graue Nebelschwaden die Stadt einhüllten, lud der Chauffeur etliche prall gefüllte Koffer und Taschen in den Kofferraum, das stetige Donnern der Geschütze im Ohr. Lydia hatte das Familiensilber eingepackt sowie wertvolle Gemälde, Schmuck, Fotoalben und alles an Bargeld, was sie im Haus finden konnte. Gertruda packte die Madonnenbilder und das Kruzifix, das über ihrem Bett hing, und hüllte Michael in einen warmen Wintermantel.

Als Letztes nahm Lydia Jacobs Pistole aus dem Safe und

verstaute sie in ihrer Handtasche. „Ich hoffe, wir werden sie nicht brauchen", sagte sie seufzend zu sich selbst. An der Tür drehte sie sich plötzlich um und lief ins Haus zurück. Langsam ging sie noch einmal durch alle Räume, deren Fensterscheiben bereits bedrohlich klirrten. Ihre Augen glitten über die Bilder und Möbelstücke, die sie zurücklassen musste, als ahnte sie, dass es ein Abschied für immer war. Im Schlafzimmer angekommen, schloss sie die Tür ab und sank auf das große Bett mit seinem roten Samtüberwurf. Hier, wo ihr Sohn und die Angestellten sie nicht sehen konnten, ließ sie endlich ihren Tränen freien Lauf und schluchzte hemmungslos, bis Emils ungeduldiges Rufen durch die Tür drang.

„Frau Stolowitzky! Kommen Sie, wir dürfen keine Zeit verlieren!"

Ihr Körper war schwer wie Blei, als sie sich vom Bett erhob. Mit einem Taschentuch wischte sie die Tränen ab und erneuerte notdürftig ihr Make-up. Mehr als je zuvor sehnte sie sich nach ihrem Mann, seiner beruhigenden Stimme und der Sicherheit, die er ausstrahlte.

Langsam ging sie nach unten und presste dabei ihre Handtasche mit dem Geld und den Wertsachen an sich.

„Der Krieg wird bald vorüber sein und dann kommen wir alle zurück", sagte Gertruda und versuchte vergeblich, ihren Worten einen überzeugenden Klang zu verleihen. Tief in ihrem Inneren nagte die Angst, dass dies erst der Anfang war.

Seufzend ließ Lydia die Hausschlüssel in ihre Tasche gleiten. „Was soll nun aus uns werden?", fragte sie geistesabwesend.

Die Limousine setzte sich in Bewegung.

„Wann kommt Papa zurück?", fragte Michael traurig.

„Bald, Michael, bald", tröstete ihn Lydia leise.

„Ich vermisse ihn."

„Ich vermisse ihn auch."

Die Pistole

I.

Auf den Hauptverkehrsachsen von Warschau rollte der Verkehr in eine einzige Richtung – Richtung Wilna. In Autos, auf den Ladeflächen von Lastwagen, mit Fahrrädern und Pferdefuhrwerken waren die Flüchtlinge unterwegs in die Stadt, in der sie – zumindest vorläufig – vor dem Krieg sicher waren. Ihre Gesichter waren verhärmt und von Sorgen gezeichnet. Vor ihnen lag eine ungewisse Zukunft, hinter ihnen all das, was sie zurücklassen mussten, Freunde, Familie, ihr ganzes Hab und Gut.

Im dichten Verkehr kam der Cadillac nur im Schritttempo voran. Emil hupte ungeduldig. Drei Stunden waren sie bereits unterwegs und kaum über die Stadtgrenze hinausgekommen. Auch auf den Landstraßen und durch die Dörfer floss der Verkehr nur zäh und stockend.

Zwei Obsthändler näherten sich der Kolonne und gingen von Wagen zu Wagen. Geschäftstüchtige Bauern offensichtlich, die in der Not der Flüchtlinge eine willkommene Einnahmequelle sahen.

„Mama, ich möchte einen Apfel!", rief Michael.

Lydia bat Emil zu halten. Widerstrebend trat der Chauffeur auf die Bremse und ließ das Fenster herunter. Lydia öffnete ihre Handtasche und kramte nach ihrer Geldbörse. In diesem Augenblick zog einer der Händler ein Messer und fuchtelte damit drohend vor ihrem Gesicht herum. „Her mit der Tasche!"

Emil drückte das Gaspedal durch und versuchte, ihn abzuschütteln, doch der Mann klammerte sich mit einer Hand am Fensterrahmen fest, in der anderen hielt er noch immer das Messer. Michael schrie gellend vor Angst.

Lydia drückte auf dem Rücksitz die Handtasche fest an ihre Brust. Darin befand sich die geladene Pistole.

Das Messer kam ihrem Gesicht bedrohlich nahe. Mit zitternden Händen zog Lydia die Waffe heraus und richtete sie auf den Angreifer. Der ließ augenblicklich die Wagentür los und rief seinen Komplizen zur Verstärkung. Die Angreifer waren eindeutig im Vorteil, denn da sich die Wagenkolonne nur im Schneckentempo vorwärtsbewegte, gab es kein Entkommen. Die Insassen des Cadillac starrten sie mit angsterfüllten Blicken an.

Emil drehte sich zu Lydia um. „Geben Sie mir die Pistole! Schnell!"

Lydia reichte sie ihm.

Die Ganoven hingen nun an beiden Seiten des Wagens, ein zweites Messer blitzte auf. Emil hielt an und zielte mit der Waffe auf einen der Männer, der mit einem Aufschrei zur Seite stürzte.

„Nein, nicht schießen!", schrie der andere noch, bevor Emil erneut abdrückte und der Mann getroffen auf die Straße fiel.

Unbeirrt setzte die Flüchtlingskolonne ihren Weg fort; niemand beachtete die Ermordeten, die in ihrer Blutlache am Rand der Fahrbahn lagen.

Emil legte die Pistole neben sich auf den Sitz und fuhr weiter, als sei nichts geschehen.

Als sich Lydias Erstarrung löste, brach sie in Tränen aus. „Wie ... wie konnten Sie nur!", schrie sie. „Einfach zwei Menschen kaltblütig zu erschießen!"

„Madame, wir befinden uns im Krieg", sagte Emil kalt. „Hier gilt das Faustrecht – töten oder getötet werden."

Neben der Landstraße wogte ein Strom von Fußgängern. Die Flüchtlinge marschierten schweigend, in der Hand oder auf dem Rücken trugen sie Gepäckstücke mit ihrer persönlichen Habe. Unter ihnen war ein älterer Mann mit weißem Haar. Mühselig setzte er einen Fuß vor den anderen, selbst sein kleiner Koffer schien ihm zu schwer. Als der Wagen der Stolowitzkys vorüberfuhr, sah er kurz auf. Sein Blick traf Lydias und sie erkannte in ihm den Buchhalter, der über zwanzig Jahre lang für ihren Mann gearbeitet hatte, ein kinderloser Witwer, dessen Lebensinhalt die Arbeit gewesen war. Jacob hatte ihn und seine Ehrlichkeit und Gewissenhaftigkeit immer geschätzt.

„Halten Sie an, Emil!", befahl sie. „Wir nehmen jemanden mit."

Der Chauffeur verzog das Gesicht und zögerte. „Muss das sein? Wir haben keinen Platz."

„Ich sagte: Halten Sie an!", wiederholte sie energischer, als er ihr zugetraut hatte, und er gab sich geschlagen.

Lydia kurbelte das Fenster herunter. „Wir fahren nach Wilna. Möchten Sie mitfahren?"

Der alte Buchhalter schenkte ihr ein dankbares Lächeln. „Sehr gern", sagte er. „Das ist sehr freundlich von Ihnen."

Am Stadtrand von Wilna stauten sich die Fahrzeuge in endlosen Kolonnen vor dem Grenzübergang. Quälend langsam verstrich die Zeit. Lydia sah aus dem Fenster, wo sich in der Ferne am Horizont die Umrisse der Stadt abzeichneten. Nie zuvor war sie in Wilna gewesen, doch irgendwo würden sie schon einen Platz zum Leben finden, wenigstens vorläufig. Beruhigt strich sie über ihre Handtasche, in der sich genug Geld befand, um sie alle für eine Weile über Wasser zu halten.

„Ich habe die Adresse einer Mietwohnung", sagte der Buchhalter plötzlich, als könne er Gedanken lesen. „Wenn Sie möchten, trete ich Ihnen die Wohnung gerne ab. Sie brauchen sie nötiger als ich, mit dem Kind. Ich allein komme schon irgendwo anders unter."

Er reichte ihr einen Zettel, den sie dankend an sich nahm.

Es war schon später Nachmittag, als sie endlich den Grenzübergang passierten. Inzwischen hatte es begonnen zu regnen.

Passanten in der Stadt setzten ihren Weg fort, ohne die Prozession der Flüchtlinge aus Warschau auch nur eines Blickes zu würdigen. Seit Ausbruch des Krieges waren sie an endlose Flüchtlingskolonnen gewöhnt.

Der Cadillac schob sich durch die engen Gassen. Lydia gab Emil den Zettel.

„Fahren Sie uns zu dieser Adresse."

Emil nahm das Papier, warf einen kurzen Blick darauf und fuhr schweigend weiter. Auf einmal bog er in eine verlassene Seitenstraße ab und hielt an.

„Was ist denn? Warum fahren Sie nicht weiter?"

Statt einer Antwort zog der Chauffeur die Pistole und richtete sie auf Lydia.

„Endstation", sagte er eiskalt. „Los, steigen Sie aus, aber ein bisschen plötzlich! Das Gepäck bleibt da."

Lydia starrte ihn entgeistert an. „Was fällt Ihnen ein, Emil! Sind Sie noch bei Trost?"

„Sie haben gehört, was ich gesagt habe", bellte er. „Und jetzt raus, alle miteinander!"

Michael weinte laut und Gertruda drückte ihn schützend an ihre Brust.

„Aussteigen!", brüllte Emil. Lydia, die ihn nie zuvor so erlebt hatte, konnte immer noch nicht fassen, was sich vor ihren Augen abspielte. Regungslos blieb sie sitzen, zu unwirklich war die Szene.

„Wird's bald!", schrie Emil. „Ich habe nicht ewig Zeit!"

Der Buchhalter hatte sich als Erster gefasst, stürzte sich geistesgegenwärtig auf den Chauffeur und versuchte, ihm die Waffe abzunehmen. Ein Schuss zerriss die Luft und der alte Mann sackte auf dem Sitz zusammen. Blut sickerte durch seinen Anzug. Emil öffnete die Wagentür und stieß ihn hinaus. Der Buchhalter lag tot auf der Straße.

In den Augen des Chauffeurs lag ein irres Glitzern, als er sich zu den restlichen Wageninsassen umdrehte. „Die nächste

Kugel ist für einen von euch, wenn ihr nicht endlich aussteigt!"
Er fuchtelte wild mit der Pistole herum.

Lydia umklammerte ihre Tasche mit dem Geld und dem Schmuck, ihr Gesicht war leichenblass.

„Sie Scheusal!" Ihre Stimme bebte. „Wie können Sie es wagen! Wir haben Sie immer gut behandelt, wir haben selbst dann noch zu Ihnen gehalten, als die Polizei Sie der Kindesentführung verdächtigt hat! Wenn es nach der Polizei gegangen wäre, hätten wir Sie damals entlassen müssen, aber wir haben es nicht getan."

Emil lachte auf. „Das war ein Fehler", sagte er hämisch. „Sie hätten besser auf die Polizei gehört."

„Was wollen Sie damit sagen?"

„Dass die Polizei recht hatte. Die beiden Kidnapper waren Freunde von mir."

Lydia sah ihn ungläubig an.

„Wir wollten nur mal sehen, ob Sie vielleicht ein bisschen Geld locker machen würden. Leider hat es nicht geklappt."

„Sie ... Sie verlogener ...!" Lydia war außer sich.

„Schluss jetzt, es reicht!", schrie Emil und riss ihr die Tasche aus der Hand. Mit der Pistole machte er deutlich, dass er nicht mehr lange fackeln würde.

Lydia bekam es mit der Angst zu tun. „Lassen Sie uns wenigstens ein bisschen Geld!", flehte sie. „Lassen Sie uns nicht verhungern!"

Er zerrte sie unsanft aus dem Wagen. Gertruda und Michael folgten.

Rasch setzte sich Emil hinter das Steuer und fuhr mit quietschenden Reifen davon.

Noch immer fassungslos standen sie in der düsteren Gasse. Das letzte Zwielicht des Tages ging bereits in die Nacht über. Lydia lehnte an einer Hauswand und hatte das Gefühl, dass die Welt einstürzte und ihre Knie jeden Augenblick ihren Dienst versagten. Gertruda hatte die Arme um den dreijährigen Michael geschlungen, der am ganzen Körper zitterte und bebte.

„Warum hat Emil das getan?", fragte er, von Schluchzen geschüttelt. „Warum ist er so böse? Wir hatten ihn doch lieb!"

„Er ist verrückt geworden und wusste nicht mehr, was er tat." Gertruda strich ihm beruhigend über den Kopf. „Darum macht er Dinge, die ihm später leidtun werden."

Lydia zog ihren Pelzmantel fester um sich, das einzige Stück von Wert, das ihr geblieben war. Ein kalter Wind peitschte ihr ins Gesicht. „Was sollen wir bloß tun?", fragte sie verzweifelt.

„Zuerst müssen wir eine Unterkunft finden", stellte Gertruda sachlich fest.

„Aber wir haben kein Geld."

„Doch. Ich habe noch ein paar Zlotys in meinem Strumpf versteckt. Damit hat Emil wohl nicht gerechnet."

Lydia umarmte Gertruda. „Sie sind unser Schutzengel!"

Sie folgten der Gasse, bis sie wieder auf die Hauptstraße stießen. Der Zettel mit der Adresse war in der gestohlenen Handtasche, für immer verloren. Gertruda ging von Tür zu Tür und fragte, ob jemand ein Zimmer zu vermieten habe. Manche machten sich noch nicht einmal die Mühe zu öffnen. Von anderen hörten sie nur ein gereiztes „Nein, haben wir nicht!". Wieder andere nannten horrende Summen für die letzten Kellerlöcher.

Erst spätabends trafen sie auf eine ältere Frau, die bereit

war, ihnen in der Mala Stefanska 6 eine Wohnung zu vermieten. Die Hausbesitzerin war eine kleine, energische Frau mit harten Gesichtszügen und wirrem silbernen Haar. Die Arme in die Hüften gestützt, musterte sie die beiden Frauen und das Kind mit durchdringendem Blick. „Ich hoffe, Sie sind keine Juden", waren ihre ersten Worte.

Gertruda verneinte.

„Woher kommen Sie?", ging das Verhör weiter.

„Aus Warschau."

„Und was genau führt Sie nach Wilna?"

„In Warschau wurden die Lebensmittel knapp. Alles ist dort sehr teuer geworden wegen des Krieges. Und als ich dann meine Arbeit verlor", log Gertruda, „hofften wir, dass es uns hier besser gehen würde."

Sie spann den Faden weiter und erzählte von ihrem gefallenen Mann, der Soldat in der polnischen Armee gewesen sei. Die Frau stellte ihr ein paar Fragen über den gefallenen Mann, als ob sie prüfen wollte, ob Gertruda die Wahrheit sagte. Schließlich nannte sie den Mietpreis und verlangte eine Vorauszahlung für einen ganzen Monat.

„Leider kann ich nicht die volle Summe auf einmal bezahlen", sagte Gertruda und versicherte im selben Atemzug: „Aber ich habe genug, um eine Anzahlung zu leisten. Ich hoffe, dass ich hier bald Arbeit finden werde. Danach ist die Bezahlung kein Problem."

„Was sind Sie von Beruf?"

„Ich bin Lehrerin. Und ich bin gesund und bereit, jede Arbeit anzunehmen. Ich könnte als Kindermädchen arbeiten oder als Sekretärin. Ich spreche auch mehrere Fremdsprachen."

Die Vermieterin verzog das Gesicht. „Ich glaube nicht, dass in diesen Zeiten jemand eine Lehrerin, ein Kindermädchen oder eine Sekretärin sucht."

„Ich werde schon etwas finden."

„Und wer ist sie?" Sie zeigte auf Lydia, die sich die ganze Zeit stumm im Hintergrund gehalten hatte.

„Das ist meine Cousine."

Die Frau murmelte etwas Unverständliches und sagte dann in barschem Tonfall: „Eines müssen Sie wissen: Ich dulde nur anständige Mieter. Also: keine Männerbesuche, kein spätes Nachhausekommen. Und sorgen Sie dafür, dass das Kind keinen Lärm macht. Ist das klar?"

„Ja, natürlich", versicherte Gertruda und gab der Frau die Anzahlung.

Die Vermieterin führte sie in den zweiten Stock und schloss eine Tür auf. Die Wohnung bestand aus zwei großen, mit alten Möbeln bestückten Zimmern. Über dem altmodischen Ofen befanden sich ein rußiges Kaminrohr und ein Fenster, das schon lange nicht mehr geputzt worden war. Mit gichtigen Fingern warf die Frau ein paar Holzscheite in den Ofen und machte Feuer. Sofort breitete sich eine tröstliche Wärme in dem eiskalten Raum aus.

„Sie haben Glück", sagte sie. „In Wilna gibt es so gut wie nichts mehr zu vermieten."

Michael kehrte mit einem freudigen Ausruf aus dem anderen Zimmer zurück, ein Spielzeugauto in den Händen.

„Das gehört meinem Enkel", sagte die alte Frau.

„Darf ich damit spielen?"

„Ja, aber mach es nicht kaputt."

„Gibt es auch etwas zu essen?", wollte Michael wissen. „Ich habe Hunger."

Gertruda fragte die Hausherrin, ob sie bei ihr etwas bekommen könnten, gegen Bezahlung natürlich.

„Es gibt nur Suppe", entgegnete sie mürrisch.

„Eine Suppe wäre wunderbar."

Die Frau ging nach unten und kehrte bald mit einem Topf Kartoffelsuppe und drei Tellern zurück. Sie stellte alles auf den Tisch und wartete, bis Gertruda das Geld abgezählt hatte.

Heißhungrig schlangen sie das Essen hinunter. Danach richtete Gertruda die Betten für Lydia und Michael. „Ich schlafe im Sessel", verkündete sie.

Die Nacht war kalt und der Vorrat an Holzscheiten bald aufgebraucht. Lydia und Michael schliefen in ihren Kleidern und hatten sich in ihre Mäntel gewickelt. Gertruda zitterte vor Kälte in ihrem Sessel. Am nächsten Morgen holte sie für ein paar Zloty Frühstück bei der Vermieterin, Tee und einige Scheiben Brot.

„Wir sollten versuchen, die Familie Geller zu finden, unsere Nachbarn aus Warschau", schlug Lydia vor. „Sie sind doch auch nach Wilna geflohen. Vielleicht können sie uns helfen."

Gertruda versprach, sich gleich nach dem Frühstück darum zu kümmern.

Als sie in die Stadt kam, wurde ihr bald klar, dass es nahezu ein Ding der Unmöglichkeit war, den Diamantenhändler und seine Familie unter den Tausenden von Flüchtlingen ausfindig zu machen. Jeder Quadratzentimeter Wohnraum in Wilna war belegt, und unaufhörlich wälzten sich weitere Flüchtlingskolonnen Richtung Stadt. Die Bahnhöfe waren voll von Menschen, die keine Unterkunft finden konnten. Viele schliefen auf dem nackten Boden.

Stundenlang lief Gertruda durch die Stadt und fragte in Geschäften und Restaurants nach Arbeit – ohne Erfolg. Erschöpft setzte sie sich auf eine Bank und überlegte, welche Möglichkeiten sie hatten und was sie als Nächstes tun sollte. Sie brauchte dringend eine Arbeit und wagte nicht, daran zu denken, was passieren würde, wenn ihnen das Geld ausging.

Als sie aufschaute, sah sie plötzlich ein bekanntes Auto vorbeifahren. Es war der weiße Cadillac. Ihr Herz setzte einen Schlag aus. Kurz entschlossen sprang sie auf und rannte hinter dem Wagen her, der im stockenden Verkehr auf der Hauptstraße nur langsam vorankam. Sie wusste nicht, was sie zu Emil sagen sollte, hoffte jedoch, es würde ihr irgendwie gelingen, an sein Gewissen zu appellieren, wenn sie ihm erzählte, wie schlecht es Lydia ging. Vielleicht besaß er noch einen Rest von Anstand und würde wenigstens einen Teil seiner Beute zurückgeben.

Ihr Herz pochte wie wild, als sie sich dem Auto näherte. „Emil!" Sie klopfte gegen die Scheibe der Fahrertür. Der Mann hinter dem Steuer wandte ihr das Gesicht zu. Es war nicht Emil.

„Entschuldigung", stammelte sie, als der Fahrer die Scheibe ein Stück hinunterließ, „aber das ... das ist unser Auto!"

Der Mann, ein Mittvierziger mit rötlichem Gesicht und einer Pelzmütze, sah sie mit einer Mischung aus Ärger und Erstaunen an. „Was wollen Sie?", knurrte er. „Ich habe den Wagen heute Morgen gekauft."

„Von wem gekauft?"

„Das geht Sie nichts an", fauchte er. „Lassen Sie mich in Ruhe." Demonstrativ kurbelte er das Fenster hoch und blickte starr geradeaus.

Emil hatte also den Wagen verkauft. Das Geld würde er wahrscheinlich auf dem schnellsten Weg verjubeln. Sie beschloss, Lydia nichts von dem Vorfall zu erzählen.

Am Abend, nach unzähligen vergeblichen Versuchen, eine Arbeit zu finden, kehrte Gertruda in die Mala Stefanska zurück. Sie war schon fast an der Haustür, als ein junger Mann aus dem Nachbarhaus trat. Ihre Augen trafen sich und Gertruda blieb wie angewurzelt stehen.

„Dr. Berman!"

Sofort erkannte sie den Arzt, der sich damals nach dem Unfall mit der Straßenbahn so gut um Michael gekümmert hatte. „Wohnen Sie auch hier?"

„Sie etwa auch?"

Gertruda erzählte von ihrer Flucht aus Warschau und dass Emil sie ausgeraubt hatte, und er schüttelte betrübt den Kopf.

„Der Krieg macht Menschen zu Verbrechern", sagte er. „Was werden Sie jetzt tun?"

„Ich weiß es nicht."

„Wenn ich irgendwie helfen kann, lassen Sie es mich wissen."

„Danke, das ist sehr freundlich. Aber wir kommen schon zurecht."

Der Doktor und seine Familie waren seit einer Woche in Wilna.

„Die Stadt quillt über vor Flüchtlingen", bemerkte er. „Die Leute nehmen jede Arbeit an, die sie kriegen können, und das für einen Hungerlohn."

„Wie lange wird es noch so weitergehen?"

„Das weiß der Himmel. Aber wie geht es Michael?"

„Gut, den Umständen entsprechend."

Als er ihre Hand zum Abschied drückte, sagte er: „Wir wohnen in Haus Nummer 8, im zweiten Stock. Meine Frau und ich freuen uns, wenn Sie, Lydia und Michael heute Abend unsere Gäste sind. Es wird kein königlicher Festschmaus sein, aber ich verspreche Ihnen, Sie werden nicht hungrig ins Bett gehen."

3.

Zum ersten Mal seit seiner Zeit bei den Nationalsozialisten spürte Karl Rink leise Zweifel. Er glaubte nicht mehr blindlings an die Partei und daran, dass es Hitler gelingen werde, Deutschland eine bessere Zukunft zu bieten. Parteimitglied zu sein, erfüllte ihn zwar immer noch mit einem gewissen Stolz, und er führte Befehle ordnungsgemäß aus, wenn es darum ging, Kommunisten oder Widerstandsgruppen das Handwerk zu legen, doch persönlich waren ihm die Methoden der SS zu grausam. Noch immer suchte er unermüdlich nach Mira, nach irgendeiner Spur oder Information, die Licht ins Dunkel bringen konnte. Die Ungewissheit machte ihn krank. Er wurde den Verdacht nicht los, dass die SS am Verschwinden seiner Frau nicht unbeteiligt war, doch keiner seiner Kameraden und Vorgesetzten wollte ihm die Wahrheit sagen. Er bat um Namenslisten von jüdischen Inhaftierten und Todesopfern, bekam jedoch zur Antwort, er sei zur Einsicht der Listen nicht befugt.

Niedergeschlagen kehrte Karl Rink jeden Abend in seine leere Wohnung zurück und haderte mit sich selbst. Ein Austritt aus der SS, das wusste er, käme einem Selbstmord gleich, denn man würde ihn unweigerlich an die vorderste Front schicken. Blieb er dabei, würde er Befehle ausführen müssen, die er mit seinem Gewissen nicht vereinbaren konnte. Ganz gleich, wie er sich entschied, er befand sich in einer Sackgasse.

Er fragte sich, ob er jemals über den Verlust seiner Frau und seiner Tochter hinwegkommen würde. In seinen langen schlaflosen Nächten tat es ihm leid, dass er Helgas Rat nicht gefolgt war. Dass sie nicht alle drei zusammen aus Deutschland geflohen waren, damals, als es noch nicht zu spät war.

Schweren Herzens fuhr er jeden Morgen zum SS-Führungshauptamt, wo er widerstrebend die ihm erteilten Befehle ausführte und sich nichts sehnlicher wünschte, als dass der Krieg und damit der ganze Albtraum bald zu Ende wäre.

Eines Abends wurde Karl zu einer außerplanmäßigen Sitzung in Karl Schreiders Wohnung im Berliner Osten geladen. Schreider lebte allein in einer luxuriösen Wohnung in einem von Parteimitgliedern bevorzugten Stadtteil. In seinem geräumigen Arbeitszimmer wartete bereits eine Gruppe von Offizieren, die nach Polen beordert waren, um dort die deutschen Streitkräfte zu unterstützen. Alle in dem Raum wussten, dass die Kriegshandlungen in Polen erst der Anfang waren. Wenn sie ihre Mission in Polen zu Hitlers Zufriedenheit durchführten, winkte ihnen eine Beförderung sowie eine führende Position in von Nationalsozialisten besetzten europäischen Ländern.

Die Versammlung in Schreiders Wohnung hatte den Charakter einer privaten Feier. Teurer Wein und ausgesuchte Delikatessen wurden serviert, und die Gäste unterhielten sich angeregt, bis ein schmallippiger SS-Mann um die vierzig mit beginnender Glatze den Raum betrat.

„Meine Herren, ich habe die Ehre, Ihnen Hans Frank vorzustellen", verkündete Schreider.

Sein Name ließ die Gäste aufhorchen. Frank hatte im Ersten Weltkrieg im deutschen Heer gedient, war einer der Begründer der Nationalsozialistischen Partei, von Hitler zum Minister ernannt und als eingefleischter Judenfeind bekannt.

„Heute", ergänzte Schreider, „wurde Hans Frank zum Generalgouverneur Polens ernannt. Bald werden Sie alle unter seinem Befehl stehen."

Franks Rede war kurz. Er sagte im Wesentlichen, dass er die Ordnung in Polen wiederherstellen und sich um die Lösung der Judenfrage kümmern werde.

Bei diesen Worten spürte Karl Rink, wie sich sein Magen zusammenkrampfte. Er fragte sich, weshalb er nicht rechtzeitig Einspruch erhoben hatte, als er für den Einsatz in Polen eingeteilt wurde. Warum hatte er es stillschweigend hingenommen? Wollte er sich keine Blöße geben und nicht wieder als Außenseiter dastehen, wie damals in der Kristallnacht? Wollte er seine Treue zur Partei demonstrieren?

Wie er Generalgouverneur Hans Frank einschätzte, so würde dieser Mann vor nichts zurückschrecken, wenn es darum ging, die polnischen Juden auszurotten. Und wie seine Kameraden, so würde auch Karl seine Befehle ausführen müssen. Vielleicht gelang es ihm doch noch, unter irgendeinem Vorwand in Berlin zu bleiben. Dann könnte er in seiner freien Zeit weiter nach Mira suchen.

Frank dankte seinen Zuhörern für ihre Aufmerksamkeit, erhob sein Glas und wünschte den Offizieren gutes Gelingen für den bevorstehenden Einsatz.

Sechs Jahre später wurde Hans Frank vom Internationalen Militärgerichtshof im Nürnberger Prozess als einer der Hauptkriegsverbrecher zum Tod durch den Strang verurteilt, da er für die Ermordung von Hunderttausenden von polnischen Juden verantwortlich war.

Am Tag der Abreise verabschiedete Reinhard Schreider höchstpersönlich die Offiziere, die nach Polen abkommandiert waren. Er schüttelte Karl Rink die Hand und wünschte ihm alles Gute.

„Darf ich Ihnen noch eine persönliche Frage stellen?", fragte Karl.

Schreider zog die Brauen hoch. „Wenn es nicht zu lange dauert. Ich habe zu tun."

Karl fasste sich ein Herz. „Ich will die Wahrheit über meine Frau wissen."

„Hören Sie, Rink: Sie verschwenden Ihre wertvolle Zeit. Ihre Jüdin hat sich aus dem Staub gemacht, das ist doch offensichtlich. Ich habe immer gewusst, dass man sich auf die Juden nicht verlassen kann. Sie sollten also dankbar sein."

Karl blickte zu Boden. „Ich habe sie geliebt."

„Die SS ist die einzige Liebe Ihres Lebens, Rink. Das gilt für Sie genauso wie für uns alle." Schreider machte auf dem Absatz kehrt. Die Unterredung war zu Ende.

Vor dem Büro seines Vorgesetzten traf Karl auf Kurt Baumer, der ihm die Dokumente und Passierscheine für Polen aushändigte.

„Ich werde das Gefühl nicht los", sagte Karl zu seinem Freund, „dass die Wahrheit über Miras Schicksal bewusst verschleiert wird."

Baumers Blick sprach Bände, doch er schwieg.

„Karl, wenn ich dir einen Rat geben darf, als Freund", sagte er schließlich, „dann hör auf, dich damit zu quälen. Lass die Sache auf sich beruhen. Wenn du mit deinen Nachforschungen nicht aufhörst, machst du alles noch schlimmer."

Karl spürte, dass Baumer mehr wusste, als er ihm preisgeben mochte oder durfte. Und dass er von seinem Freund nicht mehr erfahren würde.

Bevor Karl sich zum Gehen wandte, drückte ihm Baumer zum Abschied noch einmal fest die Hand.

4.

Als die Dunkelheit wich und sich der erste Streifen Tageslicht am Horizont abzeichnete, öffnete Gertruda die Augen. Von den Holzscheiten, die sie von einem Teil ihres wenigen verbliebenen Geldes gekauft hatte, war nur noch graue Asche übrig. Das Feuer war längst erloschen, und eine eisige Kälte breitete sich im Zimmer aus. Lydia und Michael schliefen noch fest unter ihren Mänteln. Gertruda rieb sich die steifen Finger und ging leise in die kleine Küche, die mit ein paar Töpfen, etwas Geschirr und einem Wasserkessel aus Aluminium ausgestattet war. Nach einem Blick in die leere Speisekammer füllte sie den Kessel mit Wasser und stellte ihn auf die Herdplatte, in der Hoffnung, dass der heiße Dampf das Zimmer ein kleines bisschen anwärmen würde. Dann schüttete sie den Inhalt ihrer Börse auf den Tisch und zählte ihre letzten Geldstücke. Für ein mageres Frühstück würde es reichen.

Im Treppenhaus versperrte ihr ein großer, stämmiger Mann den Weg. „Sie sind wohl die neue Mieterin?"

„Und wer sind Sie?"

„Ich bin der Bruder. Meiner Schwester gehört das Haus hier." Er rückte näher, wobei ihr seine beißende Alkoholfahne nicht entging.

„Wenn es irgendetwas gibt, das ich für Sie tun kann …" Der Mann musterte sie von oben bis unten.

Gertruda wich angewidert zurück. „Nein, danke, im Moment nicht."

Er ließ nicht locker. „Wenn Sie Geld brauchen, kommen Sie ruhig zu mir." In seinen Augen lag ein lüsternes Glitzern.

„Das wird nicht nötig sein", erwiderte Gertruda sachlich. „Ich werde bald anfangen zu arbeiten."

Er verzog seinen Mund zu einem süffisanten Lächeln. „Wer weiß, vielleicht kommen Sie ja doch noch auf mein Angebot zurück. Ich werde demnächst wieder vorbeischauen, um zu sehen, wie es Ihnen geht."

„Keine Sorge, wir kommen schon über die Runden. Sparen Sie sich die Mühe."

Er lachte auf. „An Ihrer Stelle wäre ich mir da nicht so sicher. Vielleicht werden Sie mir noch dankbar sein!"

Sie atmete auf, als er endlich zur Seite trat und sie vorbeiließ.

Auf der Hauptstraße wälzte sich der Flüchtlingskonvoi vorbei, Menschen zu Fuß oder in Decken gehüllt auf hölzernen Pferdewagen, die sie mit ihren Habseligkeiten bepackt hatten. Der traurige Blick eines Kindes traf Gertruda. Sie wandte die Augen ab und betrat den Lebensmittelladen. Die Auswahl war klein, die Preise astronomisch hoch. Sie kaufte Tee und Zucker, einen Laib Brot, ein wenig Butter und überschlug, dass ihr das Geld bei diesen Preisen noch schneller ausgehen würde, als sie gedacht hatte.

Als sie zur Wohnung zurückkam, waren Lydia und Michael schon wach. Gertruda kochte Tee und bestrich für jeden eine Scheibe Brot mit etwas Butter. Lydia bedankte sich für das Frühstück, und Michael fragte, ob er noch eine zweite Scheibe bekommen könne.

„Was soll nur aus uns werden?", fragte Lydia bekümmert.

„Machen Sie sich keine Sorgen", versuchte Gertruda sie zu beruhigen. „Wir haben ein Dach über dem Kopf und etwas

Geld, um Essen zu kaufen. Viele Flüchtlinge haben noch nicht einmal das."

Lydia seufzte. „Aber das Geld wird nicht ewig reichen. Und was dann?"

„Ich verspreche Ihnen, wir werden eine Lösung finden."

Im selben Moment fragte sie sich, wie sie so etwas sagen konnte. Aber sie war entschlossen, sich ihre eigenen Zweifel nicht anmerken zu lassen, um es für Michael und Lydia nicht noch schwerer zu machen.

Von anderen Flüchtlingen bekam sie den Rat, sich an die jüdischen Hilfsorganisationen in der Stadt zu wenden. Dort reihte sie sich in die lange Schlange der Wartenden ein und bekam, nach stundenlangem Anstehen, einen warmen Mantel für sich und eine Winterjacke für Michael sowie Essensmarken für die Suppenküche.

Lydia sträubte sich anfangs gegen die Suppenküche, doch in der Not blieb ihr keine andere Wahl. Der Speisesaal war brechend voll, und die drei fanden kaum Platz an einem der langen Holztische. Es gab eine dünne Wassersuppe und gedünstetes Gemüse. Michael langte hungrig zu, doch Lydia brachte kaum einen Bissen herunter. Ihre Tischnachbarn waren einfache Leute, Flüchtlinge in zerschlissenen Kleidern und mit ungepflegtem Haar, die sich lautstark unterhielten.

Die Atmosphäre der Suppenküche war ein Schock für Lydia und schlimmer als alles, womit sie in ihrem behüteten Leben in Berührung gekommen war. „Ich ertrage das nicht", flüsterte sie. „Es ist schrecklich."

Zu Hause warf sie sich weinend aufs Bett und ließ ihren Tränen freien Lauf. „Bitte, suchen Sie Jacob!", flehte sie Gertruda an. „Tun Sie alles, um ihn zu finden! Nur er kann uns hier rausholen."

Gertruda war ratlos. Sämtliche persönlichen Dokumente, Adressen und wichtigen Telefonnummern, um Jacob Stolowitzky ausfindig zu machen, befanden sich in Lydias gestohlener

Handtasche. Doch sie wollte Lydia nicht enttäuschen und sagte tapfer: „Ich werde es versuchen."

Gegen Abend verschlechterte sich Lydias Zustand. Sie rang nach Luft und klagte über Schmerzen in der Brust. Gertruda holte Dr. Berman, der sie untersuchte und sofort ins Krankenhaus bringen wollte.

„Es ist das Herz", sagte er ernst. „Sie braucht dringend medizinische Hilfe. Ambulant kann ich das nicht leisten."

Doch Lydia schüttelte energisch den Kopf. „Nein, niemals! Ich bleibe bei meinem Kind. Michael und ich waren noch nie getrennt. Ich will nicht ins Krankenhaus."

Am nächsten Morgen, nachdem sie die ganze Nacht an Lydias Bett gesessen hatte, machte sich Gertruda erneut auf Arbeitssuche. Nach stundenlangem Klinkenputzen bei Geschäften, Restaurants und Handwerksbetrieben bot man ihr schließlich in einer heißen, überfüllten Bahnhofsgaststätte eine Arbeit als Tellerwäscherin an.

„Geld gibt's nicht", sagte der Inhaber, „aber Sie können dafür jeden Tag etwas zu essen mit nach Hause nehmen."

Es war nicht das, was sie sich vorgestellt hatte, aber wenigstens eine Arbeit, die ihre hungrigen Mägen füllen würde. Gertruda krempelte die Ärmel hoch und spülte bis spätabends Töpfe und Teller. Danach kehrte sie mit einer warmen Mahlzeit in einem geborgten Topf aus dem Restaurant in die Wohnung zurück. Sie füllte drei Teller und aß mit Lydia und Michael. Ihre Gedanken wanderten zu dem schönen Haus in der Ujazdowska-Allee, wo bei festlichen Banketts erlesene Speisen aufgetragen wurden, doch das schien unendlich lange her.

5.

Ausschließlich Uniformierte saßen in dem Sonderzug von Berlin nach Warschau. In dem für Offiziere reservierten Wagen unterhielten sich Karl Rinks Kameraden über ihren Einsatz in Polen, als handle es sich dabei um eine Urlaubsreise – mit polnischen Mädchen und der Gelegenheit, sich am Vermögen von Juden zu bereichern. Karl vermied es, sich an den Gesprächen zu beteiligen.

In Warschau am Bahnhof wartete bereits ein Militärfahrzeug, das sie zum SS-Hauptquartier bringen sollte. Bei ihrer Fahrt durch die Stadt blickte Karl aus dem Fenster auf die Schneisen der Verwüstung, geschlagen durch die deutschen Luftangriffe. Aus den Ruinen der eingestürzten Häuser stieg immer noch Rauch. Das Straßenbild war von deutschen Soldaten geprägt.

Im Hauptamt erhielten sie weitere Instruktionen. Rink wurde als SS-Führer beauftragt, die Verordnungen zur Einschränkung der Freiheit der Juden zu überwachen. Ein junger Offizier, der ihm unterstellt war, führte ihn zu seinem Büro. Auf dem Schreibtisch lag ein erster Entwurf der Gesetze, die Hans Frank erlassen wollte. Karl überflog das Schriftstück: Polnische Juden waren verpflichtet, eine Armbinde mit einem gelben Davidsstern zu tragen; auch über jedem jüdischen Geschäft musste zur Kennzeichnung der Davidsstern angebracht werden. Koschere Schlachtung war verboten, und alle Juden mussten eine genaue Aufstellung ihres Vermögens einreichen.

Nachdem sich Karl Rink in seinem neuen Büro eingerichtet hatte, fuhr man ihn zu der ihm zugeteilten Wohnung. Das Nachbarhaus war eine herrschaftliche Villa, deren Bewohner offensichtlich Hals über Kopf geflohen waren, als die Deutschen in Warschau einmarschierten.

Seine Wohnung hatte drei Zimmer, die noch fast vollständig mit Möbeln bestückt waren. An den Wänden hingen Familienbilder, Männer in maßgeschneiderten Anzügen mit gepflegten Bärten, Frauen in eleganten Kleidern, artige Kinder im Sonntagsstaat. Karl ließ seine Blicke über die Fotos schweifen: ein Hochzeitspaar, ein Gruppenbild vor einer Synagoge, eingerahmte Auszeichnungen und Diplome von einer jüdischen pädagogischen Hochschule. In den Bücherregalen befanden sich, außer ein paar wenigen Büchern in polnischer Sprache, vor allem hebräische Literatur und religiöse jüdische Schriften.

„Ich werde Ihnen jemanden vorbeischicken, der den ganzen jüdischen Krempel ausräumt", sagte Karls Begleiter.

„Das brauchen Sie nicht, danke. Lassen Sie fürs Erste ruhig alles so, wie es ist. Es stört mich nicht."

Karl würde dafür sorgen, dass die Wohnung ihren jüdischen Charakter behielt. Als der junge Offizier gegangen war, atmete er tief durch und ließ die Atmosphäre auf sich wirken. Es war ihm, als seien Mira und Helga nicht mehr ganz so fern.

6.

„Das ist ja furchtbar!"

Der Anwalt Joachim Turner umklammerte den Telefonhörer fester, als er die Nachricht vernahm.

Jacob Stolowitzkys Stimme am anderen Ende der Leitung in Paris zitterte. Turner war ein treuer Freund und Vertrauter, der den Geldtransfer mit den Schweizer Banken abwickelte und bevollmächtigt war, im Auftrag von Stolowitzky auch größere Summen Geld abzuheben. Turner hatte längere Zeit nichts von den Stolowitzkys gehört und keine Ahnung, was geschehen war, bis ihn Jacobs unerwarteter Anruf erreichte.

„Ich brauche deine Hilfe", hörte er Jacob sagen. „Lydia und Michael sitzen in Warschau fest. Ich bitte dich, den Deutschen jede Summe zu zahlen, die sie fordern, damit meine Frau und mein Sohn das Land verlassen dürfen."

„Jede Summe?"

„Was immer dir angemessen scheint."

Turner war ein erfahrener Anwalt. Zu seinen Kunden gehörten die renommiertesten Geschäftsleute in Zürich. Bevor der Krieg ausbrach, hatte er im Auftrag von Schweizer Firmen Verhandlungen mit deutschen Unternehmen geführt, hauptsächlich, wenn es um Kohlelieferungen ging. Seiner Meinung nach würden die Deutschen Stolowitzkys Millionen nicht ausschlagen, denn der Krieg verschlang Unsummen von Geld.

„Ich werde mich sofort darum kümmern", versprach Turner.

Noch am selben Tag fuhr er zur deutschen Botschaft in Bern und sprach mit dem Botschafter persönlich.

„Wie hoch ist denn die Lösegeldsumme?", erkundigte der sich interessiert.

„Zehn Millionen, in US-Dollar."

Dem Botschafter entfuhr ein Ausruf des Erstaunens. Er fragte nach Jacob Stolowitzkys Adresse in Paris und weiteren Informationen und Referenzen.

„Ich werde Ihre Angaben sofort überprüfen", versprach er.

Durch diplomatische Kanäle wurde Stolowitzkys Angebot an die zuständigen Kontaktpersonen weitergeleitet. Von Berlin aus erging der Befehl nach Polen an die oberste Instanz der Besatzungsmacht, den Aufenthalt von Lydia Stolowitzky und ihrem Sohn zu ermitteln, ihre Sicherheit zu garantieren und weitere Instruktionen abzuwarten. Jacob rief täglich in Joachim Turners Büro an und war jedes Mal enttäuscht, dass es keine Neuigkeiten gab.

Eine Woche verging. Dann wurde Turner zu einem Gespräch in die deutsche Botschaft geladen.

„Es tut mir leid, wir haben getan, was wir konnten", sagte der Botschafter. „aber die Frau und der Sohn Ihres Klienten waren unter der Adresse, die Sie mir gaben, nicht mehr anzutreffen. Das Haus stand leer, als unsere Streitkräfte in Warschau einmarschierten. Es dient jetzt unseren Truppen als Hauptquartier. Auch eine Befragung der Nachbarn ergab nichts. Niemand wusste etwas über ihren Verbleib. "

„Gibt es vielleicht Listen der toten oder inhaftierten Juden?"

„Nur unvollständige. Wir arbeiten noch an der systematischen Erfassung aller Namen. Wenn wir nähere Informationen haben, lassen wir es Sie selbstverständlich wissen. "

Jacob Stolowitzky war am Boden zerstört. Bis zu dem Augenblick hatte er gehofft, dass die Deutschen für seine Millionen alles daransetzen würden, Lydia und Michael zu finden.

„Was kann ich deiner Meinung nach sonst noch tun?", fragte er seinen Anwalt.

„Jetzt hilft nur noch beten", erwiderte Turner.

7.

Über Nacht war Wilna, früher ein Zentrum lebendigen jüdischen Lebens mit namhaften Rabbinern, Gebetshäusern und Synagogen, ein Ort der Zuflucht für Tausende von Flüchtlingen aus ganz Polen geworden. In der Stadt herrschte der Ausnahmezustand; Diebstahl, Vergewaltigungen und Mord waren an der Tagesordnung. Die Polizei war machtlos angesichts der Massen von Menschen und Delikten.

Die Stadt platzte aus allen Nähten. Flüchtlinge auf der Suche nach Wohnung und Arbeit füllten die Straßen, nahmen Demütigungen von Judenhassern und ausbeuterischen Arbeitgebern in Kauf. Sie standen in langen Schlangen vor den Konsulaten, um Visa für die Einreise ins Ausland zu beantragen – irgendwohin, möglichst weit weg von der Front; doch nur diejenigen, die Kontakte oder spitze Ellbogen hatten, bekamen die ersehnten Dokumente.

Lydia versank in eine tiefe Depression. Tagelang lag sie teilnahmslos auf dem Bett. Sie betete, dass es Jacob doch noch gelingen würde, sie zu finden und dem Albtraum ein Ende zu setzen.

Der dreijährige Michael verstand nicht, warum plötzlich alles anders war, warum sie jetzt in dieser schäbigen Wohnung lebten anstatt in ihrem schönen großen Haus und warum seine Mutter immer traurig war. Obwohl er das Wort *Krieg* noch nicht verstand, fühlte er, dass es etwas Böses war. Er wusste: Der Krieg war schuld daran, dass sie von zu Hause fortgehen mussten. Meistens spielte er still und in sich gekehrt mit dem kleinen Auto oder mit den Karten, die Gertruda ihm aus Pappkartons zurechtgeschnitten und bemalt hatte. Er vermisste sie, denn seit Gertruda arbeitete, ging sie morgens aus dem Haus und kam erst spätabends wieder. Michael wartete sehnsüchtig auf ihre Heimkehr, freute sich auf das Essen, das sie mitbrachte, und auf die Geschichten, die sie ihm jeden Abend erzählte.

Lydias Gesundheitszustand verschlechterte sich mehr und mehr. Sie, die immer voller Fröhlichkeit und Unternehmungslust gewesen war, lag nun, seelisch und körperlich gebrochen, Tag und Nacht im Bett. Sie hatte zunehmend Schmerzen und konnte nur noch mühsam aufstehen. Eines Nachts erwachte Gertruda durch Lydias Stöhnen. Als sie an ihr Bett trat, sah sie, dass Lydia bewusstlos war. Voller Panik lief sie ins Nachbarhaus und holte Dr. Berman.

„Sie muss sofort ins Krankenhaus!", sagte der Arzt.

Das jüdische Krankenhaus in der Zavalna-Straße sah aus, als hätte es schon bessere Zeiten gesehen. Eine Schwester mit müden Augen empfing sie bei der Anmeldung. Das trübe Licht einer einzigen Lampe warf gespenstige Schatten an die Wände, und aus den Zimmern klang gedämpftes Stöhnen der Patienten. Gertruda schilderte rasch die Situation, worauf die Empfangsschwester einen Arzt holen ließ. Er war ein älterer Mann, dessen Gesicht von unzähligen Überstunden und durchgearbeiteten Nächten gezeichnet war. Er zog sich einen schäbigen Arztkittel über und beauftragte zwei Pfleger, eine Krankentrage zu holen. Damit eilten sie, so schnell es ging, zur Wohnung. Dr. Berman war bei der Patientin geblieben. Der Krankenhausarzt untersuchte Lydia gewissenhaft und wechselte einige Worte mit Berman.

„Wir bringen sie sofort ins Krankenhaus", sagte er dann. „Ich hoffe, es ist nicht zu spät."

Sie trugen sie durch die dunklen, verlassenen Straßen der Stadt, eingehüllt in eine dünne Decke, die ständig verrutschte und ihren Körper der eisigen Nachtluft preisgab. Dr. Berman begleitete sie zum jüdischen Krankenhaus und versuchte, Angst und Schmerzen ein wenig zu lindern, aber er konnte nicht viel tun. Immerhin erreichte er, dass sie einen Platz in einem Zimmer bekam, das nicht ganz so überfüllt war.

Er sah Gertruda an und senkte die Stimme. „Ich fürchte, ihr Herz macht nicht mehr lange mit."

Am nächsten Tag, auf ihrem Weg zur Arbeit in der Bahnhofsgaststätte, machte Gertruda bei einer Kirche halt. Sie ging hinein und sprach ein Gebet für die todkranke Lydia. Doch es half nichts. In derselben Nacht erlitt Lydia im Krankenhaus einen Herzinfarkt und verlor das Bewusstsein.

Gertruda hielt Wache an ihrem Krankenbett. Auch Dr. Berman und Michael bestanden darauf, bei ihr zu bleiben. Die Schwestern gaben Michael eine dünne Decke, und er rollte sich damit auf dem kalten Boden ein. Kurz bevor der Morgen graute, kam Lydia plötzlich zu sich.

„Michael", murmelte sie.

Gertruda weckte den Jungen. „Deine Mutter ruft nach dir."

Michael stand auf und rieb sich die Augen. Als er neben

Lydias Bett stand, hob sie ihre schwache Hand und streichelte sein Gesicht.

„Mein Kind", flüsterte sie. „Mein geliebtes Kind ... versprich mir, dass du mich nie vergisst."

„Ja, Mama", sagte Michael schlaftrunken.

Lydias Blick suchte Gertruda. „Ich muss Ihnen etwas sagen." Sie winkte sie zu sich heran.

„Ich werde bald sterben."

„Sagen Sie das nicht!", widersprach Gertruda. „Sie müssen sich ausruhen. Dann wird alles wieder gut."

Die Kranke deutete ein Kopfschütteln an. „Nein, Gertruda. Ich weiß, dass ich sterben muss. Aber ich möchte, dass Sie mir etwas versprechen."

„Alles, was Sie wünschen."

„Bitte, kümmern Sie sich um Michael. Lassen Sie ihn niemals allein." Sie machte eine Pause, bevor sie weitersprach. „Jacob ... Ich weiß nicht, was aus ihm geworden ist ... und ob er überhaupt noch lebt. Nur Michael ist mir geblieben. Er ist das Kostbarste, was ich habe. Ich kann nur in Frieden sterben, wenn ich weiß, dass Michael am Leben bleibt. Versprechen Sie, dass Sie für ihn sorgen werden, Gertruda."

„Ich werde für ihn sorgen, als wäre er mein eigenes Kind."

„Und erzählen Sie niemandem von seiner jüdischen Herkunft ... Bringen Sie ihm bei, vorsichtig zu sein ... Es könnte sonst gefährlich für ihn werden."

„Ich weiß."

Lydia nahm all ihre Kraft zusammen und sprach weiter. „Ich habe entfernte Verwandte in Palästina. Wenn der Krieg vorbei ist, reisen Sie mit ihm dorthin."

„Ja, das will ich gerne tun."

„Leider habe ich kein Geld, das ich Ihnen hinterlassen könnte", fuhr Lydia fort. „Aber nehmen Sie meinen Pelzmantel, er wird Sie wärmen an kalten Wintertagen."

Unter großer Anstrengung hob sie noch einmal die Hand. „Hier – nehmen Sie meinen Ehering."

Gertruda gehorchte.

„Tragen Sie ihn. Von nun an sind Sie Michaels Mutter."

Mit klopfendem Herzen und gemischten Gefühlen streifte sich Gertruda den Ring über. Mehr als alles andere machte ihr diese symbolische Handlung bewusst, dass Lydia sie nun verlassen würde. Und dass sie in dem Augenblick eine Verantwortung übernahm, die ihr ganzes Leben verändern würde.

Lydia ergriff Gertrudas Hand und drückte sie schwach. „Danke", sagte sie leise. „Sie sind Michaels Engel. Er liebt Sie und ich weiß, dass Sie ihn genauso lieben. Danke ... für alles, was Sie für ihn getan haben und tun werden."

„Im Gegenteil, ich habe zu danken", sagte Gertruda. „Dafür, dass Sie mir Michael anvertrauen."

„Da ist noch etwas", sagte Lydia mit letzter Kraft. „Noch etwas ... ist wichtig. Jacob hat ... viel Geld bei Schweizer Banken ... viel Geld und Goldbarren. Nehmen Sie es ... für sich und Michael, um für Sie beide ein neues Leben aufzubauen."

„Ja, das werde ich. Ich danke Ihnen."

Ihre Stimme war nur noch ein schwaches Flüstern, sodass Gertruda sich ganz nah zu ihr hinunterbeugen musste. „Er hat mehrere Millionen ... bei der Credit Suisse in Zürich und mehrere Millionen bei der ..."

Lydias Stimme erstarb und ihr Kopf fiel zur Seite. Sie hatte die Augen für immer geschlossen.

Eine tiefe Stille erfüllte den Raum. Dr. Berman senkte den Kopf, als Gertruda mit leiser Stimme ein Gebet sprach. Michael blickte mit angstvollen Augen von einem zum anderen. Gertruda bat Gott, dass er ihr helfen möge, ihr Versprechen zu halten.

Die Wochen und Monate, die vor ihnen lagen, würden nicht leicht sein. Und sie ahnte, dass es schwierig, wenn nicht unmöglich sein würde, den Jungen vor dem grausamen Schicksal zu bewahren, das seinesgleichen erwarten mochte. Doch sie würde alles tun, was in ihrer Macht stand, um Lydias Vertrauen nicht zu enttäuschen.

Kurze Zeit später kam ein Arzt und stellte den Tod der Patientin fest. An der Pforte händigte man Gertruda die Sterbeurkunde aus.

Ein Fuhrmann brachte die Verstorbene gegen ein geringes Entgelt zum Friedhof, wo sie ein bärtiger, finster dreinblickender Mann empfing. Langsam ließ er Lydias Leichnam, in ein zerschlissenes Leichentuch gehüllt, in ein frisches Grab hinab. Viel zu viele Gräber hatte er ausgehoben, seit der Krieg ausgebrochen war. Gräber wie dieses, für Flüchtlinge, die den harten Überlebenskampf in der fremden Stadt verloren hatten. Tag für Tag kamen neue hinzu, und in den meisten Fällen hatten die Familien der Verstorbenen kein Geld für die Beerdigung. Wer es sich leisten konnte, ließ seine Angehörigen auf dem städtischen Friedhof der jüdischen Gemeinde bestatten. Hier wurden nur die Mittellosen beerdigt, weitab von der Synagoge, in Gräbern mit einfachen Holzkreuzen und handschriftlichen Namenszügen. So wurde Lydia Stolowitzky, eine der reichsten Frauen Warschaus, in einem Armengrab beigesetzt.

Der Totengräber sprach das Kaddisch-Gebet zum Gedenken an die Verstorbenen und hieß Michael, als Sohn, die Worte wiederholen. So wollte es der jüdische Brauch. Mit seiner dünnen tränenerstickten Stimme sprach er den fremdländischen Text nach, den er nicht verstand. Gertruda legte den Arm um seine Schulter. Auch sie weinte.

Nach der Beerdigung gingen sie schweigend nach Hause, zu Fuß, um das Fahrgeld zu sparen. Und beide wussten: Sie würden für immer zusammenbleiben. Nur der Tod konnte sie jetzt noch trennen.

Wilna

I.

Eine Zeit lang hielt Jacob Stolowitzky an dem Glauben fest, dass sich alles zum Guten wenden würde. Nur schwer konnte er sich an den Gedanken gewöhnen, dass er seine Frau und seinen Sohn vielleicht nie mehr wiedersehen würde, dass er sich mit dem Ende seines Firmen-Imperiums abfinden musste und auch sein eigenes Schicksal am seidenen Faden hing. Auf den Rat seines französischen Bevollmächtigten beschloss er, vorerst in Paris zu bleiben. Was die Geschäfte anging, klammerte er sich an das vage Versprechen der Bahngesellschaft, dass es zur Vertragserfüllung käme, sobald sich die Lage in Europa wieder beruhigt habe.

Doch die Wirklichkeit machte seine Illusionen schon bald zunichte. Die Deutschen rückten unaufhaltsam in Europa vor und stießen dabei kaum auf ernsthaften Widerstand. Frankreich spürte die Last der wachsenden Bedrohung und Verunsicherung. Vor den Zeitungskiosken standen Menschentrauben, sogen begierig die Schlagzeilen von der Front auf und diskutierten die Chancen der französischen Armee, eine mögliche Invasion der deutschen Truppen abzuwehren. In den Straßen von Paris sah man immer öfter auch polnische Flüchtlinge, denen es gelungen war, ihr Land in letzter Minute zu verlassen. Man erkannte sie an ihren bleichen, hohlwangigen Gesichtern und dem gehetzten Blick, mit dem sie sich umsahen, als fürchteten sie auch hier, jeden Augenblick von deutschen Soldaten aufgegriffen zu werden.

Trotz allem gab es in Paris immer noch Leute, die angesichts des drohenden Krieges ganz bewusst so weiterlebten, als sei alles beim Alten. Die Restaurants und Nachtclubs waren voll, nach wie vor wurden Austern, Champagner und edler Wein bestellt, Musiker spielten vor ausverkauften Häusern, Opernstars wurden mit Blumen und Beifall belohnt.

Jacob Stolowitzky war nicht nach derartigen Zerstreuungen zumute. Zu groß war seine Sorge um Lydia und Michael. Mittlerweile hatte er die Hoffnung so gut wie aufgegeben, dass die beiden Menschen, die er am meisten liebte, noch am Leben waren. Trotz all seiner Bemühungen und Beziehungen war es ihm nicht gelungen, irgendetwas über ihren Verbleib zu erfahren. Der Briefverkehr von und nach Polen war eingestellt, es gab nach wie vor keine Telefonverbindung, und die Presse berichtete von zahlreichen Todesopfern unter den Juden.

Mit jedem Tag, der sinnlos verstrich, wurden Jacobs Angst und Anspannung größer. Manchmal lief er stundenlang wie ein Tiger im Käfig in seinem Hotelzimmer auf und ab. Besorgt hörte er in den Nachrichten, dass die Nazis ein Land nach dem anderen besetzten, und fragte sich, ob Frankreich für einen militärischen Konflikt ausreichend gerüstet war. Eine vage Hoffnung, irgendetwas über Lydia und Michael zu erfahren, trieb ihn dazu, Kontakt zu polnischen Flüchtlingen aufzunehmen, und erfuhr dadurch, dass viele Juden nach Wilna geflohen waren.

Umgehend fuhr er zur russischen Botschaft, um ein Visum für die Einreise nach Wilna zu beantragen. Doch er wurde brüsk abgewiesen.

„Tut mir leid, mein Herr", sagte der Angestellte, „wir dürfen keine Visa für Wilna ausstellen. Strikte Order aus Moskau."

Jacob Stolowitzky ließ sich damit nicht abspeisen. Sein Geld hatte in solchen Fällen bisher alle Türen geöffnet, und er war sicher, es würde auch diesmal seine Wirkung nicht verfehlen. Wortlos zog er ein Bündel Geldscheine aus der Brieftasche und legte sie vor dem Mann auf den Tisch. Zu seinem Erstaunen wies der russische Angestellte das Geld zurück.

„Sie haben mich wohl nicht verstanden", sagte er unwirsch, „ich kann nichts für Sie tun."

Jacob verließ das Botschaftsgebäude und fuhr auf schnellstem Weg zu seinem Pariser Anwalt.

„Bitte, besorgen Sie mir ein Visum", flehte er, „der Preis spielt keine Rolle."

Der Anwalt versprach, es zu versuchen, aber auch er hatte kein Glück. Daraufhin nahm Stolowitzky Kontakt zu Joachim Turner in Zürich auf und bat ihn, in seinem Auftrag nach Wilna zu reisen, um dort nach Lydia und Michael zu suchen. Turner erklärte sich bereit, aber auch ihm wurde das Einreisevisum verweigert.

Jacob Stolowitzky war am Boden zerstört. Er schloss sich in seinem Hotelzimmer ein und tat, was er seit seiner Kindheit nicht mehr getan hatte: Er weinte.

Er konnte sich nicht erinnern, dass er sich je zuvor so hilflos und allein gefühlt hatte. Er, der mächtige Großindustrielle, der gelernt hatte, dass Geld die Welt regierte, musste sich eingestehen: Trotz seiner Millionen war er machtlos. Sein ganzes Geld war für ihn nichts mehr wert. Er war am Ende. Sämtliche Möglichkeiten hatte er ausgeschöpft, es gab niemanden mehr, an den er sich wenden, niemanden, von dem er noch Hilfe erwarten konnte. Und die Chancen, dass er seine Frau und seinen Sohn jemals wiedersehen würde, schwanden mit jeder Minute.

Die Tage vergingen wie Blei, grau und eintönig. Stolowitzky war ein gebrochener Mann, mit eingefallenen Wangen und dunklen Rändern unter den Augen. Nachts raubten ihm die Sorgen den Schlaf. Er ging auch nicht mehr ins Hotelrestaurant. Das elegante Ambiente des Ritz, die Menüs, die festlich gedeckten Tische – alles erinnerte ihn an früher, an sein Zuhause, an die Zeiten, als das Leben noch lebenswert und seine Familie noch vollständig war. Um seinen Hunger zu stillen, suchte er zweimal täglich ein einfaches Restaurant in der Rue Rivoli auf. Dort schlang er hastig sein Essen herunter, sprach mit niemandem, bezahlte und ging zurück ins Hotel. Der einzige Mensch, der den blassen Mann mit den müden Augen bemerkte und ihn jeden Tag fragte, wie es ihm ginge, war die Kellnerin. Sie hieß Anna und war achtundzwanzig Jahre alt, freundlich und rotwangig. Sie hatte immer ein Lächeln auf den Lippen. Die meisten Kunden des Restaurants kannte sie mit Namen und unterhielt sich gern mit ihnen, doch nie drängte sie jemandem ein Gespräch auf, der nicht reden mochte. Von Jacob Stolowitzky wusste sie nur so viel, dass er aus Polen kam und im Hotel Ritz wohnte. Er aß immer allein, traurig und in sich gekehrt.

Als er eines Abends nicht wie üblich zum Essen erschien, begann Anna, sich Sorgen zu machen. Nach Feierabend beschloss sie, ihn im Hotel aufzusuchen und sich nach seinem Befinden zu erkundigen. Jacob öffnete die Zimmertür in eine Decke gewickelt und von Fieberkrämpfen geschüttelt. Ohne ihn zu fragen, ließ Anna sofort einen Arzt rufen und holte in der Apotheke die verschriebenen Medikamente. Danach brachte sie ihm eine Mahlzeit aus dem Restaurant. Er war so schwach, dass sie ihn füttern musste.

Dank Annas Fürsorge erholte sich Jacob von seiner Krankheit. Er bedankte sich herzlich für alles, was sie für ihn getan hatte, und betonte, wie deprimiert und einsam er gewesen war, bevor sie in sein Leben trat. Sie war sein einziger Lichtblick in seiner ganzen trostlosen Existenz.

„Warum tun Sie so etwas?", fragte er. „Warum sind Sie so gut zu mir?"

„Weil ich nicht untätig zusehen kann, wenn Menschen leiden."

Nach und nach erzählte er ihr alles. Wie er vergeblich versucht hatte, etwas über das Schicksal seiner Frau und seines Sohnes herauszufinden; von seiner Angst, dass die beiden den Nazis zum Opfer gefallen waren, und von seinem geschäftlichen Ruin.

„Vielleicht sind Ihre Frau und Ihr Sohn doch noch am Leben", versuchte Anna ihn zu trösten.

Jacob seufzte. „Ich wünschte, Sie hätten recht. Aber es ist unwahrscheinlich, dass sie unter solchen harten Bedingungen überlebt haben."

„Und ich wünschte, ich könnte mehr für Sie tun."

Er sah sie lange an. „Sie haben schon so viel für mich getan. Ich bin froh, dass ich Sie getroffen habe."

Anna hielt seinem Blick stand und errötete. Er war Jude, sie war Katholikin. Außerdem war er viel älter als sie, doch in ihren Augen war er attraktiver und interessanter als die meisten Männer, die sie kannte. Was sie für ihn empfand, war mehr als Mitleid und freundschaftliche Zuneigung.

„Ich bin auch froh, dass ich Sie getroffen habe", sagte sie und schlug die Augen nieder.

Sie war Italienerin, geboren in einer Kleinstadt wenige Kilometer hinter der französischen Grenze. Ihr Vater war gestorben, als sie noch ein Kind war; ihre Mutter arbeitete in einer Einrichtung für behinderte Menschen. Der Besitzer des Restaurants in Paris war ein entfernter Verwandter und hatte sie eines Tages gefragt, ob sie nicht als Kellnerin bei ihm arbeiten wollte.

Von nun an verbrachte sie ihre freie Zeit mit Jacob. Und er ertappte sich dabei, wie seine Gedanken immer wieder zu ihr wanderten und dass er sie vermisste, wenn sie nicht bei ihm war. Mehr als alles andere hatte er sich in Paris nach menschlicher Wärme und Verständnis gesehnt, nach jemandem, der ihn aus seiner Hoffnungslosigkeit und Einsamkeit befreite, und Anna verkörperte all dies. Sie war für ihn da, ihm treu ergeben, hatte immer ein offenes Ohr oder ein tröstendes Wort. Ein Leben ohne sie war für Jacob nur noch schwer vorstellbar.

2.

„Du darfst nie jemandem erzählen, dass du Jude bist", schärfte Gertruda Michael zum wiederholten Male ein.

Sie saßen vor dem Ofen und wärmten sich. Die Holzscheite, die sie von der Vermieterin gekauft hatten, würden nicht lange reichen, und in einer Stunde würde das Feuer erloschen sein. Dann würde es wieder kalt in der Wohnung sein, bitterkalt.

„Ich erzähle es niemandem", versprach der Junge.

„Die Leute müssen denken, ich bin deine Mutter."

„Wie soll ich dich denn nennen? Soll ich auch ‚Mutter' zu dir sagen?"

Gertruda zögerte. Jedes Kind hatte nur eine leibliche Mutter. Sie war lediglich Michaels Ersatzmutter, seine Adoptivmutter sozusagen.

„Nein, du brauchst nicht ‚Mutter' zu mir zu sagen."

„Dann nenne ich dich eben Mamuscha."

Gertruda spürte, wie eine warme Welle der Zuneigung durch ihren Körper strömte. Mamuscha, das war der richtige Name, ein zärtlicher Kosename, den kleine Kinder ihren Müttern gaben. „Ja, das klingt gut."

Die Zeit nach Lydias Tod war für Michael die schwerste Zeit seines jungen Lebens. Er hatte alles verloren, seine Mutter, sein Zuhause und seinen Vater, der nie von seiner Reise zurückgekehrt war. Er sprach nicht viel und brach immer wieder plötzlich in Tränen aus. Verzweifelt klammerte er sich an den einzigen vertrauten Menschen, der ihm noch geblieben war.

Gertruda beschloss, weniger Stunden zu arbeiten, damit sie den Jungen nicht so lange allein lassen musste. Er brauchte ihre tröstende Hand, ihre aufmunternden Worte, ihren ungebrochenen Lebensmut. Täglich ging sie mit ihm durch die Straßen von Wilna spazieren, damit er an die frische Luft kam, und nahm ihn mit in die Kirche, die sie regelmäßig zum Beten aufsuchte. Fröstelnd liefen sie durch den Schneeregen, mit dem die Stadt den Flüchtlingen ihr kaltes, abweisendes Gesicht zeigte. Eng rückten sie unter dem Regenschirm zusammen und schwammen mit dem Strom der Menschenmenge durch die Straßen, vorbei an Restaurants, aus denen es nach Essen duftete. Gertruda teilte ihr letztes Geld sorgfältig ein. Auf dem Wochenmarkt kaufte sie nur, was billig war: Kartoffeln, Kohl, Runkelrüben und altbackenes Brot. Sie kochte meistens Suppe. Fleisch konnten sie sich nicht leisten.

Aus Polen kamen schlechte Nachrichten. Die deutschen Truppen hatten jetzt das ganze Land besetzt. Gertrudas einziger Trost war der Nichtangriffspakt mit Russland. Die Deutschen, so dachte sie, würden es nicht wagen, ihre Fühler bis nach Wilna auszustrecken.

Die Kosten für Miete und Lebensmittel drohten ihre ganzen Ersparnisse aufzufressen. Nächtelang lag Gertruda wach und überlegte, wie sie zu etwas Geld kommen könnte. Michael war dünn und blass und hatte wenig Appetit. Sie befürchtete, er würde krank werden.

Da kam ihr Dr. Berman unerwartet zu Hilfe. Das Leben in Wilna meinte es gut mit ihm. Er hatte sich rasch einen Namen als Lungenspezialist gemacht und erfreute sich eines ständig wachsenden Patientenstammes. Eines Abends klopfte er an Gertrudas Tür und machte ihr ein Angebot.

„Ich könnte eine Sprechstundenhilfe gebrauchen", sagte er. „Ich bezahle Ihnen ein gutes Gehalt. Was meinen Sie?"

Gertruda brauchte nicht lange zu überlegen. Bereits am nächsten Tag begann sie mit der Arbeit in seiner Praxis, die er sich in der Wohnung im Nachbarhaus eingerichtet hatte. Dr. Berman gab ihr eine Vorauszahlung auf ihr erstes Gehalt, sodass sie für sich und Michael Lebensmittel einkaufen konnte.

Die Bermans hießen sie herzlich in ihrem Haus willkommen. Janek, der älteste Sohn des Doktors, war im selben Alter wie Michael, und die beiden Jungen spielten von nun an fast

Michael und Gertruda in Wilna, 1942

täglich zusammen. Esther, Dr. Bermans Frau, lud Gertruda
und Michael oft ein, zum Abendessen zu bleiben.

Es war ein strenger Winter und das Thermometer fiel immer weiter. Die Dächer der Stadt waren schneebedeckt, und
die Kälte kroch durch alle Ritzen ihrer kleinen Wohnung. Gertruda und Michael saßen im Bett, die Arme umeinander geschlungen, um sich gegenseitig zu wärmen. Sie tranken liter-
weise heißen Tee und warteten sehnsüchtig auf ein Wunder,
das sie aus ihrer hoffnungslosen Lage befreien würde.

3.

Abends, wenn die Sorgen sie nicht einschlafen ließen, betrachtete Gertruda nachdenklich ihren polnischen Pass. Ein Dokument, in dem nur ihr eigener Name vermerkt war. Michael war im Reisepass seiner Mutter eingetragen gewesen, und der war mit Lydias Handtasche abhanden gekommen. Gertruda war sich bewusst, dass die Wirren des Krieges sie beide zwingen mochten, in ein anderes Land zu fliehen, und dass der Junge keinerlei Papiere besaß. Sie musste einen Weg finden, um Michael in ihren Pass eintragen und somit glaubhaft als ihren Sohn ausweisen zu lassen, als ihr eigenes Fleisch und Blut. Nur wenn sie beweisen konnte, dass er ihr leibliches Kind war und somit kein Jude, würde sie ihn wirklich schützen können. Sie musste eine Möglichkeit finden, ganz gleich, was es kostete. Dass dies nicht auf legalem Wege geschehen konnte, war ihr klar, da sie keine amtliche Geburtsurkunde des Kindes vorweisen konnte.

Eines Morgens ging sie allein aus dem Haus, um einen professionellen Fälscher aufzusuchen. Zwielichtige Gestalten, die mit allen möglichen Geschäften auf dem Schwarzmarkt Geld verdienten, waren an jeder Straßenecke zu finden. Sie befragte einige von ihnen, ob sie ihr helfen könnten, es ginge um eine Änderung in ihrem Pass. „Das lässt sich einrichten, gute Frau", bekam sie zu hören, „aber so was kostet eine Stange Geld." Sie fragte nach dem Preis, und als sie die Summe hörte, ging sie mutlos nach Hause.

Unweit von ihrer Wohnung lag die Ostra-Brama-Kirche. Gertruda ging hinein, um zu beten. Eine Weile kniete sie vor dem Altar, bis sie Schritte hörte. Als sie aufblickte, sah sie Andras Gedovsky, den Priester.

„Ist alles in Ordnung, Frau Babilinska?"

Gertruda erhob sich. „Nicht alles", antwortete sie, wagte jedoch nicht, ihm die Wahrheit über Michael zu erzählen.

„Kann ich Ihnen irgendwie helfen?"

Sorgfältig wählte sie ihre Worte. „Mein Mann war Offizier bei der polnischen Armee und ist im Krieg gefallen. Ich floh Hals über Kopf mit meinem Sohn nach Wilna. Alles ging so schnell, ich konnte noch nicht einmal meinen Pass mitnehmen. Ich weiß nicht, was passieren wird, wenn ich mich nicht ausweisen kann."

„Der Junge, der sonntags mit zur Kirche kommt, ist das Ihr Sohn?"

Sie nickte. Seit sie begonnen hatte, Michael als ihren Sohn vorzustellen, achtete sie darauf, dass er jeden Sonntag dabei war.

„Ja, Hochwürden, er ist mein Sohn."

„Ein netter Junge. Wie heißt er denn?"

„Michael."

Der Priester seufzte. „Dieser Krieg stürzt so viele Menschen in Leid und Verderben", sagte er. „Kommen Sie mit, ich werde sehen, was ich für Sie tun kann."

Von neuer Hoffnung erfüllt, folgte ihm Gertruda zu seinem Arbeitszimmer. Pater Gedovsky setzte sich an seinen Schreibtisch, nahm ein amtlich aussehendes Blatt Papier mit dem Briefkopf der Kirche und fragte nach ihren persönlichen Angaben. Dann schrieb er:

Hiermit bestätige ich, dass die Witwe Gertruda Babilinska, geboren am 3.8.1902, polnische Staatsbürgerin, gläubige Katholikin und Mitglied meiner Gemeinde, ihre Dokumente verloren hat. Ich bescheinige hiermit, dass sie die Mutter von Michael, geboren am 15.2.1936, ist.

Gertruda bedankte sich überschwänglich, verstaute das Dokument in ihrer Handtasche und machte sich erleichtert auf den Heimweg.

4.

Die Sache mit der Heirat war nicht seine, sondern Annas Idee gewesen. „In Frankreich sind wir nicht mehr sicher", sagte sie eines Tages. „Die Leute haben Angst vor einer deutschen Invasion. Viele Juden flüchten aus dem Land. Wir sollten zu meiner Mutter nach Italien gehen. Wir können bei ihr wohnen, bis der Krieg vobei ist."

Als verheiratetes Paar, sagte sie, wäre alles einfacher. Und als Ehemann einer italienischen Staatsbürgerin würde Jacob bei der Einreise nach Italien keine Schwierigkeiten bekommen. Es war im Mai 1940, bevor Italien in den Krieg eintrat.

„Und was ist, wenn Lydia noch am Leben ist?", fragte er.

„Wenn das der Fall ist", versprach sie, „werden wir unsere Ehe sofort annullieren lassen."

Am Morgen des 9. Mai 1940 wurden Anna und Jacob Stolowitzky in Paris standesamtlich getraut. Es war eine schlichte Zeremonie, ohne Familienangehörige oder Freunde, und zwanzig Minuten später war das Paar bereits unterwegs zum Bahnhof, um den Zug nach Genua zu erwischen. Keiner von beiden wusste, dass die deutschen Truppen am nächsten Tag die französische Grenze überqueren würden. Nach Paris vorzustoßen war ein leichtes Spiel, zumal sie nur auf geringen Widerstand vonseiten der französischen Armee stießen.

Die Kontrollen an der italienischen Grenze waren schärfer als sonst, da man eine Flüchtlingsschwemme aus Frankreich befürchtete. Aufmerksam studierten die Grenzsoldaten Anna und Jacobs Heiratsurkunde, ließen das Paar aber ohne Weiteres passieren. In Genua nahmen sie sich am Bahnhof ein Taxi.

Annas Mutter, eine beleibte Frau mit strengem Gesicht, musterte Jacob bei ihrer ersten Begegnung beinahe feindselig. Ein Jude und noch dazu einer, der wesentlich älter war als ihre Tochter, passte nicht ins Bild des idealen Schwiegersohnes.

Doch sie hielt ihre Zunge im Zaum. Schließlich war Anna ihre einzige Tochter, die sie viele Jahre lang allein großgezogen hatte, und sie wollte nicht, dass durch die Ablehnung ihres Mannes eine Kluft zwischen ihnen entstand.

Das Haus lag etwas außerhalb, inmitten von Birnen- und Apfelplantagen. Ein schmaler Feldweg führte von der Straße zu dem einstöckigen Gebäude, in dem das junge Paar ein ruhiges Nebenzimmer bewohnte. Aus dem Fenster sah man auf einen quadratischen Hof. Die nächsten Nachbarn waren weit entfernt, sodass man den ganzen Tag das Fenster offen lassen konnte, ohne neugierige Blicke befürchten zu müssen.

Im Ort war das Interesse an Annas Heirat eher kurzlebig. Ihren Bekannten hatte sie erzählt, sie habe ihren Mann in Paris kennengelernt, während er sich dort auf Geschäftsreise befand. Er leide an einer seltenen chronischen Krankheit, die ihn zwinge, die meiste Zeit im Haus zu verbringen. Bald war es für die Leute normal, dass sie Anna allein in der Stadt antrafen, wenn sie ihre Einkäufe erledigte. Sonntags ging sie mit ihrer Mutter zur Kirche, danach waren sie meistens bei Freunden oder Nachbarn eingeladen. Jacob blieb gewöhnlich zu Hause und wagte sich nur nachts auf einen kurzen Spaziergang durch die verlassenen Straßen.

Anna wünschte sich Kinder. Sämtliche Frauen in ihrem Alter aus dem Bekanntenkreis waren mit Nachwuchs gesegnet und fragten sie, warum sie nicht schwanger wurde. Wenn sie mit Jacob darüber sprach, sagte er nur, er wolle warten, bis der Krieg vorüber sei. Erst dann könne er ohne Sorgen ein neues Kapitel in seinem Leben beginnen.

Als Gertruda eines Abends von der Arbeit aus der Praxis kam, wartete eine bekannte stämmige Gestalt im Treppenhaus auf sie.

„Wohin so eilig?" Es war Denka, der Bruder der Vermieterin.

„Mein Kind wartet oben auf mich", antwortete sie rasch und versuchte, sich an ihm vorbeizudrücken, doch er ließ sie nicht durch.

„Einen Augenblick mal."

Sie wartete gehorsam.

Mit seinen fleischigen Fingern versuchte er, ihr übers Haar zu streichen, doch sie wich ihm geschickt aus.

„Bitte, lassen Sie mich gehen."

„Moment, Moment. Ich wollte Ihnen gerade ein gutes Angebot machen."

„Was für ein Angebot?", fragte sie mit geheucheltem Interesse, in der Hoffnung, dass er sie dann endlich vorbeilassen würde.

„Es gibt Leute, die bereit sind, Ihnen eine Menge Geld zu bezahlen – für wichtige Informationen, die Sie ihnen geben könnten."

Sie wusste, dass er für die Russen spionierte, das war allgemein bekannt.

„Sie kennen doch diesen jüdischen Doktor – Berman, wenn ich mich nicht irre."

Bei seinen Worten lief es Gertruda kalt den Rücken herunter. Woher wusste er, dass sie Dr. Berman kannte? Ob er sie beschattete, wenn sie morgens zur Arbeit ging?

„Alles, was Sie tun müssen, ist, mich zu informieren, wenn er etwas gegen die russische Regierung sagt. Oder wenn er Freunde hat, die im Besitz von Waffen sind und die sich heimlich treffen. Immer, wenn Sie irgendetwas Verdächtiges sehen."

„Ich habe überhaupt nichts gehört oder gesehen", antwortete sie rasch.

„Sie können eine Menge hören und sehen, wenn Sie wollen. Wenn Sie uns die richtigen Informationen liefern, können Sie viel Geld verdienen, vielleicht sogar ein regelmäßiges Einkommen haben. Na, was sagen Sie?"

„Ich werde darüber nachdenken", sagte Gertruda ausweichend und hoffte, damit die Unterhaltung zu beenden.

Er verzog den Mund zu einem Grinsen. „Ihre Kooperation könnte uns einander näherbringen", sagte er mit heiserer Stimme. „Wir könnten eine Menge Spaß zusammen haben."

Gertruda wich zurück. „Bitte, ich muss jetzt wirklich gehen!"

Plötzlich umfasste er ihre Taille und zog sie an sich. Sein Mund suchte ihre Lippen, doch sie drehte schnell den Kopf zur Seite.

In dem Augenblick hörten sie das Klappen der Haustür, als jemand das Treppenhaus betrat. Denka ließ sie rasch los.

„Einen schönen Abend noch, Frau Babilinska", sagte er scheinheilig. „Nett, Sie getroffen zu haben."

Angewidert eilte sie die Treppe zu ihrer Wohnung hinauf und wurde das Gefühl nicht los, dass dieser unangenehme Mann sie nicht zum letzten Mal belästigt hatte.

6.

Der Nichtangriffspakt zwischen Hitler und Stalin erwies sich bald als nutzlos. Am 22. Juni 1941, als überall auf den Feldern Litauens die Blumen blühten, erreichten die deutschen Truppen die russischen Verteidigungslinien und rückten unaufhaltsam nach Wilna vor.

Es war an einem warmen, sonnigen Sonntag. Familien gingen zur Kirche und spazierten durch die öffentlichen Parkanlagen. Am Straßenrand verkauften jüdische Flüchtlinge ihre letzten Wertgegenstände. Plötzlich, ohne Vorwarnung, zerriss Sirenengeheul die Stille, gefolgt vom Widerhall der Bombeneinschläge. Unter den Menschen brach Panik aus. Auf einmal war der Himmel übersät mit deutschen Kampfflugzeugen, die ihre tödliche Fracht abwarfen, Straßen mit Maschinengewehrfeuer unter Beschuss nahmen und Tod und Zerstörung verbreiteten. Noch nach Einbruch der Dunkelheit hallten die Schreie der Verwundeten durch die Stadt. Die Krankenhäuser waren überfüllt, und viele Verwundete wurden einfach auf der Straße liegen gelassen. In der Nacht kehrten die Bomber zurück. Kolonnen von Panzern und bewaffneten Fahrzeugen waren nur noch zwei Tagesreisen von Wilna entfernt.

Die schweren Bombenangriffe versetzten Gertruda und Michael in Angst und Schrecken. Sie flüchteten in den Keller, in der Hoffnung, hinter den dicken Steinmauern Schutz zu finden. Die übrigen Mieter taten es ihnen gleich. Gemeinsam mit ihnen drängten sie sich in einem dunklen, stickigen Raum zusammen. Sie hatten weder Wasser noch Lebensmittel, die Luft war schal und verbraucht, kleine Kinder weinten, ältere Leute husteten und rangen nach Luft.

Für die litauische Bevölkerung bedeutete die deutsche Invasion jedoch zugleich neue Hoffnung – Hoffnung auf Befreiung von der sowjetischen Besatzungsmacht. Viele Litauer hatten im Untergrund daran gearbeitet, die Macht der russischen Besatzer zu untergraben und den deutschen Truppen eine schnelle, reibungslose Machtübernahme zu ermöglichen. Dafür, so hofften sie, würde Berlin Litauen aus Dankbarkeit den Status als unabhängiger Staat einräumen. Die Deutschen schienen ein willkommenes Mittel zum Zweck. Für ihre staatliche Eigenständigkeit waren die Litauer bereit, sämtliche Forderungen der deutschen Besatzer zu erfüllen, einschließlich der Vernichtung der Juden. Hinzu kam, dass auch etliche Litauer der

Ansicht waren, die Juden seien die Wurzel allen Übels und müssten beseitigt werden. In Manifesten, die den Litauern eine mögliche Unabhängigkeit vorgaukelten, wurde die Bevölkerung von den Deutschen zum Mord an Juden aufgefordert und dazu, jüdischen Besitz zu enteignen. Allerdings war es schon vor dem Einmarsch der Deutschen in Litauen immer wieder zu heftigen Ausschreitungen gegen Juden gekommen, bei denen Hunderte von ihnen ausgeraubt und umgebracht worden waren.

Die Juden in Wilna verfolgten die Ereignisse mit wachsendem Schrecken. Einige glaubten zwar, dass es nach einer deutschen Machtübernahme besser würde, dass die neuen Besatzer Recht und Ordnung wiederherstellen und den Judenmorden durch die Litauer ein Ende setzen würden. Die meisten jedoch – einheimische Juden und Flüchtlinge – befürchteten, dass sie früher oder später unter dem Joch der deutschen Besatzung zugrunde gehen würden. Von Verzweiflung getrieben, versuchten zahlreiche Juden, nach Russland zu fliehen. Sie packten ein paar Habseligkeiten, kratzten das letzte bisschen Geld zusammen und begaben sich auf die Reise ins Ungewisse. Andere entschlossen sich zu bleiben, mit dem Risiko, die Folgen der deutschen Besatzung nicht zu überleben. Es blieb nur das qualvolle Abwägen zwischen zwei Möglichkeiten, von denen die eine so gefährlich war wie die andere.

Gertruda entschloss sich für die Flucht nach Russland. Als sie Dr. Berman davon erzählte, wünschte er ihr alles Gute. Er und seine Frau hatten beschlossen zu bleiben.

„Wir haben zwei kleine Kinder", sagte er traurig. „Sie würden die beschwerliche Reise nicht überleben."

Gertruda stopfte, so viel sie konnte, in einen kleinen Koffer – Kleider, zwei Laib Brot, einige Äpfel und eine Flasche Wasser – und verließ mit Michael so unauffällig wie möglich das Haus. Ihrer Vermieterin hatte sie nichts von ihren Plänen erzählt, denn sie wollte die Wohnung nicht aufgeben, für den Fall, dass sie bald zurückkommen würden.

Auf ihrem Weg zum Bahnhof wurden sie von Wagen mit sowjetischen Kennzeichen überholt, die alle Richtung Grenze fuhren. Von Zeit zu Zeit lösten sich deutsche Kampfflugzeuge aus dem Blau des Himmels und brausten über die Stadt und die Köpfe der Flüchtlinge hinweg. Bomben fielen, Autos gingen in Flammen auf, Menschen stürzten getroffen zu Boden.

Im Bahnhofsgebäude herrschte drangvolle Enge. Flüchtlinge standen in langen Reihen vor den Schaltern. Ältere Leute sackten ohnmächtig zusammen, Kinder weinten, hier und da brachen Streitereien aus. Auch Gertruda und Michael drängten sich, eingeklemmt in der Menge, in einer endlosen Schlange vor dem Fahrkartenschalter. Der Preis für die Karten verschlang fast ihr ganzes Geld, doch Gertruda war es einerlei. Ihre größte Sorge war, Michael aus der Gefahrenzone zu bringen. Alles andere war zweitrangig.

Der Zug, der sie nach Radoschkowitz, einer Stadt an der sowjetischen Grenze, bringen sollte, fuhr mit zweistündiger Verspätung ab. In dem völlig überfüllten Zug saßen oder standen die Leute in den Abteilen und in den Gängen, manche lagen sogar auf dem Dach. Die Lokomotive fuhr schleppend an und fiel unterwegs immer wieder wegen Überlastung aus. Vier Mal wurde der Zug von deutschen Bombern angegriffen. In den getroffenen Wagen gab es Verletzte und Todesopfer. Die Toten wurden aus dem Zug geworfen, die Verwundeten auf den Haltebahnhöfen abgesetzt, wo sie vergeblich auf medizinische Hilfe warteten.

Von Wilna aus befand sich der nächste russische Grenzbahnhof etwa zweihundert Kilometer entfernt. Normalerweise dauerte die Bahnfahrt nicht länger als vier Stunden. Der mit Flüchtlingen völlig überladene Zug brauchte für dieselbe Strecke beinahe vierzig Stunden.

Michael litt die ganze Fahrt still vor sich hin. Er aß von dem trockenen Brot, trank ein bisschen Wasser und versteckte sich unter der Bank. Während der Luftangriffe umklammerte er ängstlich Gertrudas Hand.

Endlich fuhr der Zug in Radoschkowitz ein. Der Bahnsteig war voller Menschen – offensichtlich jüdische Flüchtlinge, die zurück nach Wilna wollten. Gertruda verstand nicht, warum, doch für Fragen blieb keine Zeit. Trotz Hunger und Erschöpfung liefen die Flüchtlinge, so schnell sie konnten, zum Grenzübergang, getrieben von der Hoffnung, ihrem Elend wenigstens eine Zeit lang zu entkommen.

Gertruda und Michael rannten mit der Menge und erreichten außer Atem die sowjetische Zollstation. Bewaffnete Soldaten stoppten die Leute und fragten nach Einreisebewilligungen. Da die Bombardierung von Wilna an einem Sonntag begann – an einem Tag, an dem öffentliche Institutionen und Ämter geschlossen waren –, besaßen die meisten Reisenden kein Visum. Verzweifelt appellierten sie an das Mitleid der Grenzer, doch die Soldaten blieben hart und wiesen sie mit den Worten ab, sie sollten gefälligst dorthin zurückgehen, woher sie gekommen waren.

Doch so einfach ließen sich die Flüchtlinge nicht wegschicken. Noch lange standen sie in Gruppen beieinander, fassungslos, und konnten nicht begreifen, wie ihnen geschah. Einige weinten und versuchten, die Grenzposten zu überreden. Andere boten ihr letztes Geld oder Schmuck, doch die Soldaten waren unerbittlich. Jetzt wurde Gertruda klar, weshalb so viele Menschen auf dem Bahnsteig gewartet hatten. Sie mussten alle zurück nach Wilna. Ohne Einreisevisum kam niemand nach Russland.

Wortlos drehte sie sich um, nahm Michaels Hand und ging mit ihm zum Bahnhof zurück. Ihr Geld reichte nicht mehr, um Fahrkarten zu kaufen, doch den meisten Reisenden ging es nicht anders. Als sie mit Michael abermals in den überfüllten

Zug stieg, hielt sie nur mühsam die Tränen zurück. Jeder Kilometer würde sie der Hölle näher bringen, der sie versucht hatten zu entfliehen. Sie hoffte nur, man würde sie beide nicht unterwegs als Schwarzfahrer ertappen und hinauswerfen, bevor sie die Stadtgrenze erreichten.

In ihrem Abteil befand sich eine Frau mit einem Baby, die ihre Mitreisenden um etwas zu essen bat. Niemand schenkte ihr Beachtung. Gertruda nahm ein paar Scheiben Brot aus dem Gepäck und gab sie der jungen Mutter. Gierig verschlang die Frau das Brot. Einige Minuten später trat sie näher an Gertruda heran und flüsterte ihr ins Ohr: „Was Sie getan haben, war eine große *Mitzwa* (gute Tat des Glaubens; d. Übers.). Ich bin Ihnen sehr zu Dank verpflichtet. Geld habe ich leider keines, aber ich möchte mich auf andere Weise erkenntlich zeigen." Sie erzählte, dass sie sich aufs Handlesen verstünde und sich damit in Wilna ihren Lebensunterhalt verdient habe. „Geben Sie mir Ihre Hand", forderte sie Gertruda auf. „Ich werde Ihnen die Zukunft voraussagen."

Gertruda hielt der Frau ihre Handfläche hin und beobachtete neugierig, wie sie die Linien ihrer Hand untersuchte.

„Die Gefahr ist noch nicht vorüber", sagte sie nach einer Weile. „Sie müssen sehr vorsichtig sein."

„Und das Kind?"

„Ich sehe den Jungen die ganze Zeit an Ihrer Seite. Er steht in enger Verbindung zu Ihnen. Ohne Sie wird er nicht überleben."

„Wann wird es endlich vorüber sein? Wann werden wir wieder in Frieden leben?"

„Nach einer langen Zeit. Doch dieser Krieg wird ein Ende haben. Danach werden Sie frei sein und tun können, was Sie wollen."

Wieder machte sie eine Pause und studierte aufmerksam Gertrudas Handlinien. „Ich sehe ein großes Schiff", sagte sie dann. „Sie werden mit dem Jungen an Bord gehen. Doch die

Reise wird nicht ohne Gefahren sein. Ich sehe Blut, Gewalt und viele Tote."

„Was für ein Schiff? Wohin wird es uns bringen?"

„An einen Ort, wo Sie ein neues Leben aufbauen können. Doch es liegt ein Fluch auf dem Schiff. Etwas Schlimmes wird damit passieren."

„Ich weiß immer noch nicht, was für ein Schiff Sie meinen."

„Das weiß ich auch nicht. Doch Sie werden es wissen, wenn die Zeit gekommen ist."

„Würden Sie mir denn raten, lieber nicht mit diesem Schiff zu fahren?"

„Das steht mir nicht zu. Es ist Ihr Schicksal, mit dem Jungen an Bord dieses Schiffes zu gehen."

Hinterher wünschte sich Gertruda, sie hätte ihr nicht die Hand gezeigt. Auf so etwas lag kein Segen.

Endlich setzte sich der Zug in Bewegung.

„Wo fahren wir hin?", fragte Michael, als Wolken von schwarzem Qualm der Lokomotive durchs offene Fenster wehten.

„Zurück nach Hause, nach Wilna", antwortete Gertruda.

„Ich will aber nicht zurück!", protestierte er, als warnten ihn seine scharfen Sinne vor der drohenden Gefahr.

Sie strich ihm liebevoll über den Kopf. „Hab keine Angst", sagte sie. „Ich passe gut auf dich auf."

7.

Seit er in Warschau war, wurde Karl Rink den schalen Geschmack seiner Selbstvorwürfe nicht los. Tag und Nacht quälten ihn Gewissensbisse, weil er die Suche nach Mira nicht fortsetzen konnte. Rastlos und verzweifelt fragte er sich immer wieder, warum sie nicht alle drei gemeinsam aus Deutschland geflohen waren. Damals, als es noch möglich gewesen war. Jede Woche schrieb er an Mira und hoffte, sie käme irgendwann doch noch nach Hause und würde seine Briefe finden. Er bekam nie eine Antwort.

Sein Dienst im Warschauer SS-Hauptamt bestand aus monotoner Verwaltungsarbeit. Er leitete Befehle weiter, um Restriktionen gegen die jüdische Bevölkerung durchzusetzen, ließ Verordnungen an Häuserwänden und Litfaßsäulen anbringen und schickte sie an jüdische Organisationen, die noch aktiv waren. Er beauftragte Soldaten zu kontrollieren, ob die neuen Gesetze auch eingehalten wurden. Juden, die keinen Davidsstern am Ärmel trugen oder ihr Geschäft nicht mit dem Judenstern kennzeichneten, wurden auf der Stelle verhaftet und in Lager abtransportiert. Juden, die man nach Verhängung des Reiseverbots in Zügen erwischte, wurden ebenfalls inhaftiert. Schritt für Schritt wurde jegliches jüdische Eigentum und jüdischer Grundbesitz beschlagnahmt.

Nach Feierabend ging Karl Rink immer direkt nach Hause. Es widerstrebte ihm, die Nachtclubs, Lokale oder Konzerte zu besuchen, die deutschen Offizieren vorbehalten waren. Er verbrachte wenig Zeit mit seinen Kollegen. In seinen nächtlichen Albträumen sah er, wie Mira von ihnen ergriffen und umgebracht wurde, während er mit gefesselten Händen dabeistand und nichts tun konnte – bis er schreiend und schweißgebadet aufwachte.

Am Abend von Jom Kippur, dem jüdischen Versöhnungsfest, erging von den deutschen Besatzern über das Radio der Befehl an alle jüdischen Einwohner der Stadt, dass sie innerhalb einer Frist von fünf Wochen ins Warschauer Ghetto umzuziehen hatten.

Die Juden wussten, dass eine Weigerung zwecklos war und mit dem Tod bestraft wurde. Das Ghetto war die einzige Alternative, wenn sie am Leben bleiben wollten. Zehntausende von Warschauer Juden packten ihre Habseligkeiten zusammen und luden auf Handkarren oder auf den Rücken, was immer sie tragen konnten. Der zum Ghetto umfunktionierte Wohnbezirk war klein, und die Menschen mussten auf unerträglich engem Raum zusammenleben. In einem Zimmer lebten sechs oder sieben Personen, manchmal mehr. Wer nirgends mehr unterkommen konnte, musste auf der Straße schlafen.

Nach der Umsiedlung der jüdischen Bevölkerung ins Ghetto war Karl Rinks Aufgabe in Warschau im Grunde abgeschlossen. Untätig saß er in seinem Büro, verabscheute die arroganten Offiziere, von denen es im Hauptamt nur so wimmelte, und hoffte, bald wieder in Berlin zu sein. Aber seine Vorgesetzten hatten andere Pläne. Einige Monate nach der Einrichtung des Warschauer Ghettos wurde Karl nach Wilna versetzt, das inzwischen fest in der Hand der deutschen Truppen war. „In der Stadt leben viele Juden", sagte man ihm. „Wir müssen dort Ordnung schaffen, genau wie in Warschau."

8.

Die Rückfahrt nach Wilna schien Gertruda und Michael endlos. Die Reisenden in dem überfüllten Zug waren hungrig und müde. Die meisten von ihnen hatten nicht genug Geld, um an den Bahnhöfen, wo der Zug hielt, trockenes Brot zu kaufen. Den größten Teil der Strecke legten sie nachts zurück, aus Furcht vor deutschen Luftangriffen. Schlafen konnte niemand. Das Abteil war erfüllt vom Stöhnen der Kranken und Verletzten, einige starben unterwegs während der Fahrt. Gertruda und Michael lagen unter der Bank, stundenlang auf dem harten Eisenboden, Schulter an Schulter mit fremden Menschen und so dicht, dass sie sich kaum bewegen konnten. Der ganze Körper tat ihnen weh, ihre Mägen knurrten und ihre Kehlen waren ausgetrocknet vor Durst.

Am Nachmittag lief der Zug auf dem Bahnhof von Wilna

ein, und der Strom von Flüchtlingen samt ihrer Habe ergoss sich auf den Bahnsteig. Vor dem Bahnhofsgebäude wehte bereits die Hakenkreuzfahne. Deutsche Militärfahrzeuge, Motorräder und Panzer prägten das Straßenbild. Gruppen von Soldaten patrouillierten unter der heißen Sommersonne.

Vor dem Bahnhof parkten zwei Militärfahrzeuge. Bewaffnete Litauer in Uniform mit weißen Armbinden kontrollierten die Reisenden und fragten nach Ausweisen.

Gertruda zog den Brief hervor, den Pater Gedovsky geschrieben hatte, und gab ihn dem vierschrötigen Mann in Uniform zu lesen. Seine Augen glitten prüfend über das Dokument, das Gertruda als Katholikin und Michael als ihren Sohn auswies. Er musterte Gertruda mit misstrauischem Blick. „Das ist Ihr Sohn?"

„Ja."

Er beugte sich zu Michael hinunter. „Wo ist denn dein Vater?"

„Im Krieg gestorben", antwortete der Junge, so wie Gertruda es ihm eingeschärft hatte.

„Wo waren Sie heute?", wollte der Uniformierte wissen.

„In Radoschkowitz."

„An der russischen Grenze?"

„Ja."

„Der Zweck Ihrer Reise?"

„Meine Eltern leben in Russland", log Gertruda. „Wir wollten in ihrer Nähe sein."

„Und warum sind Sie so schnell wieder nach Wilna zurückgekommen?"

„Wir hatten kein Einreisevisum nach Russland."

Der Bewaffnete musterte Gertruda mit unverhohlenem Misstrauen. „Sie sind eine Spionin, die für die Russen arbeitet", sagte er dann. „Alle Polen sind russische Spione."

Die litauische Feindseligkeit gegenüber den Polen war Gertruda bekannt. Jetzt, im Krieg, würden die Litauer alles tun, um polnische Staatsbürger in Verruf zu bringen und an die Deutschen auszuliefern. In einem unabhängigen litauischen Staat, der Teil des Deutschen Reiches war, war weder Raum für Juden noch für Polen.

„Das ist nicht wahr!", verteidigte sich Gertruda. „Ich bin keine Spionin!"

„Tut mir leid, ich muss Sie leider festnehmen."

Gertruda spürte, wie eine eiserne Faust ihr das Herz abdrückte. Das war das Ende. Verhaftung, Folter, Tod. Und was wurde aus Michael? Ihr blieb nur der Bruchteil einer Sekunde, um zu reagieren.

Sie setzte ein verführerisches Lächeln auf. „Lassen Sie uns bei mir zu Hause darüber reden", sagte sie gedehnt.

In den Augen des Mannes blitzte es auf. „Wo wohnen Sie?"

Sie gab ihm irgendeine Adresse.

„Kommen Sie nach Feierabend zu mir", sagte sie mit kokettem Augenaufschlag „dann können wir in Ruhe reden. Ich habe noch eine Flasche Cognac."

„Bis heute Abend", sagte er. „Warten Sie auf mich. Gehen Sie nicht aus dem Haus."

Er gab ihr Pater Gedovskys Brief zurück und winkte sie durch. Gertruda nahm Michaels Hand und entfernte sich mit raschen Schritten. Aus den Augenwinkeln sah sie, wie mehrere Dutzend jüdischer Flüchtlinge – Männer, Frauen und Kinder – in die Militärfahrzeuge einstiegen. Bei denen, die sich weigerten, halfen die Soldaten mit Gewalt nach.

Die Gefangenen wurden abtransportiert. Knapp zehn Kilometer südlich von Wilna lag, von dichtem Wald umgeben, ein Gelände, auf dem die Russen zur Lagerung von Öltanks riesige Gruben ausgehoben hatten. Als die Deutschen angriffen, hatten die russischen Arbeiter alles stehen und liegen lassen und waren Hals über Kopf geflohen.

Die litauischen Soldaten ließen die jüdischen Flüchtlinge

aussteigen und trieben sie auf einer kleinen Lichtung zusammen, teilten sie in Gruppen von zehn bis zwanzig Personen ein, nahmen ihnen ihre Wertgegenstände ab und befahlen ihnen, sich auszuziehen. Mit verbundenen Augen wurden die Gefangenen an den Rand der Grube geschoben. Manche waren vor Angst wie gelähmt, manche beteten, einige Frauen schrien hysterisch. Sie hatten keine Zweifel darüber, was man mit ihnen vorhatte.

Als der Kugelhagel der litauischen Waffen auf sie niederging, sanken die nackten Opfer zusammen und fielen vornüber in die Grube. Man bedeckte sie mit einer Schicht von Zweigen und Steinen, dann war die Todesstätte bereitet für die nächste Kolonne. Erst bei Einbruch der Dunkelheit verebbte das Stöhnen der Sterbenden.

9.

Es dauerte nur wenige Tage, bis die deutschen Besatzer Wilna in eine Stätte des Grauens verwandelt hatten. Jüdische Institutionen und Unternehmen waren geschlossen, Geschäfte und Werkstätten beschlagnahmt worden, Hunderte von Juden von einem Tag auf den anderen arbeitslos. Viele Bürger von Wilna wurden in Einheiten eingezogen, die mit den Deutschen zusammenarbeiteten, und überall traten antisemitische Gefühle zutage, die seit Langem unterschwellig in breiten Schichten der Bevölkerung vorhanden gewesen waren. Zahlreiche Informanten halfen den Nazis, verdächtige Personen zu verhaften, die angeblich für die Russen arbeiteten, und die Gefängnisse füllten sich mit Opfern, die man aus ihren Häusern verschleppt oder auf offener Straße ergriffen hatte. Dr. Berman verlor einen Großteil seiner Patienten, Gertruda ihre Arbeitsstelle.

Immer neue Verordnungen gegen die Juden wurden vom SS-Hauptamt erlassen. Juden durften keine öffentlichen Verkehrsmittel mehr benutzen, kein Radio und kein Telefon mehr besitzen, keine Cafés, Kinos, Theater und Friseursalons mehr besuchen. Einige Hauptstraßen waren für Juden gesperrt, und jeglicher Kontakt zu Nicht-Juden war verboten. Die gelbe Armbinde mit dem Judenstern musste stets sichtbar getragen werden. Es waren Methoden der Einschüchterung und des langsamen Aushungerns der Opfer, bei denen sie noch möglichst lange leiden sollten, bevor ihnen der Todesstoß versetzt wurde.

Die Zentrale der deutschen Besatzer in der Zavalna-Straße im Stadtzentrum glich einer bedrohlichen Festung und wurde zum Symbol für die allgegenwärtige herrschende Macht. Vor den Toren standen die Bürger von Wilna in langen Schlangen. Wer immer ein Anliegen hatte, musste sich an die zentrale Stelle wenden. Manche waren gekommen, um etwas über das Schicksal von Angehörigen zu erfahren, die man zur Vernehmung festgenommen hatte. Andere wollten eine Straßenhändler-Erlaubnis beantragen oder sich bei den Deutschen als Arbeitskraft bewerben. Allerdings waren die meisten von ihnen der deutschen Sprache nicht mächtig. Gertruda hingegen sprach fließend Deutsch, da sie in einer Gegend aufgewachsen war, in der es viele Deutschstämmige gab. In der Hoffnung, mit ihren Sprachkenntnissen etwas Geld zu verdienen, bot sie sich bei den Wartenden als Dolmetscherin an. Ihr erster Kunde war ein Kleinbauer, der ein Schriftstück ins Deutsche übersetzt haben wollte.

„Leider habe ich kein Geld", bedauerte er, „aber ich kann Sie in Obst und Gemüse bezahlen."

Gertruda war einverstanden und schrieb, auf dem Bürgersteig kniend, für ihn ein Gesuch über eine Standerlaubnis auf dem Wochenmarkt. Der Bauer ging zu seinem Handwagen und kam mit Birnen und Kartoffeln zurück. Sie übersetzte an jenem Tag noch zwei weitere Briefe, für die sie einen Laib Brot, einen Kohlkopf und ein paar Stücke geräucherten Fisch erhielt.

Die darauffolgenden Tage waren noch lukrativer. Nachdem sie einige Anträge übersetzt hatte, bat man sie von deutscher Seite, bei Gesprächen zu dolmetschen, denn täglich kamen Leute ins Büro, die kein Deutsch verstanden.

Gertruda war unsicher. Die alten Ängste stiegen in ihr hoch – allen voran die Angst, man würde sie über ihr Privatleben befragen und dabei herausfinden, dass sie ein jüdisches Kind bei sich hatte. Doch die Notwendigkeit, Geld zu verdienen, siegte. Sie fasste sich ein Herz und sah den Männern in der Amtsstube mutig ins Gesicht. Höflich und mit fester Stimme antwortete sie mit Ja. Zu ihrer großen Erleichterung zeigten sie kein besonderes Interesse an ihrer Person, nahmen jedoch ihre Dolmetscherdienste gern in Anspruch.

Bald hatte sie sich als Dolmetscherin einen Namen gemacht und kam jeden Abend mit gefüllten Taschen nach Hause. Manchmal suchten sie die Leute auch in ihrer Wohnung auf, um Briefe oder Anträge schreiben zu lassen. Gertrudas Speisekammer füllte sich, und der Hunger war nicht länger Gast in ihrem Haus. Einen Teil der Lebensmittel gab sie der Hausbesitzerin als Miete. Was übrig war, verkaufte sie an die Nachbarn.

Gertruda hatte Michael streng verboten, allein nach draußen zu gehen. Deutsche Patrouillen machten regelmäßig Stichproben in der Stadt und kontrollierten die Passanten – auf der Suche nach Juden, die sich als Arier ausgaben. Verdächtige Personen wurden festgenommen und unter Folter verhört, Unzählige hingerichtet. So setzte Michael jedes Mal, wenn er sich draußen blicken ließ, sein Leben aufs Spiel.

10

Das Klacken der genagelten Stiefel hallte durch die Nacht, ge-
schriene Befehle in deutscher Sprache zerrissen die Stille. Gewehrkolben hämmerten gegen Türen. Menschen fuhren aus
dem Schlaf, verstört und verängstigt. Sie wurden gezwungen,
stehenden Fußes ihre Wohnungen zu räumen und sich ins
Ghetto zu begeben. Karl Rink hasste die Brutalität seiner Kameraden, mit der sie die „Evakuierung" genannte Vertreibung
der Menschen aus ihren Häusern durchführten und sich ein
teuflisches Vergnügen daraus machten. Er wünschte, er
bräuchte bei diesen nächtlichen Einsätzen nicht dabei zu sein,
hatte aber keine Möglichkeit, sich zu entziehen.

Im Treppenhaus des Hauses, in dem Dr. Berman und seine
Familie wohnten, drängten sich die jüdischen Mieter ängstlich
zusammen. Es dauerte eine Weile, bis sie begriffen, was von
ihnen verlangt wurde. Gertruda traf Dr. Berman draußen im
Hof.

„Wir haben keine andere Wahl", sagte er leise. „Wenn uns
das Leben lieb ist, packen wir jetzt besser unsere Sachen."

Sie luden ihr Gepäck auf einen klapprigen Lastwagen. Die
Vermieterin der Bermans stand in der Tür und keifte: „Ihr
habt mich angelogen! Ihr habt mir nicht gesagt, dass ihr Juden
seid!" Aus den leeren, dunklen Wohnungen wich die Wärme
der Menschen, die sie so überstürzt verlassen mussten.

Ächzend kroch der Lastwagen voran, in einem Konvoi von
Motorfahrzeugen und Pferdewagen. Traurige, verstörte Gesichter der Vertriebenen verloren sich in der Nacht. Sie fuhren
einer ungewissen Zukunft entgegen; niemand wusste, was sie
erwartete.

Der Wagen hielt im Zentrum des Ghettos. Der Fahrer warf
das Gepäck der Leute auf den Bürgersteig. Bewaffnete Soldaten schlenderten vorbei und warfen den Neuankömmlingen
Schimpfworte an den Kopf. Ein ausgemergelter alter Mann

brach ohnmächtig auf der Straße zusammen, und die Soldaten traktierten ihn mit Fußtritten. Nach einer Weile ließen sie endlich von ihm ab und zogen weiter, auf der Suche nach neuen Opfern. Dr. Berman eilte zu dem Mann, der regungslos am Boden lag, doch er konnte ihm nicht mehr helfen. Der alte Mann war tot.

So weit das Auge reichte, waren die Bürgersteige voller Menschen, die zwischen Koffern, Kleiderbündeln und Haushaltsgegenständen saßen. Hohlwangige Mütter stillten ihre hungrigen Babys. Kranke lagen hilflos auf dem kalten Boden.

Dr. Joseph Berman verbrachte die darauffolgenden Stunden damit, für sich und seine Familie eine Unterkunft zu suchen. Die Auswahl war mager, die Preise dafür umso höher. Zuletzt fand er eine freie Einzimmerwohnung, wohin er seine Familie und das Gepäck brachte.

„Was soll bloß aus uns werden?", fragte seine Frau besorgt.

Er strich ihr beruhigend übers Haar. „Ich habe gehört, dass sie im Jüdischen Krankenhaus noch Ärzte suchen. Vielleicht gibt es dort Arbeit für mich."

In Esther Bermans Gesicht hatten Leid, Entbehrungen und Sorgen tiefe Furchen gegraben. Die Kinder aßen trockenes Brot und tranken Leitungswasser. In der engen Wohnung gab es nur ein Bett für vier Personen.

Joseph Berman bekam eine Stelle im Krankenhaus, doch schon bald wurde ihm klar, dass er nicht viel tun konnte. Die Patienten standen in langen Reihen Schlange vor dem Gebäude in der Zavalna-Straße, das zu wenig Platz bot, um alle Kranken aufzunehmen. Die Medikamentenvorräte waren aufgebraucht. Alles, was die Ärzte tun konnten, war, den Schwerkranken mit kalten Umschlägen ein wenig Linderung zu verschaffen und zu beten. Die Zahl der Toten stieg mit jedem Tag.

Zwei Wochen später teilte man Dr. Berman mit, dass das Krankenhaus nicht mehr in der Lage war, die Gehälter zu bezahlen. Er arbeitete ohne Lohn weiter, während seine Frau nach und nach alle Wertgegenstände verkaufte, um das Überleben der Familie zu sichern. Tag für Tag stand sie stundenlang vor der Bäckerei Schlange. Manchmal war das Brot alle, und sie kehrte mit leeren Händen zurück. Der Gemüsehändler führte nur noch angeschlagenes, fauliges Obst und Gemüse, das nicht mehr für den menschlichen Verzehr geeignet war.

Doch das war erst der Anfang. Immer enger zog sich die Schlinge zu. Gruppen von Litauern trieben, in Kollaboration mit den Deutschen, die systematische Vernichtung der Juden weiter voran. Sie drangen gewaltsam in die Wohnungen des Ghettos ein, unter dem Vorwand, die Männer zu Arbeitseinsätzen abzuholen. Stattdessen brachte man sie in ein abgelegenes Waldstück, wo sie kaltblütig ermordet und in Massengräbern verscharrt wurden. Andere Juden wurden auf offener Straße willkürlich verhaftet oder erschossen. Wer Hinweise auf flüchtige Juden geben konnte, die sich außerhalb des Ghettos versteckten, erhielt ein hohes Kopfgeld.

Als Dr. Berman die Miete nicht mehr bezahlen konnte, fand er mit seiner Familie Unterschlupf in den Lagerräumen im Keller des Jüdischen Krankenhauses. Einige andere Ärzte wohnten ebenfalls samt ihren Familien dort. Die Räumlichkeiten waren eng, die sanitären Bedingungen katastrophal. Aber wenigstens blieb das Krankenhaus, zumindest vorläufig, von den deutschen und litauischen Vernichtungskommandos verschont. Stattdessen ließ man die Patienten langsam sterben. Doch alle wussten, es war nur eine Frage der Zeit, bis auch das Krankenhaus gestürmt wurde. Was für alle, die dann noch am Leben waren, das Ende sein würde.

Die Menschen im Ghetto lebten zwischen Hoffnung und Verzweiflung. Viele klammerten sich an die Vorstellung, dass die deutschen Besatzer die Ghettobevölkerung nicht vernichten, sondern als Arbeitskräfte am Leben lassen würde. Diese Meinung vertrat auch Jacob Gens, ein ehemaliger Polizist, der von den Nazis zum Leiter der Ghettopolizei ernannt wurde. Später war er Vorsitzender des Judenrates. Sein Anliegen war Ruhe und Ordnung im Ghetto, und er warnte vor einem bewaffneten Widerstand gegen die deutschen Machthaber. Inzwischen hatte sich jedoch eine starke Untergrundbewegung gebildet. Dr. Berman und einige seiner Freunde waren überzeugt, dass die Deutschen vorhatten, das Ghetto zu liquidieren, so wie sie es in anderen Städten auch getan hatten. Fest entschlossen, sich mit allen Mitteln zu verteidigen, begannen sie, in Geheimtreffen den Widerstand zu organisieren und einen bewaffneten Aufstand zu planen. Jitzchak Wittenberg, ein Freund des Doktors, wurde zum Anführer der jüdischen Widerstandsorganisation im Ghetto ernannt.

Trotz aller Vorsichtsmaßnahmen kam die Gestapo durch einen Informanten der Widerstandsbewegung auf die Spur. Da es ihnen nicht gelang, Wittenbergs Aufenthalt zu ermitteln, verlangten sie von Jacob Gens seine Auslieferung. Gens ließ Wittenberg mithilfe der Ghettobewohner eine Nachricht zukommen, dass er zu einer wichtigen Besprechung vorgeladen sei. Er versprach, eine Bestechungssumme für seine Freilassung zur Verfügung zu stellen, falls Wittenberg dabei von den Deutschen festgenommen werden sollte. In der Vergangenheit waren des Öfteren wichtige jüdische Persönlichkeiten nach Verhaftung „freigekauft" worden. Wittenberg kam zu dem Treffen, das in Gens' Büro stattfinden sollte, hatte allerdings seine Männer angewiesen, sich im Hintergrund bereitzuhalten, falls etwas schiefgehen sollte.

Seine Befürchtungen waren gerechtfertigt. Noch bevor Wittenberg das Büro betreten konnte, wurde er von zwei litauischen SS-Männern und deutschen Agenten ergriffen. Als sie versuchten, ihn ins Auto zu zerren, kamen Wittenbergs Leibwächter aus ihren Verstecken und griffen die Litauer an. Es gelang ihnen, ihren Anführer zu befreien und mit ihm zu fliehen. Wittenberg war während des Handgemenges am Arm verletzt worden. Man ließ Dr. Berman in Wittenbergs Versteck holen, um die Wunde zu versorgen.

Nachdem man Wittenberg in die Falle gelockt hatte, war er mehr denn je überzeugt, dass die Deutschen ihn verhaften wollten, um die Widerstandsbewegung zu zerschlagen. Doch sein Kampfgeist war ungebrochen.

Nachdem er den Deutschen durch die Lappen gegangen war, drohte die Gestapo mit einer Massenerschießung, falls der Flüchtige nicht gefunden und ausgeliefert wurde. Gens zwang die Ghettobevölkerung unter Androhung von Razzien und Hinrichtungen, bei der Fahndung nach Wittenberg mitzumachen. Im Ghetto breitete sich Panik aus. Scharen von Männern, Frauen und Kindern machten sich auf die Suche nach Wittenberg. Sie durchkämmten sämtliche Häuser, durchsuchten Keller und Lagerräume. Mütter flehten lautstark: „Hab Mitleid mit uns und unseren Kindern!" Ihre Verzweiflung steigerte sich zu rasendem Zorn über die Verbohrtheit Wittenbergs. Die wenigen, die es wagten, Partei für die Widerstandsbewegung und ihren Anführer zu ergreifen, wurden niedergeschrien.

Durch geheime Informanten erhielt Wittenberg in seinem Versteck laufend Bericht von der Lage. Er wusste, es war nur eine Frage der Zeit, bis man ihn ohnehin finden würde. Nachdem er lange mit sich gerungen hatte, ließ er Dr. Berman zu sich rufen.

Der Doktor erschrak, als er Wittenberg sah. Er war bleich wie ein Gespenst.

„Die Leute im Ghetto wollen nicht wahrhaben, dass es zu Ende geht", sagte er. „Es ist vorbei – so oder so. Aber ich will nicht derjenige sein, der schuld an ihrem Tod ist." Seine Stimme klang gequält. „Ich werde mich freiwillig stellen. Kannst du mir eine Giftampulle besorgen?"

„Tu es nicht", beschwor ihn Dr. Berman. „Du darfst nicht aufgeben. Der Widerstand braucht dich."

„Jetzt nicht mehr. Es hat keinen Sinn."

Berman ging und besprach sich mit einigen Vertrauten. Dann erfüllte er den letzten Wunsch ihres Anführers und brachte ihm die Ampulle.

Am nächsten Tag stellte sich Wittenberg der Polizei. Bevor man ihn in die Folterkammer führte, schluckte er das Gift und starb wenige Minuten später.

Jitzchak Wittenberg, der Anführer, war tot. Der Widerstand war gebrochen.

Nächtliche Straßen

I.

Sie hatte nicht erwartet, dass sie ihn jemals wiedersehen würde. Vor allem nicht, dass sie ihn tot wiedersehen würde.

Doch er war es, ohne Zweifel. Das dichte schwarze Haar, die glänzenden Lederstiefel, das boshafte Grinsen, das selbst im Tod noch über seinem Gesicht zu liegen schien – so wie damals, als er sie mit der Pistole bedroht und Lydias Wertsachen an sich gerissen hatte.

Emil, der Chauffeur, lag reglos auf dem Bürgersteig. Seine Augen waren geschlossen, sein Hemd von einem Blutfleck durchtränkt. Passanten eilten gleichgültig vorbei. Tote am Straßenrand waren seit der ersten Flüchtlingswelle nichts Ungewöhnliches in der Stadt.

Zwei Männer kamen aus einem Geschäft, ergriffen den Toten unter den Armen, schleppten ihn von der Ladentür weg und ließen ihn am Straßenrand liegen. Einer der beiden streute Sand auf die Blutlache auf dem Bürgersteig.

„Was ist mit ihm passiert?", fragte Gertruda.

„Eine Prügelei auf der Straße. Einer hatte ein Messer dabei, und ihn hier" – der Ladeninhaber deutete auf Emil – „hat's erwischt."

„Wissen Sie, wo er gewohnt hat?"

Der Mann zeigte auf eine Häusergruppe. „Dort hinten irgendwo, glaube ich."

Gertruda beugte sich über Emils toten Körper und befühlte seine Taschen. Sie waren leer. Wortlos stand sie auf und ging in die Richtung davon, in die der Mann gezeigt hatte. Willkürlich klingelte sie an einigen Türen, bis sie das Haus gefunden hatte.

Die Vermieterin war eine untersetzte Frau mit aufgedunsenem Gesicht. „Wer sind Sie?", fragte sie.

„Ich bin Emils Schwester", log Gertruda.

„Und was wollen Sie?"

„Emil ist tot."

Die Frau zeigte keine sichtbare Gefühlsregung. „Wenigstens hat er mir die Miete am Monatsanfang bezahlt", sagte sie ungerührt. „Sie wissen ja, wie das heutzutage ist. Die Leute mieten eine Wohnung, können nicht bezahlen und hauen dann bei Nacht und Nebel ab."

„Können Sie mich bitte kurz in seine Wohnung lassen?", fragte Gertruda. „Ich möchte seine Papiere holen und ein paar wichtige Familiendokumente, die er bei sich hatte."

Die Vermieterin zögerte. „Meinetwegen", sagte sie schließlich. „Aber ich komme mit."

Die Einzimmerwohnung war schmuddelig und spärlich möbliert. Im Schrank hingen ein paar Hemden und Hosen. Eine halbvolle Flasche Wodka stand auf dem Tisch. Das Bett war ungemacht.

Fieberhaft durchsuchte Gertruda das Zimmer. Keine Spur von Lydias Schmuck oder dem gestohlenen Geld. Die Vermieterin wurde langsam ungeduldig. „Das reicht jetzt", sagte sie mürrisch, „ich habe keine Zeit für so was."

„Einen kleinen Augenblick noch, bitte."

Gertruda ging in die Küche, zog Schubladen auf, fühlte zum zweiten Mal in sämtlichen Taschen der Kleider im Schrank, in der Hoffnung, doch noch etwas zu finden. Ein bisschen Geld, ein Schmuckstück, ein Dokument – irgendetwas, das von Wert war oder zumindest ein Andenken an Lydia. Aber offensichtlich hatte Emil alle Wertsachen veräußert.

Sie wollte gerade aufgeben, da fiel ihr Blick auf einen Gegenstand ganz unten im Schrank. Es war Lydias Pistole. Vorsichtig nahm Gertruda die Waffe an sich. Die Augen der Vermieterin weiteten sich vor Entsetzen. „Nehmen Sie bloß dieses Ding mit!", schrie sie hysterisch. „Und verschwinden Sie, bevor die Deutschen kommen und mich festnehmen, weil ich Waffen im Haus habe!"

Rasch ließ Gertruda die Pistole in ihre Manteltasche gleiten und verabschiedete sich.

Draußen auf der Straße brannte die verbotene Waffe in ihrer Tasche wie Feuer. Sie hatte keine Ahnung, was sie mit der Pistole anfangen sollte, musste jedoch zugeben, dass sie ihr ein Gefühl von Sicherheit verlieh.

2.

Immer wieder wurde sie, Albträumen gleich, von Gedanken an Dr. Berman und seine Familie heimgesucht. Täglich hörte man Schreckensnachrichten aus dem Ghetto. Juden mussten Zwangsarbeit leisten oder wurden in Konzentrationslager geschafft. Scharfschützen erschossen jeden, der versuchte, aus dem Ghetto zu fliehen. Menschen verhungerten oder starben an Krankheiten und Seuchen.

Gertruda fürchtete um den Doktor und seine Familie. Bestimmt mussten auch sie hungern. Nur allzu gern hätte sie die Lebensmittel aus ihrer neuerdings gut gefüllten Speisekammer mit ihnen geteilt, doch sie sah keine Möglichkeit. Sämtliche Zufahrtsstraßen zum Ghetto waren von deutschen Soldaten abgeriegelt. Sie hatte gehört, dass jüdische Kinder nachts durch die Abwasserkanäle krochen, um in den Mülltonnen der angrenzenden Stadtviertel nach Essbarem zu suchen. Als sie Michael davon erzählte, sagte er: „Ich wünschte, ich wüsste, wie man dorthin kommt."

„Wohin denn?"

„In diese Abwasserkanäle. Dann könnte ich Dr. Berman etwas zu essen bringen."

Gertruda war gerührt über das Mitgefühl und den Mut dieses Kindes, das mit seinen fünf Jahren schon so viel Schweres erlebt hatte und dadurch in mancher Hinsicht so reif war wie ein Erwachsener. Sie litt zunehmend darunter, dass sie dem Doktor und seiner Familie, denen sie so viel verdankte, nicht helfen konnte.

Eines Abends, auf dem Heimweg von einem Kunden, für den sie einen Antrag an die Militärbehörde übersetzt hatte, begegnete Gertruda in einer schmalen Seitengasse einem Jungen in einem abgetragenen, viel zu großen Mantel. Er bat um eine milde Gabe, und sie gab ihm etwas Kleingeld.

„Bist du aus dem Ghetto?", fragte sie ihn.

Er sah sie mit großen, ängstlichen Augen an, dann nickte er.

„Kennst du einen Doktor namens Berman?"

„Nein."

„Gehst du nachher zurück zum Ghetto?"

„Warum?"

„Dr. Berman ist ein guter Freund. Ich würde ihm gern etwas Essen ins Ghetto bringen. Kannst du mir sagen, wie man dorthin kommt?"

Der Junge musterte Gertruda unverhohlen. „Das können Sie nicht."

„Und warum nicht?"

„Es gibt nur einen sicheren Weg: durch die Kanalisation. Es stinkt fürchterlich dort unten. Das ist nichts für eine feine Dame wie Sie. Aber wenn Sie möchten, kann ich das Essen mitnehmen und es dem Doktor geben. Sie können mir vertrauen."

Er schaute Gertruda erwartungsvoll an. „Wissen Sie, wo er wohnt?"

„Leider nein."

„Ich kann es bestimmt herausfinden. Ich habe Beziehungen. Wie heißen Sie?"

„Gertruda."

Sie gab ihm die Tüte mit Obst und Gemüse, die sie als Lohn für ihre Arbeit erhalten hatte.

„Ein Teil davon ist für dich."

„Danke, gnädige Frau."

Bevor er entwischen konnte, hatte sie eine Idee. „Warte. Kannst du morgen wiederkommen?"

„Klar kann ich das."

„Dann bringe ich noch mehr Lebensmittel."

„Ja, gerne."

„Also bis morgen, um dieselbe Zeit."

Sie sah ihm nach, bis ihn die Dunkelheit verschluckte. Leichten Herzens ging sie nach Hause.

Als sie Michael erzählte, was sie erlebt hatte, leuchteten seine Augen. „Hatte der jüdische Junge denn keine Angst?", fragte er dann.

„Bestimmt hatte er Angst, aber sein Hunger war größer als seine Angst."

„Und wenn die Deutschen ihn erwischen, werden sie ihn töten?"

„Vielleicht."

„Er muss sehr großen Hunger haben. Ich würde das auch machen, wenn wir nichts zu essen hätten."

„Ich weiß, Michael", sagte Gertruda und schloss ihn in die Arme.

3.

Der Winter 1941 war bitterkalt. Dichtes Schneetreiben hüllte die Stadt in ein weißes Leichentuch. Wer sich nach draußen wagte, schlang wollene Schals um den Kopf und zog den dicken Mantel fester. Der Junge aus dem Ghetto zitterte vor Kälte, doch der Hunger trieb ihn fast jede Nacht hinaus. Oft wartete Gertruda schon an ihrem Treffpunkt auf ihn, mit Tüten voller Lebensmittel.

Eines Abends konnte er sich kaum auf den Beinen halten.

„Was ist mit dir?", fragte Gertruda besorgt.

„Mir geht's nicht so gut." Erschöpft lehnte er sich gegen eine Mauer. „Seit ein paar Tagen konnte ich nichts mehr zu essen auftreiben."

„Aber du bekommst doch fast jeden Tag Obst und Gemüse von mir."

Er blickte zu Boden. „Was Sie mir geben, bringe ich dem Doktor. Und meinen Anteil verkaufe ich."

„Aber warum denn?"

„Weil ich die Medikamente bezahlen muss. Für meine kranke Tante, bei der ich wohne."

„Hast du keine Eltern mehr?"

Er schüttelte den Kopf. „Sie sind im Ghetto gestorben."

„Wann hast du zum letzten Mal etwas gegessen?"

„Ich weiß nicht."

Gertruda nahm einen Apfel aus der Tüte mit den Lebensmitteln und gab ihn dem Jungen.

Er steckte ihn in seine Tasche.

„So geht das nicht. Du musst essen!"

Sie bestand darauf, dass er den Apfel vor ihren Augen aß, und er ließ sich nicht lange bitten. Heißhungrig verputzte er das Obst.

„Komm mit", sagte Gertruda, einer plötzlichen Eingebung folgend.

„Wohin?"

„Zu mir nach Hause."

„Warum?"

„Ich mache dir eine warme Mahlzeit."

Über das Gesicht des Jungen huschte ein Leuchten. „Wirklich? Für ein warmes Essen würde ich alles geben."

Gertruda wusste, dass es gefährlich war, was sie tat. Wenn

sie mit dem Kind einer deutschen Patrouille begegnete, war ihrer beider Schicksal besiegelt. Doch sie konnte den Jungen nicht einfach verhungern lassen.

„Folge mir, aber mit Abstand", sagte sie. „Es ist nicht weit."

Der Junge folgte ihr wie ein Schatten. Als sie das Haus erreichten, spähte Gertruda vorsichtig ins Treppenhaus. Die Luft war rein. Auf Zehenspitzen huschten sie, so schnell sie konnten, hinauf zur Wohnung.

Michael betrachtete den unerwarteten Gast mit großen Augen.

„Das ist der Junge aus dem Ghetto. Ich habe ihn eingeladen, mit uns zu essen."

Gertruda kochte Suppe, sogar mit Fleischeinlage. Ausgehungert schlang der Junge das Essen hinunter, und langsam kehrte etwas Farbe in sein Gesicht zurück. Er erzählte vom Leben im Ghetto, von Hunger und Entbehrungen, von den Toten in den Straßen und von den Männern, die abgeholt wurden, um für die Deutschen zu arbeiten, und nie wiederkamen.

„Eines Tages werden sie mich auch umbringen", sagte er tonlos, scheinbar ohne Emotionen. Es klang wie eine Feststellung, eine Tatsache, die nicht zu ändern war.

„So etwas darfst du nicht sagen", schalt Gertruda. Sie dachte an Michael, der ebenfalls täglich in Lebensgefahr schwebte. „Wenn der Krieg zu Ende ist, wird alles wieder gut. Dann darfst du wieder nach Hause."

„Dieser Krieg wird nicht schnell zu Ende sein", sagte der Junge, der für sein Alter zu viel erlebt und gesehen hatte. „Und vorher werden sie uns alle töten. Niemand im Ghetto hat eine Chance."

Als es Zeit für ihn war zu gehen, gab ihm Gertruda eine Tüte mit Lebensmitteln und eine für Dr. Berman und vergewisserte sich, dass niemand im Treppenhaus war.

Aus dem Fenster beobachteten sie, wie die schmale Gestalt des Jungen mit den dunklen Schatten der Häuser verschmolz.

„Hoffentlich kommt er sicher zum Geheimgang und zurück ins Ghetto", sagte Michael.

„Ja", antwortete Gertruda, „das hoffe ich auch."

4.

Schnee türmte sich auf den Straßen und Gehwegen, und das Thermometer fiel ständig weiter. Gertruda hatte die Holzscheite, die sie von einem Bauern für ihre Dolmetscherdienste bekommen hatte, sorgfältig eingeteilt. Wenn kein Feuer im Ofen brannte, breitete sich die beißende Kälte unbarmherzig in der Wohnung aus.

Mit der Kälte kam die Angst. Mehr als um alles andere sorgte sich Gertruda um Michael. Wenn er ernsthaft krank wurde und einen Arzt brauchte, waren sie verloren. Denn ein Arzt würde mit großer Wahrscheinlichkeit entdecken, dass Michael beschnitten war – und sie dann an die Nazis ausliefern.

Es war Dezember, als sich Michael eine schwere Erkältung zuzog. Er hatte hohes Fieber und bekam nur noch mühsam Luft. Gertruda saß an seinem Bett, machte kalte Umschläge und betete, doch das Fieber stieg weiter, begleitet von pfeifenden Atemgeräuschen. Hilflos saß Gertruda neben ihm und wartete vergeblich, dass sein Zustand sich besserte. Michael fantasierte in seinen Fieberträumen.

Sie wusste, dass hier nur noch ein Arzt helfen konnte, und es gab nur einen Arzt, dem sie vertrauen konnte. Sie musste Dr. Berman finden, koste es, was es wolle. Wenn sie den Jungen retten wollte, hatte sie keine andere Wahl.

Sie beugte sich über ihn. „Michael, ich muss leider für ein paar Stunden weggehen. Du musst eine Weile allein bleiben. Schaffst du das?"

Michael nickte tapfer.

„Mein großer Junge." Sie strich ihm liebevoll über den Kopf.

Bevor sie ging, schärfte sie ihm noch ein, auf gar keinen Fall zu öffnen, falls es klopfte, und niemandem zu antworten, der durch die Tür etwas fragte.

„Tu einfach so, als sei keiner zu Hause."

„Ja, in Ordnung", flüsterte Michael. „Bitte, komm bald wieder."

In Lydias Pelzmantel gehüllt, ging Gertruda, so schnell sie konnte, zu der Gasse unweit des Einstiegs in die Kanalisation, wo der jüdische Junge gewöhnlich auf sie wartete. Sie hoffte, er würde da sein, damit sie ihn bitten konnte, Dr. Berman zu holen. Die Nacht war so dunkel, dass man kaum die Hand vor Augen sehen konnte. Ein Schauder lief ihr über den Rücken. So sehr sie sich anstrengte, sie konnte den Jungen nicht entdecken. Sie stellte sich in einen Hauseingang in der Nähe, von wo aus sie die Umgebung beobachten konnte, und wartete. Stunden vergingen. Einmal patrouillierten deutsche Soldaten vorbei, doch sie bemerkten die reglose Gestalt im dunklen Hauseingang nicht. Mit der Zeit drang die Kälte selbst durch den dicken Mantel. Ihre Hände und Füße waren taub. Der Gedanke an Michael, allein und fiebernd in der Wohnung, trieb sie fast zum Wahnsinn. Sein Zustand war kritisch. Bald konnte es zu spät sein. Und wenn es hell wurde, konnte niemand mehr gefahrlos ins Ghetto und wieder hinaus gelangen. Sie konnte nicht länger warten. Sie musste handeln, und zwar sofort.

Gertruda trat aus ihrem Versteck, sah sich wachsam nach allen Seiten um und huschte dann lautlos zu dem offenen Schacht. Sie überwand Angst und Ekel und stieg in die dunkle Röhre hinab. Der Gestank raubte ihr fast den Atem, und sie versuchte die faulige Brühe zu ignorieren, die ihr bei jedem Schritt über die Füße schwappte, als sie sich in gebückter Haltung vorantastete.

Das Ghetto lag da wie ausgestorben. In einigen Häusern flackerte noch Kerzenlicht, und hinter den Fenstern bewegten sich menschliche Gestalten wie Schatten. Über den schneebedeckten Straßen lag der Geruch der Müllberge und Leichen auf den Gehwegen. Ein Lastwagen mit Soldaten hielt vor einem der Häuser. Die Uniformierten stürmten das Haus und schleppten die verängstigten Bewohner zu dem geparkten Fahrzeug. Auch Frauen und Kinder waren dabei. Manche hatten sich noch rasch einen Mantel überziehen können, andere waren in Schlafanzügen und froren erbärmlich. Die Kinder weinten, und die Soldaten schlugen sie mit ihren Gewehrkolben. Gertruda duckte sich hinter einem Müllhaufen, bis der Lastwagen außer Sichtweite war.

Auf ihrer Suche nach Dr. Berman ging sie von Haus zu Haus, klopfte an jede Tür – vergeblich. Endlich, auf ihr Bitten, öffnete sich eine Tür einen Spalt breit. Das angstvolle Gesicht einer alten Frau erschien. Als Gertruda fragte, ob sie Dr. Berman kenne, verneinte sie und schlug ihr die Tür vor der Nase zu.

Nach zahlreichen Versuchen in den umliegenden Häusern fand sie schließlich heraus, wo er sich aufhielt. Sie kämpfte sich durch die Schneewehen bis zum Jüdischen Krankenhaus, wobei sie unterwegs immer wieder Ausschau nach Wachsoldaten hielt. Mechanisch setzte sie einen steif gefrorenen Fuß vor den anderen. Endlich hatte sie das Gebäude erreicht und tastete sich zähneklappernd ins dunkle Kellergeschoss hinunter, wo sie an die erstbeste Tür klopfte. Dahinter hörte sie das panische Scharren gedämpfter Schritte und unterdrücktes Flüstern, aber niemand öffnete.

„Bitte, helfen Sie mir!", rief sie auf Polnisch. „Ich suche Dr. Berman. Es ist dringend!"

Sie sah, wie die Tür sich langsam öffnete. In dem Raum war es dunkel, und eine Männerstimme fragte: „Wer sind Sie?"

Eine Welle der Freude und Erleichterung durchströmte sie,

als sie die vertraute Stimme hörte. „Ich bin es, Gertruda. Gertruda Babilinska."

„Gertruda!" Dr. Berman traute seinen Augen kaum. „Kommen Sie schnell herein!"

„Michael ist krank, es geht ihm sehr schlecht." Ihre Stimme versagte. Plötzlich konnte sie nur noch weinen.

„Gertruda, bitte beruhigen Sie sich."

Stockend schilderte sie dem Doktor die Symptome.

„War schon ein Arzt bei ihm?"

„Nein. Ich hatte Angst, einen fremden Arzt zu holen."

„Wie sind Sie überhaupt hierhergekommen?"

„Durch die Kanalisation."

„Hat irgendjemand Sie gesehen?"

„Nein, niemand."

„Warten Sie. Ich hole schnell meine Tasche."

Erst jetzt, im trüben Licht der Kerosinlampe, konnte Gertruda erkennen, dass der Doktor wie ein wandelndes Skelett aussah. Sein Gesicht war abgezehrt und von Leid gezeichnet. Sein Körper bestand nur noch aus Haut und Knochen.

Ein Schatten löste sich aus der Dunkelheit. Es war Esther Berman.

„Trinken Sie zuerst eine Tasse Tee", sagte sie. „Sie sind ja völlig durchgefroren."

„Das ist lieb, aber wir dürfen keine Zeit verlieren. Wir müssen sofort zu Michael."

Sie nickte. „Ich möchte Ihnen noch sagen, wie dankbar wir sind für Ihre Hilfe. Ohne die Lebensmittel, die Sie uns schicken, wären wir längst verhungert."

Mit ängstlichem Blick verfolgte sie, wie ihr Mann die Instrumente in seine Arzttasche packte. Ihr war bewusst, dass er sein Leben aufs Spiel setzte. Die Gefahr, dass er von den Deutschen geschnappt wurde, war groß, doch sie sagte bloß: „Bitte, sei vorsichtig."

Dr. Berman küsste seine Frau zum Abschied auf die Wange.

„Hab keine Angst", sagte er. „Ich bin vor Tagesanbruch zurück."

Sie traten hinaus in die eisige Nacht. Die tödliche Bedrohung, die an jeder Ecke lauerte, schnürte Gertrudas Kehle zu. Wachsoldaten patrouillierten rund um die Uhr durch das Ghetto, den Finger am Abzug ihrer Gewehre. Jede Silhouette, die sich in der Dunkelheit bewegte, war eine Zielscheibe für die Soldaten, die lieber abdrückten, als Fragen zu stellen.

Gertruda atmete tief durch. „Danke, dass Sie mitkommen", sagte sie leise.

Sie stapften nebeneinander durch den hohen Schnee.

„Wie kommen Sie zurecht?", fragte Gertruda.

„Nun, es könnte besser sein. Es gibt keine Lebensmittel mehr, die Menschen sterben weg wie die Fliegen, und die Nazis sind dabei, das Ghetto systematisch zu räumen. Täglich bringen sie mehr und mehr Leute in sogenannte Arbeitslager. Niemand kommt von dort zurück."

„Und praktizieren Sie noch?"

„Ja. Patienten gibt es genug. Ich behandle sie umsonst, weil niemand Geld hat. Aber ich tue, was ich kann. Dabei fehlt es an allem: an Medikamenten, Krankenhausbetten, Nahrungsmitteln, sauberem Wasser und ausreichender Heizung. Wer hier krank wird, hat keine großen Überlebenschancen."

„Wie schaffen Sie es bloß, sich über Wasser zu halten?"

„Ich will nicht klagen. Dank der Lebensmittel, die Sie uns zukommen lassen, sind wir noch nicht verhungert. Und nach und nach verkaufen wir unsere gesamte persönliche Habe, in der Hoffnung, dass irgendwann wieder bessere Zeiten kommen."

Dr. Berman hielt inne und lauschte. Dann legte er den Finger auf die Lippen und zog Gertruda in den Schatten eines Hauseingangs. Eine Patrouille mit geschulterten Gewehren marschierte vorbei. Noch zweimal mussten sie sich verstecken, bevor sie endlich den Einstieg zur Kanalisation erreichten.

Schlotternd vor Kälte und mit klopfendem Herzen tauchten sie am anderen Ende wieder auf. Auch hier lauerte Gefahr, denn Juden, die außerhalb des Ghettos erwischt wurden, wurden auf der Stelle erschossen.

Nach einer halben Ewigkeit, wie es Gertruda schien, kamen sie endlich bei ihr zu Hause an. Mit zitternden Fingern schloss sie die Wohnungstür auf. Das letzte bisschen Glut im Ofen war erloschen. Die Kerosinlampe auf dem Tisch erhellte das Gesicht des kranken Kindes im Bett. Michael hatte die Decke bis zur Nasenspitze hochgezogen.

„'n Abend, Dr. Berman", murmelte er schlaftrunken.

„Guten Abend, Michael. Ich hoffe, dass du wieder gesund bist, wenn wir uns das nächste Mal sehen."

Der Doktor horchte Michael ab und untersuchte ihn eingehend. „Ihr Verdacht war richtig", sagte er dann zu Gertruda. „Es ist eine schwere Lungenentzündung."

Aus seiner Arzttasche nahm er ein Fläschchen mit Medizin und reichte es ihr. „Hier, das wird seine Atmung erleichtern." Es war das einzige Medikament in seiner Tasche, und auf dem Schwarzmarkt hätte er es für teures Geld verkaufen können.

Er gab Gertruda noch einige Anweisungen für Michaels Pflege und warf dann einen gehetzten Blick auf die Küchenuhr.

„Ich muss jetzt los", sagte er. „Bald ist die Nacht vorbei."

Gertruda dankte ihm mit Tränen in den Augen, füllte seinen Arztkoffer mit Lebensmitteln und gab ihm ein paar Münzen. „Passen Sie auf sich auf", sagte sie.

Der Doktor schlüpfte durch die Tür ins Treppenhaus und hinaus auf die Straße. Es war noch dunkel, und das einsetzende Schneegestöber verlieh ihm zusätzlich Deckung.

Ohne Zwischenfälle erreichte er kurz vor Tagesanbruch das Jüdische Krankenhaus, wo ihn seine Frau erleichtert in die Arme schloss.

Michael erholte sich langsam, aber sicher. Gertruda ging weiterhin mit gefüllten Taschen zu dem geheimen Treffpunkt beim Kanaleinstieg, und der jüdische Junge schmuggelte regelmäßig Obst, Gemüse und Brot zu Dr. Berman, wobei er stets einen Anteil für seine Botengänge erhielt.

5.

Mit einer Aktentasche voller Geldscheine verließ Joachim Turner das Bankgebäude. Am Züricher Hauptbahnhof kaufte er eine Fahrkarte zu einem norditalienischen Ort über Genua und verbrachte dort Stunden damit, sich zu der Adresse durchzufragen, die Jacob Stolowitzky ihm in seinem Telegramm mitgeteilt hatte.

Anna öffnete die Tür und sah ihn fragend an.

„Mein Name ist Turner", sagte er zögernd, „wohnt Herr Stolowitzky hier?"

„Ja. Bitte, kommen Sie doch herein. Ich bin Anna, seine Frau. Mein Mann erwartet Sie schon."

Der Schweizer Anwalt trat ein. Jacob Stolowitzky begrüßte seinen alten Freund mit einer herzlichen Umarmung.

Turner überreichte ihm die Tasche. „Hier ist das Geld. Wenn du mehr brauchst, lass es mich wissen."

Später, beim Kaffee, erzählte Stolowitzky von seiner Zeit in Paris. Er schilderte, wie er Anna kennengelernt hatte und wie sie beschlossen hatten zu heiraten, nachdem ihm schmerzlich bewusst geworden war, dass Lydia und Michael wahrscheinlich nicht mehr am Leben waren.

„Nach der Hochzeit kamen wir erst einmal hierher, ganz überstürzt sozusagen. Wir hatten noch keine Zeit, uns vollständig einzurichten", sagte er, als wolle er sich für die bescheidenen Umstände entschuldigen, in denen sie lebten.

Turner, überrascht von der plötzlichen Wiederheirat Stolowitzkys, gratulierte den frisch Vermählten etwas verlegen. „Na, dann wünsche ich alles Gute", sagte er steif.

Jacob legte den Arm um die Schultern seiner jungen Frau. Sie schenkte ihm ein warmes Lächeln. „Anna ist eine wunderbare Frau", sagte er. „Ich war einsam ... und dann kam sie und war für mich da. Sie hat mir meine Lebensfreude zurückgegeben."

Der Anwalt nickte und lehnte sich zurück in die Polster des schäbigen Sofas.

„Natürlich ist dies hier nur eine vorläufige Bleibe", fuhr Stolowitzky fort. „Wenn der Krieg zu Ende ist, ziehen wir in unser eigenes Haus." Er stockte einen Augenblick. „Das heißt, falls ich dann noch am Leben bin."

„Warum solltest du dann nicht mehr am Leben sein?"

„Wenn die Deutschen bis nach Italien kommen, lande ich im KZ."

Turner legte die Stirn in Falten. „Gibt es viele Juden in eurem Ort?"

„Nein, nicht dass ich wüsste."

„Na also – was sollen dann die Deutschen hier?"

Jacobs Züge entspannten sich ein wenig. „Danke, mein Lieber. Du warst immer ein guter Freund." Doch er hatte noch etwas auf dem Herzen. „Joachim, ich möchte dich um einen Gefallen bitten."

„Gern, jederzeit."

„Ich möchte mein Testament machen."

„Warum so eilig?"

„Es ist wichtig für mich. Ich muss auf alles gefasst sein, und wenn mir etwas zustößt, möchte ich, dass zuvor alles geregelt ist, verstehst du?"

„Ich verstehe."

„Dann bitte ich dich, jetzt mein Zeuge zu sein." Jacob nahm einen Stift und begann zu schreiben. Gemeinsam mit Joachim Turner setzte er folgendes Testament auf:

Im Besitz all meiner geistigen und körperlichen Kräfte verfüge ich, Jacob Stolowitzky, dass nach meinem Tode mein gesamtes Vermögen an meine Ehefrau Anna Massini übergeht, welche ich in der Überzeugung geheiratet habe, dass meine erste Frau Lydia und unser gemeinsamer Sohn Michael während der Kriegswirren umkamen. Sollten sie doch noch am Leben sein, so erben Lydia und Michael mein gesamtes Vermögen. Anna Massini soll in diesem Falle eine einmalige Zuwendung von 10.000 Schweizer Franken erhalten.

Beide setzten ihre Namen unter das Testament, und danach bat Jacob seine Frau, eine Flasche Cognac und drei Gläser zu holen.

„Ich hoffe, wenn wir das nächste Mal zusammenkommen, können wir auf das Kriegsende anstoßen", sagte Turner und hob sein Glas.

Als der Gast gegangen war, nahm Anna ihren Mann beiseite. „Das mit deinem Testament hat mich sehr überrascht", sagte sie. „Ich hoffe, du weißt, dass ich dich nicht wegen des Geldes geheiratet habe."

Er legte liebevoll den Arm um sie. „Das weiß ich doch, meine Liebe."

6.

Gertruda schrak hoch, als es mitten in der Nacht an die Tür klopfte. Ihr Herz raste. Unangemeldete Besuche bedeuteten meistens nichts Gutes. Schlimmstenfalls den Tod.

Michael schlief friedlich in dem großen Doppelbett und rührte sich nicht, als sie aufstand und den Mantel über ihr Nachthemd zog.

„Wer ist da?", fragte sie durch die Tür.

„Ich bin's, Denka. Bitte, öffnen Sie. Es ist wichtig."

Sie erinnerte sich an ihr letztes Zusammentreffen im Treppenhaus. Damals hatte er versucht, sie zu überreden, Dr. Berman auszuspionieren, damit er ihn an die Russen ausliefern konnte. Wie die Nachbarn sagten, hatte Denka seit der deutschen Machtübernahme die Seiten gewechselt. Jetzt kollaborierte er mit den Nazis, indem er ihnen Informationen über Schlüsselfiguren des ehemaligen sowjetischen Besatzungsregimes zuspielte. Zusätzlich machte er lukrative Geschäfte auf dem Schwarzmarkt mit dem Schmuck von Flüchtlingen, den er ihnen für ein paar Lebensmittel als Gegenleistung abnahm. Manche Wertsachen veräußerte er an deutsche Soldaten und bekam dafür Zigaretten, Brot und Lebensmittelkonserven. Er war stets gut gekleidet und durch sein arrogantes, großspuriges Gehabe bei den Mietern im Haus verhasst.

„Ich kann jetzt nicht öffnen", entgegnete Gertruda. „Es ist schon spät."

Denka ließ nicht locker. „Bitte. Wir müssen reden. Sie werden es nicht bereuen."

„Lassen Sie uns morgen früh reden."

„Morgen früh ist es zu spät!" Seine Stimme war laut und dringlich.

Zögernd öffnete sie die Tür. Blitzschnell schob er sich an ihr vorbei in die Wohnung. Er roch nach Alkohol und Zigaretten.

Gertruda zog unwillkürlich den Mantel fester. „Was wollen Sie?"

Er trat näher und berührte ihr Gesicht mit seiner rauen Hand.

Sie wich zurück. „Was wollen Sie?", wiederholte sie mit Nachdruck.

„Beruhigen Sie sich." Er verzog den Mund zu einem schiefen Lächeln. „Sie wissen doch, dass ich nur das Beste für Sie will."

Er nahm zwei Dosen mit Sardinen aus seiner Tasche und legte sie auf den Tisch.

„Ein kleines Geschenk für Sie", sagte er und sah sie erwartungsvoll an.

„Danke", entgegnete sie widerstrebend.

Sein Blick schweifte durch den schäbigen Raum. „Harte Zeiten, was?"

„Ich beklage mich nicht."

„Wenn ich Ihnen irgendwie helfen kann …?"

„Danke, nein."

„Brauchen Sie Geld? Lebensmittel? Zigaretten? Süßigkeiten für das Kind? Ich kann Ihnen alles besorgen."

„Ich brauche nichts, Denka. Danke für Ihre freundliche Nachfrage. Und jetzt gehen Sie, bitte, es ist spät."

Er machte keine Anstalten. Stattdessen kam er näher. Gertruda trat einen Schritt zurück, doch er folgte ihr und griff sie um die Taille. Unter dem offenen Mantel tasteten seine großen Pranken nach ihren Brüsten.

„Nein!", flehte sie. „Bitte, nicht."

Sie wehrte sich mit aller Kraft, doch er war stärker. Seine Hände zerrissen den dünnen Stoff ihres Nachthemdes. Erst als er sie zu Boden warf und sich über sie beugte, schrie sie um Hilfe, in der Hoffnung, die Nachbarn würden sie hören, obwohl sie wusste, dass sich kaum jemand aus der Wohnung wagen würde. Sie hatten alle Angst.

Er presste ihr die Hand auf den Mund, spreizte ihre Beine und brüllte wie ein Tier. Gertruda nahm all ihre Kraft zusammen, wand ihre rechte Hand aus seiner Umklammerung und zielte mit dem Finger auf sein Auge. Ihr scharfer Fingernagel traf den Augapfel. Denka schrie vor Schmerz auf. Sie nutzte die Sekunde, als er seinen Griff lockerte, und entkam. Es gelang ihr, ins andere Zimmer zu flüchten. Unter dem Bett war die Pistole versteckt.

Denka verfolgte sie, blieb jedoch wie angewurzelt stehen, als er in den Lauf einer Waffe blickte, die auf ihn gerichtet war.

„Raus!", befahl Gertruda.

Einen Moment stand er unschlüssig da. Dann stieß er einen Fluch aus und verließ eilig die Wohnung. Gertruda drehte den Schlüssel um und lehnte sich erschöpft gegen die Tür. Lange Zeit stand sie da, zitternd vor Kälte und vor Angst, er würde zurückkommen und die Tür einschlagen. Doch es blieb still.

Sie kroch zurück ins Bett und schmiegte sich an Michael, der noch immer fest schlief. Die Wärme seines kleinen Körpers war tröstlich und vertrieb die Kälte in ihren Gliedern und in ihrem Herzen.

7.

Der kleine Schmuggler aus dem Ghetto sah sich furchtsam um. Er hielt Ausschau nach den Soldaten, horchte auf das Geräusch ihrer schweren Stiefel auf dem Pflaster. Doch die Nacht war ruhig und schwarz wie Pech. Nichts war zu hören und zu sehen. Gertruda drückte ihm zwei Tüten mit Obst und Gemüse in die Hand.

„Heute ist wahrscheinlich das letzte Mal", flüsterte er.

„Weshalb?"

„Im Ghetto planen sie einen Aufstand. Niemand weiß, was danach passiert."

Bei seinen Worten erfasste Gertruda die Angst. Eine Revolte im Ghetto war von Anfang an eine verlorene Schlacht. Sie fürchtete um das Schicksal von Dr. Berman und seiner Familie.

Auf dem Heimweg jagten sich die Gedanken in ihrem Kopf. Sie musste den Juden helfen, die sich mit dem Mut der Verzweiflung gegen ihre Unterdrücker auflehnten, in einem ungleichen Kampf, der von vornherein aussichtslos schien. Aber was sollte sie tun?

Mitten in der Nacht hatte sie plötzlich eine Idee. Ja, sie konnte etwas tun.

Am nächsten Abend hielt sie sich, wie üblich, in der Nähe des Einstiegs zur Kanalisation auf. Obwohl sie vermutete, dass der Junge nicht dort sein würde, wartete sie eine Weile auf ihn. Er kam nicht.

Fest entschlossen kroch sie noch einmal durch den geheimen Zugang ins Ghetto. Auf dem schnellsten Weg eilte sie zum Jüdischen Krankenhaus. Dr. Berman war entsetzt, als er sie sah.

„Gertruda! Sie sollten nicht hier sein. Das ist zu gefährlich!"

„Ich wollte Ihnen nur dies hier bringen." Sie nahm die Pistole, die sie in ein altes Hemd gewickelt hatte, aus ihrer Tasche.

„Nehmen Sie sie", beschwor sie ihn. „Sie werden sie vielleicht bald brauchen."

Dr. Berman nahm die Waffe und presste sie gegen die Brust. „Danke. Sie haben keine Ahnung, wie dankbar ich Ihnen bin."

Das Ghetto lag verlassen da, als Gertruda den Rückweg antrat. Sie duckte sich und verschwand in der großen, schwarzen Röhre. Als sie ans andere Ende kam, schaute sie sich um, immer auf der Hut vor den Patrouillen der Nazis. Es war niemand zu sehen. Bald würde sie zu Hause sein. Sie hoffte, dass Michael noch schlief.

Doch sie kam nicht weit, als sie plötzlich das Klicken eines entriegelten Gewehrs hörte, begleitet von dem scharfen Befehl „Halt! Stehen bleiben!" auf Deutsch. Gelähmt vor Angst, blieb Gertruda wie angewurzelt stehen.

Schwere Tritte von Armeestiefeln auf dem Kopfsteinpflaster kamen näher, und die Umrisse zweier Soldaten tauchten aus der dunklen Gasse auf. Die Männer richteten ihre Waffen auf sie.

„Verdammte Jüdin!", schrie der eine. „Was hast du hier zu suchen?"

„Ich bin keine Jüdin."

„Lügnerin! Du bist doch soeben aus dem Ghetto abgehauen."

Gertruda zog Pater Gedovskys Schreiben hervor, das sie immer bei sich trug. Die Soldaten studierten das Papier.

„Tatsächlich, keine Jüdin", sagte der Deutsche. „Was haben Sie dann im Ghetto verloren? Wir wissen, dass Sie dort waren."

Fieberhaft überlegte sie, welche Notlüge sie den Soldaten auftischen konnte. „Ich war bei einem Juden, der mir Geld schuldet", sagte sie dann nach kurzem Zögern.

„Wo wohnen Sie?"

„In der Mala Stefanska."

„Wie sind Sie ins Ghetto gekommen?"

„Durch die Kanalisation. Alle anderen Wege sind gesperrt. Es gibt nur diesen Weg."

„Wer hat Ihnen das erzählt?"

„Das ist allgemein bekannt."

Die Soldaten schwiegen und musterten sie misstrauisch.

„Kommen Sie mit", befahl der eine schließlich.

„Wieso? Zu Hause wartet mein Kind auf mich."

„Dann lassen Sie es eben warten."

Sie führten sie zum Hauptquartier der Gestapo. In dem düsteren Gebäude brachte man sie in ein kleines Zimmer im zweiten Stock. Ein nervös wirkender Offizier nahm ihre Personalien auf. Er blickte sie scharf an.

„Sagen Sie die Wahrheit. Was haben Sie im Ghetto gemacht? Schmuggeln Sie Waffen für den Untergrund?"

Gertruda holte tief Luft. „Ich wollte bei jemandem die Schulden eintreiben."

„Was für Schulden?"

„Ich verdiene meinen Lebensunterhalt durch Übersetzen, Dolmetschen und das Schreiben von Anträgen an deutsche Behörden. Vor längerer Zeit habe ich für einen Juden etwas geschrieben, und er hat bis heute nicht bezahlt."

Der Gestapo-Offizier fragte nach Einzelheiten, wollte Namen und Adresse des Mannes wissen. Sie erfand einen jüdischen Namen und nannte irgendeine Straße.

„Haben Sie Kontakte zu Juden?"

„Nur zu den Leuten, die meine Übersetzerdienste in Anspruch nehmen. Darunter sind auch hin und wieder Juden."

„Und außerdem – haben Sie Kontakte zu anderen Juden?"

„Nein, keine."

„Das glaube ich Ihnen nicht."

Gertruda sah ihn flehend an. „Bitte, lassen Sie mich gehen. Mein kleiner Sohn ist ganz allein zu Hause."

„Erst erzählen Sie mir die Wahrheit."

„Das habe ich bereits."

„Es scheint mir nicht plausibel, dass Sie Kopf und Kragen riskieren und durch die Kanalisation ins Ghetto schleichen, nur um jemandem ein paar Groschen abzunehmen."

Gertruda schwieg.

„Sie lügen."

„Ich lüge nicht."

Der Offizier holte aus und schlug sie ins Gesicht. „An Ihrer Stelle würde ich die Wahrheit sagen."

Sie fasste sich an die Wange, die wie Feuer brannte.

Dann traf sie ein harter Fausthieb in die Magengrube. Der scharfe Schmerz ließ sie taumeln, doch sie schwieg weiter, was den Gestapo-Offizier noch wütender machte. Er zog sie an den Haaren und traktierte sie mit Fußtritten.

Gertruda stöhnte auf. Auf keinen Fall durfte sie die Wahrheit über ihren Besuch im Ghetto preisgeben, denn das würde sie und Michael das Leben kosten. Der Gedanke an Michael verlieh ihr neue Kraft. Keine Folter der Welt würde sie dazu bringen, etwas zu verraten.

Die Gestapo-Leute waren anderer Meinung. Sie hatten ihre bewährten Methoden, um jemanden zum Reden zu bringen. Sie folterten Gertruda so lange, bis sie ohnmächtig wurde. Als sie wieder zu sich kam, lag sie auf einer harten Matratze in einer Dunkelzelle. Sie hörte die Stimmen und das Stöhnen ihrer Mitgefangenen, konnte aber in der schwarzen Finsternis nichts erkennen. Die Schmerzen waren furchtbar, aber noch heftiger war ihre Sorge um Michael. Seit Ausbruch des Krieges hatte sie für ihn gekämpft und sämtliche Widrigkeiten und Gefahren überwunden, dank ihres starken Willens und der Liebe zu diesem Kind. Und dank ihrer Entschlossenheit, das Versprechen zu halten, das sie seiner Mutter auf dem Sterbebett gegeben hatte. Sie hoffte, all das würde ihr die Kraft geben, auch dies hier durchzustehen.

Die Stunden schienen wie Tage. Sie hatte jegliches Zeitgefühl verloren, wusste nicht, wie lange sie schon von zu Hause fort war und was aus Michael geworden war, als er aufwachte und merkte, dass sie nicht da war. Auf einmal öffnete sich die Zellentür und ein Aufseher nannte ihren Namen.

„Mitkommen", sagte er.

Gertruda erhob sich mühsam von der Matratze. Ihr ganzer Körper war ein einziger Schmerz. Sie war sicher, man würde sie erneut foltern, dieses Mal länger und qualvoller. Stattdessen brachte man sie ins Gefängnisbüro und schob ihr ein Entlassungspapier zum Unterschreiben hin. Dann war sie frei.

Wie benommen taumelte sie nach draußen, konnte es noch kaum fassen, dass man sie wirklich freigelassen hatte. Jeder Schritt war eine Qual, doch sie biss die Zähne zusammen und dachte an Michael. Sie wollte so schnell wie möglich zu ihm nach Hause.

Als sie die Wohnungstür aufschloss, sah sie ihn weinend am Küchentisch sitzen. Sie breitete die Arme aus. Er rannte auf sie zu und umarmte sie so fest, als wolle er sie nie wieder loslassen.

„Wo warst du? Ich hatte solche Angst", schluchzte er. Er suchte ihren Blick, und seine Augen weiteten sich vor Entsetzen. „Was ist mit dir passiert? Dein Gesicht ist voll Blut!"

„Ich hatte einen Unfall. Ein Auto hat mich angefahren."

„Du musst dich hinlegen. Ich pflege dich gesund."

Er nahm ihre Hand und führte sie zum Bett. Dann ging er ins Bad, kam mit einem nassen Handtuch wieder und tupfte ihr das verkrustete Blut ab.

„Schlaf jetzt", sagte er. „Morgen geht es dir schon besser."

Die Nacht war ruhig, und auch der folgende Tag verlief ohne weitere Zwischenfälle. Gegen Abend jedoch befiel sie eine seltsame Unruhe. Gertruda gab Michael einen Gute-Nacht-Kuss und war froh, dass er sofort einschlief. Sie stellte sich ans Fenster und blickte auf die Straße und auf die länger werdenden Schatten. Lange Zeit stand sie da, ohne genau zu wissen, wonach sie Ausschau hielt.

Sie sah die Häuser, in denen einst wohlhabende Juden gelebt hatten. Häuser mit roten und weißen Geranien auf den Fenstersimsen, mit Fenstern, die regelmäßig geöffnet worden waren. Weiße Spitzengardinen hatten sich im Sommerwind gebauscht, unter den Fenstern war das geschäftige Treiben in den Straßen zu sehen gewesen, Kinder, die Fangen spielten, und grüne Parkanlagen, in denen Liebespaare Arm in Arm spazieren gingen.

Doch die Zeit der Blumen war vorüber, die Schritte emsiger Dienstboten in den Häusern verhallt. Die Kinder und die Liebespaare waren verschwunden. Die Fenster öffneten sich nicht mehr nach außen, sondern blickten schweigend und stumpf nach innen in dunkle, leere Räume wie schwarze Augenhöhlen eines Totenschädels. Von den Menschen, die früher dort gewohnt hatten, waren die meisten ausgelöscht. Andere kämpften im Ghetto ums nackte Überleben.

Plötzlich lief es ihr eiskalt den Rücken herunter. Sie sah, wie ein Auto mit ausgeschalteten Scheinwerfern langsam über das Pflaster der ausgestorbenen Straße rollte und auf dem Bürgersteig parkte. Vier junge Männer mit kurz geschorenem

Haar in Regenmänteln stiegen aus und kamen auf ihr Haus zu.

Gertruda kniete nieder und betete. Dann verriegelte sie das Fenster und löschte die Kerosinlampe. Vom Bett im hinteren Bereich des Zimmers kam Michaels leise Stimme: „Gertruda? Was ist denn?"

„Nichts, mein Engel", antwortete sie. „Schlaf schön weiter."

Sie lauschte auf Geräusche im Treppenhaus. Zuerst war alles still. Dann hörte sie es. Das Dröhnen schwerer Militärstiefel auf den Stufen. Sie kamen die Treppe hoch.

Michael sprang mit einem unterdrückten Schrei aus dem Bett und flüchtete in Gertrudas Arme.

„Kommen sie uns jetzt holen?", flüsterte er.

„Ich hoffe nicht."

„Und wenn doch?"

„Hab keine Angst. Sie werden uns nichts tun."

Sie sprach mit beruhigenden Worten auf das Kind ein, die sie selbst nicht glaubte. Ihr Herz klopfte zum Zerspringen. Sie hielt den Atem an.

Die erste Faust polterte an die Tür. Gertruda presste Michael fest an sich und bedeutete ihm, still zu sein.

Dann traten sie die Tür ein.

„Licht an!", befahl jemand in deutscher Sprache.

Gertruda gehorchte. Im Schein der Deckenlampe sah sie drei auf sie und Michael gerichtete Gewehrläufe.

Starr vor Angst blickten sie auf die Waffen. Es war zu spät zum Fliehen, zu spät, um sich zu verstecken. Alles war zu spät. Es gab keine Rettung. Mehr als um ihr eigenes Leben hatte Gertruda Angst um Michael. Der Krieg hatte ihm seine Kindheit geraubt, und nun würde er durch eine Gewehrkugel der Nazis sterben.

„Wo ist die Pistole?", schrie einer der Eindringlinge.

„Welche Pistole?" Sie tat so, als wüsste sie nicht, wovon er sprach. Natürlich, Denka. Er hatte sie verraten, aus Rache. Er hatte geschworen, es würde ihr noch leidtun. Nun, er hatte sein Versprechen gehalten.

Ein Schuss löste sich und zerschmetterte die Fensterscheibe. Michael barg seinen Kopf in ihrer Armbeuge und schluchzte leise.

„Das ist die erste und letzte Warnung!"

„Ich habe keine Pistole", versicherte Gertruda mit fester Stimme. „Durchsuchen Sie die Wohnung, wenn Sie wollen." Im Stillen dankte sie Gott, dass sie sich der Waffe gerade noch rechtzeitig entledigt hatte.

Die Männer stellten die ganze Wohnung auf den Kopf. Sie rissen alles aus den Schränken, schlitzten die Bettwäsche auf und stemmten die Dielenbretter hoch. Als sie nichts fanden, zogen sie fluchend davon.

8.

Im Wilnaer Ghetto bereitete man sich weiter auf den Aufstand vor. Nur mit Mühe war es den Widerstandskämpfern gelungen, ein paar Waffen und etwas Munition anzusammeln. Ausbildungsgruppen wurden gebildet und im Verborgenen für den Kampf trainiert. Ein Angriffs- und Verteidigungssystem wurde ausgearbeitet – und wieder verworfen. Die Widerstandsbewegung bestand ohnehin nur aus wenigen Dutzend Männern und Frauen, und schon bald wurde ihnen klar, dass ein Aufstand gegen die Übermacht des Feindes von vornherein zum Scheitern verurteilt war. Viele Widerstandskämpfer flohen aus dem Ghetto und zogen sich in die Wälder zurück. Manche – so wie Dr. Berman – schlossen sich den sowjetischen Partisanen an und trugen dazu bei, die deutsche Wehrmacht zu schwächen.

Als für Dr. Berman der Augenblick des Abschieds kam,

wussten seine Frau und seine Kinder, dass sie ihn nie wiedersehen würden.

„Bitte, versteht doch, ich habe keine andere Wahl. Ich muss es tun", sagte er und steckte Gertrudas Pistole in die Jackentasche. „Wir müssen kämpfen. Wenn wir uns nicht wehren, werden sie uns alle umbringen."

Seine Frau wischte sich die Tränen ab und küsste ihn zum Abschied. Er umarmte und küsste auch die Kinder, dann war er fort. Durch den geheimen Gang der Kanalisation floh er aus dem Ghetto. Auf einem gewundenen Pfad, den nur wenige lebend hinter sich brachten, erreichte er den Wald von Botovic. Dort stieß er auf jüdische Freunde aus Wilna, die sich auf den Kampf vorbereiteten.

In jener Nacht gelang es den Partisanen, einen deutschen Waffentransport zu überfallen. Einige Soldaten wurden dabei getötet, die anderen flohen. Die Waffen – Gewehre, Pistolen und Handgranaten – fielen den Partisanen in die Hände.

Aber der ungleiche Kampf war nicht immer erfolgreich. Zahlreiche jüdische Partisanen wurden getötet, verwundet oder gefangen genommen. Das Leben in den Wäldern war hart und voller Gefahren. Nahrungsmittel waren knapp. Sie lebten wie gehetzte Tiere, in ständiger Angst, entdeckt zu werden, da deutsche Patrouillen regelmäßig die Wälder durchkämmten. Dr. Berman hatte, wie die anderen Partisanen auch, alle Brücken zu seiner Familie abbrechen müssen. Er wusste nicht, wie es seiner Frau und seinen Kindern ging und ob sie überhaupt noch am Leben waren. Nachts wurde er von schweren Träumen gequält.

An einem Wintertag im Schneegestöber errichteten die Partisanen einen Hinterhalt an der Straße nach Wilna. Mittlerweile waren die Deutschen vorsichtiger geworden und auf Überraschungsüberfälle gefasst. Ein Konvoi fuhr vorbei, bestehend aus fünf oder sechs Lastwagen und Begleitfahrzeugen mit schwer bewaffneten Soldaten. Der Konvoi fuhr ziemlich schnell. Als die Partisanen das Feuer eröffneten, wurden einige Soldaten getroffen, doch ihre Kameraden sprangen vom Wagen und griffen an.

Den Partisanen blieb nur der Rückzug. Viele von ihnen kamen bei dem Angriff ums Leben. Dr. Berman war einer der Ersten, die tödlich getroffen wurden.

Eine knappe Woche später stürmten die Nazis das Jüdische Krankenhaus. Die Familien, die sich im Keller aufhielten, wurden entdeckt und in ein Vernichtungslager abtransportiert. Dr. Bermans Frau und Kinder fanden den Tod in der Gaskammer.

9.

Tage und Nächte, Minuten und Stunden bestanden aus Angst, lähmender Angst. Die friedliche Stille war trügerisch; jederzeit konnte der Abgrund aufbrechen und Michael und Gertruda verschlingen. Niemand wusste mehr, was in der nächsten Minute geschehen oder wer an die Tür klopfen würde und aus welchem Grund. Oder die Tür einschlagen würde, wenn nicht aufgemacht wurde. Gertruda lebte in einem Albtraum. Nächtelang blieb sie wach und horchte auf das kleinste Geräusch draußen auf der Straße und im Treppenhaus.

Der Krieg tobte in ganz Europa mit aller Macht. Gerüchte wurden laut, dass die deutsche Offensive sich auf mehr und mehr Länder ausweitete. Es war kein Ende in Sicht.

Gertruda und Michael wagten sich kaum noch nach draußen. Wenn Kunden kamen, um Schriftstücke übersetzen oder Briefe schreiben zu lassen, spielte Michael im Nebenraum hinter verschlossener Tür. Er genoss es, dass Gertruda nun die meiste Zeit bei ihm zu Hause verbrachte. Sie lasen Bücher und machten Spiele. Nur noch ganz selten gingen sie spazieren, immer auf der Hut, keiner deutschen Patrouille zu begegnen.

Gertruda und Michael in Wilna, 1942

Eines Samstags beschloss Gertruda, mit Michael kurz an die
frische Luft zu gehen. Die Straßen waren nicht sonderlich be-
lebt, und sie wähnte sich einigermaßen sicher. Sie waren bereits auf dem Heimweg, als ein Jeep neben ihnen anhielt. Vier
Männer in deutschen Uniformen stiegen aus, zwei Soldaten,
ein Unteroffizier und ein Offizier, und stellten sich ihnen breit-
beinig in den Weg. Zum Weglaufen war es zu spät. Es gab
kein Entkommen.

„Ihre Papiere!", verlangte der Unteroffizier. Gertruda reichte ihm gehorsam Pater Gedovskys Brief. Sein Blick wanderte
zu Michael.

„Das ist mein Sohn", bestätigte Gertruda.

„Wie alt ist der Junge?"

„Sechs Jahre."

„Und Ihr Mann?"

„Er ist im Krieg gefallen."

„Wann war das?"

„Als die deutschen Streitkräfte in Polen einmarschierten. Er war Soldat bei der polnischen Armee."

„Zeigen Sie mir seine Papiere."

„Ich habe sie leider nicht mehr." Sie versuchte, sich ihre Nervosität nicht anmerken zu lassen. „Sie wurden mir gestohlen, während der Flucht aus Warschau."

Die Deutschen studierten stirnrunzelnd das Schreiben des Priesters.

Michael sah die Männer ängstlich an.

„Ist das deine Mutter?"

Er blickte fragend zu Gertruda.

Sie übersetzte für ihn ins Polnische und er nickte.

„Wie heißt sie denn?"

„Mamuscha."

„Und wie hieß dein Vater?"

„Marek", antwortete Gertruda rasch und schalt sich im Stillen, dass sie das Kind nicht rechtzeitig auf solche oder ähnliche Situationen vorbereitet hatte.

„Ich habe nicht Sie gefragt!", brüllte der Unteroffizier. „Komm mal zu mir, mein Junge."

Gertruda nahm Michaels Hand und trat mit ihm vor. Sie sandte ein Stoßgebet zum Himmel, dass Gott sie vor Schlimmerem bewahren möge.

„Ziehen Sie ihm die Hosen herunter".

Gertruda erstarrte. „Wie bitte?" Sie spürte, wie eine ohnmächtige Wut, gepaart mit Verzweiflung, in ihr hochstieg.

„Wozu denn das?", wollte sie wissen, obwohl sie sich denken konnte, warum.

„Wir wollen bloß sichergehen, ob er nicht doch ein kleiner Jude ist."

„Bitte, ersparen Sie ihm die Demütigung!", flehte sie. „Tun Sie ihm das nicht an, nicht hier auf offener Straße!"

Passanten gingen vorbei, ohne von ihnen Notiz zu nehmen. Solche und ähnliche Szenen waren in der Stadt an der Tagesordnung.

„Wird's bald!", schrie der Unteroffizier. „Oder soll ich nachhelfen?"

Sie warf ihm einen hasserfüllten Blick zu. Dann spürte sie nur noch, wie alles Blut aus ihrem Kopf wich. Der Boden begann sich zu drehen, und sie landete ohnmächtig auf dem Kopfsteinpflaster.

Eiskaltes Wasser aus der Feldflasche holte sie in die Wirklichkeit zurück. Der Offizier beugte sich über sie und half ihr beim Aufstehen. Sie konnte sich kaum auf den Beinen halten.

„Was ist mit Ihnen?", fragte er.

„Nichts ... Es ist nur ... Ich habe schon seit Tagen nichts mehr gegessen."

Sie sah, dass der Unteroffizier Michael bei den Schultern gepackt hatte.

„Los, Hosen runter!", befahl er ihm erneut.

Michael warf Gertruda einen angstvollen, verstörten Blick zu.

Gertruda sagte nichts. Es war vorbei, das Spiel war aus. Nun würde sie für ihre Lüge bezahlen.

Der Junge war vor Angst wie gelähmt.

Der Unteroffizier verlor die Geduld und machte sich daran, an Michaels Hosenbund zu zerren. Michael hielt seine Hose verzweifelt fest und weinte.

Der Offizier, der die ganze Zeit still danebengestanden hatte, trat hinzu. „Lassen Sie den Jungen in Ruhe!", befahl er in scharfem Ton.

Sein Untergebener sah ihn erstaunt an und ließ Michael los.

Die Augen des Offiziers wanderten zu Gertruda. „Er ist also Ihr Sohn?"

„Ja."

„Und Sie sind wirklich keine Juden?"

„Nein, wir sind keine."

„Na schön. Ich glaube Ihnen."

Sein Blick ruhte auf Michael. Der Junge tat ihm leid. Wie die Frau, wer immer sie war, es bloß geschafft hatte, ihn vor dieser Hölle zu bewahren. Er dachte an sein eigenes Kind, das er in letzter Minute vor dem Zugriff seiner SS-Kameraden hatte retten können. Als Tochter einer jüdischen Mutter hätte sie keine Chancen gehabt, dem Tod zu entgehen – so wie dieser Junge kaum eine Chance hatte, den Krieg lebend zu überstehen.

„Wo wohnen Sie?", fragte er Gertruda.

„Nicht weit von hier."

„Ich bringe Sie nach Hause."

Unterwegs sagte er plötzlich: „Seien Sie vorsichtig. In Zukunft wird es immer häufiger solche und ähnliche Kontrollen geben. Wenn ich Ihnen einen guten Rat geben darf: Bringen Sie den Jungen in Sicherheit, irgendwohin, wo ihn niemand findet."

Dankbar und ungläubig zugleich blickte sie ihn an.

Ihre Lippen formten das Wort „Warum?"

„Warum ich das tue?" Um seine Mundwinkel spielte ein leises Lächeln. „Das erzähle ich Ihnen vielleicht ein andermal – das heißt, falls wir uns in diesem Leben noch einmal begegnen sollten."

„Dann verraten Sie mir wenigstens Ihren Namen."

„Karl Rink." Er nickte einen Abschiedsgruß und ging zu seinen Soldaten zurück.

10

Sie musste Michael retten. Ihn von hier wegbringen, wo überall Gefahr lauerte und nächtliche Razzien drohten – das war
das Allerwichtigste. Gertruda wusste, dass die Falle jederzeit
zuschnappen konnte und sie beim nächsten Mal vielleicht
nicht mehr so glimpflich davonkommen würden. Sie musste
etwas tun.

Nach einiger Überlegung kam sie zu dem Schluss, dass
wahrscheinlich die Kirche der einzig sichere Ort war. Michael
erinnerte sich noch gut an den Tag, an dem er Gertruda zum
ersten Mal dorthin begleitet hatte. Scheu war er an ihrer Hand
durch das große Portal der Ostra-Brama-Kirche hindurchge-
schritten und hatte die fremde Umgebung betrachtet: die hoch
aufragenden steinernen Bögen, die das Deckengewölbe trugen,
die Bilder des Gekreuzigten an den Wänden, den vergoldeten
Altar. Er hatte jedoch schnell begriffen, warum es wichtig war,
dass er ganz selbstverständlich mit Gertruda zur Kirche ging.
Jeder, der sie beide so sah, musste denken, dass er das Kind
einer Katholikin war – und das würde ihm vielleicht eines Tages das Leben retten.

Auch diesmal hielt er Gertrudas Hand ganz fest, als sie das
Gotteshaus betraten. Auf ihrem Weg durch die Reihen sah er
zu seinem Entsetzen einige deutsche Offiziere, die in den Kir-
chenbänken knieten und beteten. Gertruda ließ sich nichts anmerken, sondern kniete ebenfalls nieder und zog Michael zu
sich in die Bank. Er schloss die Augen und bewegte die Lippen, als ob er betete, obwohl er kein einziges Gebet kannte.

Zur Messe hatten sich außer den einheimischen Gottes-
dienstbesuchern auch eine Handvoll deutscher Soldaten und
Offiziere eingefunden. Der Priester, Andras Gedovsky, ging
nach vorn und begrüßte hier und da jemanden, den er kannte,
mit einem Kopfnicken. Michael beobachtete ihn aufmerksam,
seinen Blick auf das gütige Gesicht des Paters geheftet, der in

seinem weißen Priesterkleid wie in einem Engelsgewand zum Altar zu schweben schien.

Plötzlich bemerkte er einen jungen Offizier, der unverwandt zu ihnen herüberschaute. Dann stand er auf und kam auf sie zu. Michaels Herz klopfte zum Zerspringen.

„Ist das Ihr Junge?", fragte er Gertruda auf Deutsch. Er hatte blassblaue Augen und helles, sorgfältig gekämmtes Haar. In der Hand hielt er seine Schirmmütze. Am Ledergürtel seiner makellos gebügelten Uniform hing eine Pistole.

„Ja, das ist mein Sohn", antwortete sie, ebenfalls in deutscher Sprache.

Der Offizier beugte sich zu Michael. „Wie heißt du denn?", fragte er, diesmal auf Polnisch.

Michael nannte kaum hörbar seinen Namen.

Der Offizier streckte seine Hand aus und strich ihm über den Kopf.

Michael saß stocksteif, krampfhaft bemüht, sich seine Angst nicht anmerken zu lassen.

„Ich habe zu Hause auch so einen Jungen", sagte der Offizier, und Gertruda sah die Trauer in seinem Blick. „Ihr Sohn erinnert mich sehr an mein eigenes Kind."

„Wie alt ist denn Ihr Junge?", fragte sie.

„Sechs Jahre. Und Ihrer?"

„Auch sechs Jahre."

„Sie sprechen gut Deutsch. Woher kommen Sie?"

„Aus Polen. Ich habe Deutsch in der Schule gelernt."

„Und wo ist Ihr Mann?"

„Ich bin Kriegerwitwe."

Der Offizier nahm seine Brieftasche, zog einen Geldschein heraus und reichte ihn Michael mit einem Lächeln. „Für dich", sagte er. „Kauf dir was Schönes."

Pater Gedovsky betrat die Kanzel. Er predigte über die Nächstenliebe und las dazu die passenden Textstellen aus dem Neuen Testament. Feierliche Choräle erklangen und Ministranten in goldbestickten, weißen Gewändern schwenkten Weihrauchgefäße.

Dann war die Abendmesse zu Ende. An der Tür verabschiedete der Priester jeden einzelnen Gottesdienstbesucher mit einem Händedruck, hatte für jeden ein Lächeln oder ein paar warme Worte. Drei deutsche Offiziere warteten geduldig, bis sie an der Reihe waren, in makellosen Uniformen, mit glatt rasierten Gesichtern und selbstbewusstem Blick. Pater Gedovsky wechselte mit ihnen einige höfliche Worte in ihrer Landessprache, was sie offensichtlich zu schätzen wussten. „Es war beinahe wie zu Hause", sagte einer von ihnen. Sie wünschten dem Priester alles Gute und stiegen in einen Jeep, der vor der Kirche wartete.

Erst als alle anderen Besucher gegangen waren, näherte sich Gertruda dem Pater. Er sah sie kommen und blickte ihr freundlich und erwartungsvoll entgegen. Seit Lydias Tod war sie mit Michael fast jeden Sonntag in die Kirche gekommen.

„Pater Gedovsky", fragte sie leise, „kann ich Sie bitte unter vier Augen sprechen?"

„Natürlich, mein Kind."

Sie hieß Michael, sich in eine Kirchenbank zu setzen und dort auf sie zu warten, während sie dem Geistlichen in sein Büro folgte. Der Pater schloss die Tür. Er blickte auf die Frau, die vor ihm stand und deren Gesicht von Kummer und Entbehrungen gezeichnet war. Draußen vor dem Fenster ging der graue Tag zur Neige, dunkle Schatten krochen ins Zimmer.

Gertruda wollte sprechen, doch ihre Stimme versagte. Lang zurückgehaltene Tränen brachen aus ihr hervor wie Sturzbäche, ihr ganzer Körper bebte in unkontrollierbarem Schluchzen.

„Kann ich Ihnen irgendwie helfen?" Die gütige Stimme des Priesters und seine warme Hand auf ihrer Schulter beruhigten sie etwas.

„Ich weiß nicht, was ich tun soll, ehrwürdiger Vater", brachte sie schließlich heraus. „Ich weiß nicht, ob mir überhaupt jemand helfen kann."

Pater Gedovsky wartete geduldig, bis sie erzählen würde. Tag für Tag kamen Leute zu ihm, um ihre Sorgen, ihre Verzweiflung, ihre Bitterkeit bei ihm auszuschütten. Er kannte die Schicksale der Verschwundenen, der von den Nazis Verschleppten – Ehepartner oder Verwandte, die verhaftet wurden und von denen jede Spur fehlte. Er kannte die finanziellen Nöte, die schleichende Armut und Verzweiflung der Menschen über die schlechte wirtschaftliche Lage. Er hörte zu, sprach ein paar tröstende Worte – mehr konnte er in den meisten Fällen nicht tun, obwohl er wusste, dass dies nicht ausreichte.

„Es geht um mein Kind", sagte Gertruda.

„Der kleine Junge mit den blauen Augen, der in der Kirchenbank wartet?"

„Ja, Michael."

Die Angst, zu viel preiszugeben, ließ sie erneut verstummen. Ihr ganzer Körper zitterte vor Anspannung. Doch sie wusste, der Priester war ihre einzige Hoffnung. Der einzige Mensch, dem sie vertrauen konnte.

Als sie ihm die Wahrheit erzählte, weiteten sich seine Augen vor Erstaunen. „Ich hatte keine Ahnung, dass er ein jüdisches Kind ist."

Gertruda wischte sich mit ihrem Taschentuch die Augen. „Ich habe Angst", sagte sie mit erstickter Stimme. „Angst, dass die Nazis die Wahrheit herausfinden und mir Michael wegnehmen. Dass sie ihn umbringen. Wenn das geschieht, dann will ich auch nicht mehr weiterleben."

„Der Junge soll herkommen." Der Pater nickte ihr aufmunternd zu.

Sie ging Michael holen.

„Michael", fragte der Priester, „weißt du, wer Jesus ist?"

„Der Mann, zu dem alle beten", antwortete der Junge und dachte an all die Gebete, die er in der Kirche gehört hatte.

„Kennst du denn auch die Heilige Dreieinigkeit?"

Michael zog nachdenklich die Stirn in Falten und wiederholte dann, was Gertruda ihm beigebracht hatte: „Der Vater ... der Sohn ... und der Heilige Geist."

Pater Gedovsky holte Weihwasser, benetzte damit Michaels Stirn und sprach ein Gebet.

„Von nun an bist du ein Christ und sollst zu uns gehören", sagte er. „Und ab morgen besuchst du hier bei uns die katholische Internatsschule."

Gertruda spürte, wie eine Welle des Glücks und der Erleichterung sie durchströmte. Dies war mehr, viel mehr, als sie erwartet hatte.

„Aber ...", stammelte sie, „aber ich habe kein Geld, um das Schulgeld zu bezahlen."

Pater Gedovsky lächelte. „Das lassen Sie meine Sorge sein", sagte er. „Mein Lohn kommt von Gott dem Allmächtigen."

Und zu Michael sagte er: „Komm, setz dich zu mir. Möchtest du eine Geschichte hören?"

Der Junge nickte.

„In der Bibel, im Buch Daniel, steht die Geschichte von König Nebukadnezar aus Babylon. Eines Nachts wachte der König nach einem schrecklichen Albtraum auf. In seinem Traum hatte er eine Statue gesehen, mit einem Kopf aus purem Gold. Plötzlich löste sich von einem Berg ein großer Felsbrocken und zerschmetterte die Statue in tausend Stücke. Der König ließ die Weisen des Landes rufen und befahl ihnen, seinen Traum zu deuten, doch keinem von ihnen gelang es. Als der Prophet Daniel davon erfuhr, ging er zum König und deutete seinen Traum. ‚Die Statue', so sagte er zu ihm, ‚ist dein Königreich. Und der Felsbrocken ist das himmlische Königreich, das kommen wird, um dein Reich in Staub und Asche zu legen.'"

Lächelnd sah er Michael an. „Weißt du, welches Reich Nebukadnezars Reich ist?"

Michael schaute ihn mit großen Augen an, doch Gertruda nickte. Der Vergleich mit der Naziherrschaft war offensichtlich.

„Und ich bin ganz sicher", schloss Pater Gedovsky, „dass die Bösen genauso enden werden wie Nebukadnezars Statue."

Leichten Herzens ging Gertruda mit Michael an jenem Abend nach Hause. Der Junge war in Sicherheit, zumindest für die nächste Zeit. Sie dachte an seine christliche „Taufe". Michael war als Jude geboren, und sie war sicher, wenn der Krieg vorüber war, würde er wieder Jude sein.

11.

Am ersten Schultag zog Michael seine besten Sachen an, packte seine Habseligkeiten in einen kleinen Koffer und ging mit Gertruda zur Ostra-Brama-Kirche.

Pater Gedovsky hieß sie beide herzlich willkommen. „Lassen Sie den Jungen ruhig hier und gehen Sie in Frieden", sagte er zu Gertruda. „Hier ist er in Sicherheit."

Gertruda küsste Michael zum Abschied. Er sah sie traurig an.

„Hab keine Angst", sagte sie, „ich komme dich ganz oft besuchen."

Der Priester begleitete ihn zum Internatsgebäude neben der Kirche, zeigte ihm seinen Platz in einem der Schlafsäle und stellte ihn seiner Klasse vor. Die anderen Kinder musterten den Neuen mit unverhohlener Neugier. Als man ihn in der Pause nach seiner Familie fragte, antwortete Michael, was Gertruda ihm eingeschärft hatte: Seine Mutter war Witwe, er hatte keine Geschwister, und sein Vater war ein polnischer Offizier gewesen und im Krieg gefallen.

In seiner ersten Nacht im Internat weinte sich Michael in den Schlaf, krank vor Heimweh. Er vermisste Gertruda. Die fremde Umgebung und die Angst, dass jemand die Wahrheit über ihn herausfinden würde, machten dem Sechsjährigen schwer zu schaffen.

In den folgenden Tagen war er damit beschäftigt, sich an die Gebete und Lesungen aus der Bibel zu gewöhnen, an den Unterricht und die strenge Hand der Lehrer. Doch er rief sich immer wieder ins Gedächtnis, was Gertruda beim Abschied gesagt hatte: „Die Internatsschule in der Kirche ist der einzige Ort, wo dich niemand findet. Und ich verspreche dir, dass ich dich dort heraushole, sobald die Gefahr vorbei ist."

Michael wusste, dass er auch in der Schule auf der Hut sein musste. Gertruda hatte ihm verboten, in Gegenwart anderer Kinder zu duschen oder auf die Toilette zu gehen, damit niemand seine jüdische Herkunft bemerkte.

Trotz des strengen Unterrichts und der Angst, entdeckt zu werden, die ihn Tag und Nacht begleitete, hatte das Leben im Internat für Michael bald auch seine angenehmen Seiten. Es gab genug zu essen, er hatte sein eigenes Bett, und Pater Gedovsky hatte ein Auge auf ihn. Natürlich gab es, wie überall, auch hier Kinder, die ihn freundlich aufnahmen, und solche, die versuchten, ihn mit ihren Sticheleien zu ärgern. Zum Glück gelang es Michael, rasch Freundschaften zu schließen und denen, die ihn hänseln wollten, aus dem Weg zu gehen.

Einer der Jungen, mit denen Michael das Zimmer teilte, war Stephen, ein Sohn katholischer Eltern, die durch den Krieg ihren ganzen Besitz verloren hatten. Er stammte aus einer kinderreichen Familie, und Pater Gedovsky hatte ihn aus Mitleid ins Internat aufgenommen, weil die Eltern nicht mehr alle Kinder ernähren konnten. Stephen war elf Jahre alt und ein notorischer Lügner und Unruhestifter. Michael hatte jedoch bei ihm einen Stein im Brett, da er ihm immer von den Süßigkeiten abgab, die Gertruda ihm von Zeit zu Zeit brachte.

„Schau mal, die da", raunte ihm Stephen eines Tages zu. „Die sieht aus wie eine typische Jüdin." Er zeigte dabei auf eine neue Schülerin, die vor zwei Tagen ins Internat gekommen war.

„Wieso meinst du?", fragte Michael so harmlos wie möglich.

„Sieh sie dir doch an. Ihre Augen: schwarz wie die Augen des Teufels. Und erst ihre jüdische Hakennase. Außerdem hat sie einen krummen Rücken. Nur Juden können so aussehen."

„Aber sie heißt Marina. Das ist kein jüdischer Name", verteidigte Michael das Mädchen. Und wenn sie nun tatsächlich Jüdin war? Es durfte auf keinen Fall bekannt werden – genauso, wie niemand wissen durfte, dass er selbst Jude war. Wenn sein Freund solche Gerüchte in die Welt setzte, könnte das für das Mädchen schlimme Folgen haben.

„Erzähl doch keinen Quatsch", sagte Stephen abfällig. „Hast du noch nie gehört, dass Juden sich absichtlich falsche Namen zulegen, damit sie besser untertauchen können?"

„Trotzdem", beharrte Michael, „ich glaube nicht, dass sie Jüdin ist."

„Und wenn doch?" Stephen sah ihn herausfordernd an. „Ich sag's meinem Vater, der kennt einen deutschen Offizier. Dann kommen die Deutschen her – die werden in null Komma nichts die Wahrheit rausfinden."

„Wie denn? Was werden sie mit Marina machen?"

Stephen zuckte die Achseln. „Was sie mit allen Juden machen", sagte er gleichgültig und machte eine Geste, als würde er jemanden erwürgen.

In einem unbeobachteten Augenblick schlich Michael zu Pater Gedovsky ins Büro und erzählte ihm von Stephens Verdacht.

„Danke, dass du mir davon berichtet hast", sagte der Priester ernst.

„Ich wusste nicht, dass es außer mir noch andere jüdische Kinder hier gibt", wunderte sich Michael.

„Hier gibt es überhaupt keine jüdischen Kinder." Der Priester lächelte sein geheimnisvolles Lächeln.

Noch am selben Tag klopfte es plötzlich während des Unterrichts. Es war Pater Gedovsky, in Begleitung einer schlicht gekleideten Frau. Um den Hals trug sie eine Kette mit einem großen Kreuz. „Kann Marina bitte kurz kommen?", sagte er zu der Nonne, die gerade die Klasse unterrichtete. „Ihre Mutter möchte sie sprechen." Das kleine Mädchen stand erstaunt auf. Sie hatte die fremde Frau noch nie in ihrem Leben gesehen, doch sie gehorchte und ging mit den beiden vor die Tür.

„Ich weiß, dass das nicht deine Mutter ist", erklärte ihr der Pater, als sie außer Hörweite waren. „Aber wir müssen so tun, als ob. Wenn jemand auch nur den geringsten Verdacht hätte, wer du bist, dann wärst du hier nicht mehr sicher. Von jetzt an erzählst du jedem, der dich fragt, deine Mutter heißt Johanna, dein Vater ist nicht mehr am Leben, und du bist von Geburt an katholisch. Klar?"

„Klar." Das Mädchen nickte und sah den Priester dankbar an.

Danach war die Sache erledigt und Stephen hörte auf, über Marinas jüdische Herkunft zu spekulieren.

Michael fragte sich, wer wohl die Fremde gewesen war, die sich als Marinas Mutter ausgegeben hatte, doch er traute sich nicht, den Pater darauf anzusprechen.

Erst viel später, nach Kriegsende, erfuhr Gertruda die Wahrheit: Die Frau war Pater Gedovskys Schwester.

12

Im Sommer 1942, als in den Obstplantagen des Kibbuz Kfar Giladi die Birnen reiften, glaubten nur wenige, dass die Kibbuzbewohner die Ernte einbringen würden. Wie überall in Palästina herrschte auch hier die Angst vor einer drohenden deutschen Offensive. Gerüchte, dass Hitlers Truppen bald in Palästina einmarschieren würden, verbreiteten sich wie ein Lauffeuer. Von Libyen aus war der legendäre Generalfeldmarschall Rommel auf dem Vormarsch nach Alexandria.

Die Bedrohung hing wie ein Damoklesschwert über den Menschen im Kibbuz. Wohin sollten sie im Falle eines militärischen Angriffs fliehen? Britische Diplomaten evakuierten bereits ihre Familien in den Irak und warteten auf den Rückzugsbefehl, da sie die Überlegenheit der deutschen Wehrmacht fürchteten.

In Kfar Giladi wurde eine Krisensitzung einberufen, an der auch die siebzehnjährige Elisheva Rink teilnahm. Die Kibbuzbewohner hatten sich im großen Speisesaal versammelt, wo Mitglieder der „Hagana" über die Kriegsgefahr informierten („Hagana" – hebräisch: „Verteidigung"; zionistische paramilitärische Untergrundorganisation in Palästina; d. Übers.).

Verteidigungsmaßnahmen wurden diskutiert, wie etwa das Aufstellen bewaffneter Posten an den Hauptverkehrsstraßen, und wieder verworfen. Auf dem Boden von Kfar Giladi waren, wie überall im Land, in geheimen Lagern Waffen vor den Briten versteckt, doch es waren zu wenige, um den deutschen Angreifern die Stirn zu bieten. Die Angst war groß, dass die Nazis bis Palästina vordringen und auch dort Tod und Zerstörung verbreiten, Zivilisten töten oder in Konzentrationslager sperren würden. Die Hagana-Mitglieder sprachen von einem „zweiten Masada". Nach diesem Plan sollten ähnlich wie auf der antiken Bergfestung Masada im Krieg gegen die Römer

Zehntausende von Juden in Festungen und Höhlen im Karmelgebirge Zuflucht finden.

Elishevas Gedanken wanderten zu ihrem Vater. Seit sie in Palästina war, hatte sie nur einen einzigen Brief von ihm erhalten. Sie wusste nicht, wo er sich aufhielt, ob er verwundet, in Gefangenschaft oder überhaupt noch am Leben war. Falls er noch lebte und immer noch SS-Offizier war, bestand vielleicht sogar die Aussicht, dass er nach Palästina kommen würde. Doch was dann? Würde er sie vor dem sicheren Tod bewahren können? Würde er auch andere retten?

Nun, angesichts einer möglichen deutschen Invasion, war es umso wichtiger, dass niemand im Kibbuz etwas über ihren Vater erfuhr, noch nicht einmal ihre engsten Freunde.

13.

Im Sommer 1942 klopfte Kurt Baumer eines Tages an die Tür von Karl Rinks Büro in Wilna. Karl öffnete und war überrascht, seinen alten Freund zu sehen. Sie gingen in ein bei deutschen Offizieren beliebtes Restaurant in der Stadt. Baumer erzählte, dass er lediglich auf der Durchreise sei, unterwegs zu seinem neuen Einsatzort. „Sagt dir der Name Walter Rauff etwas?"

Karl bejahte. Rauff hatte den Einsatz der „Gaswagen" vorangetrieben, Lastwagen mit geschlossenem Aufbau, in denen Tausende von Juden den Tod durch Auspuffgase fanden, die ins Innere der Wagen eingeleitet wurden.

„Bald werde ich unter seinem Kommando stehen", sagte Baumer. „Rauff hat eine Spezialeinheit von vierundzwanzig SS-Leuten angefordert, um die Judenvernichtung in Palästina zu organisieren, sobald unsere Armee dort einmarschiert ist. Er ist überzeugt, dass uns die nicht jüdische Bevölkerung auch dort, wie in anderen besetzten Ländern, bei der Arbeit unterstützen wird." Die militärische Führung, berichtete er, sei bereits in Kontakt mit einigen Agenten in Palästina, die wichtige Informationen für die geplante Vernichtungsstrategie lieferten.

Karl Rink brauchte eine Weile, bis die Worte zu ihm durchdrangen. Helga, dachte er. Es durfte einfach nicht sein.

Rink räusperte sich. „Und wann wird es so weit sein?", fragte er matt.

„Schon bald, denke ich. Unsere Armee rückt rasch vor."

Karl wand sich innerlich, rang mit sich, zögerte, doch er konnte nicht anders – er musste Baumer die Wahrheit sagen. Er war der Einzige, der ihm vielleicht helfen konnte.

Als er ihm von Helga erzählt hatte, sah Kurt ihn erstaunt an. „Ich hatte keine Ahnung, dass du eine Tochter in Palästina hast."

Rink schrieb ihm die Adresse von Jossi Millmann vom Kibbuz Dafna auf einen Zettel und schob ihn über den Tisch. „Über Millmann kannst du erfahren, wo Helga ist", sagte er. „Vielleicht kannst du verhindern, dass ihr etwas passiert."

Kurt steckte den Zettel in seine Tasche. „Keine Sorge. Deiner Tochter soll kein Haar gekrümmt werden."

„Danke", sagte Karl. Danach erkundigte er sich, ob Kurt irgendetwas über Mira und ihr Verschwinden gehört habe.

Baumer schwieg. Rink konnte sehen, dass er nicht darüber reden wollte. „Ich habe dir doch gesagt, hör auf, dich damit zu quälen", war alles, was er herausbrachte.

Karl sah ihm ins Gesicht. „Ich weiß, dass du mir etwas verschweigst."

„Hätte ich dir damals in Berlin die Wahrheit gesagt, hätte man mich sofort exekutiert."

„Wir sind nicht mehr in Berlin, Kurt. Jetzt kannst du es mir sagen."

„Ich habe es dir bereits gesagt: Es hat keinen Zweck, weiter nach ihr zu suchen."

„Sie haben sie umgebracht, stimmt's?"

Baumer seufzte.

„Wer?"

„Das ist nicht schwer zu erraten."

„Schreider?"

„Er gab den Befehl. Seine Leute haben ihn ausgeführt. – Es tut mir leid, Karl."

Karls Gesicht war aschgrau. „Ich habe es mir beinahe gedacht."

In gedrückter Stimmung gingen sie an jenem Abend auseinander.

Bald darauf war Kurt Baumer mit Rauffs Einsatzkommando in Nordafrika, wo sie einen Fuhrpark von Lastwagen übernahmen und für den Transport nach Palästina vorbereiteten.

Aber Rauffs Plan sollte nicht aufgehen. Rommels Afrikakorps, das Richtung Suezkanal vorgestoßen war, wurde im November 1942 endgültig geschlagen und unter schweren Verlusten zum Rückzug gezwungen. Kurt Baumer wurde in Ägypten durch einen Hinterhalt von britischen Soldaten getötet.

Hitlers Truppen sollten das Gelobte Land niemals erreichen.

14.

Nichts schien den Frieden der kleinen, verschlafenen Stadt zu stören. Eingebettet in die grünen Hügel Norditaliens, fernab des Kriegsgeschehens, deutete nur das entfernte Dröhnen der Kampfflugzeuge von Zeit zu Zeit darauf hin, dass auch von Italien aus feindliche Gebiete bombardiert wurden. Selbst 1943, nachdem Italien einen Waffenstillstand mit den Alliierten unterzeichnet hatte und deutsche Einheiten in die nicht von den Alliierten eroberten Gebiete vordrangen, behielt die

Stadt ihr friedliches Gesicht. Die Einwohner zeigten wenig Interesse am Weltgeschehen. Die Einheimischen ereiferten sich stattdessen über die wegen des Krieges steigenden Obst- und Gemüsepreise. Abgesehen davon war es ihnen kaum je besser gegangen.

Aber der Frieden war trügerisch. Schon bald zeigte sich die Wehrmacht auch in ländlichen Gegenden. In der Nähe der Stadt wurden Soldaten stationiert, und auf den Straßen sah man Versorgungsfahrzeuge mit Truppen und Munition. Aufwändige Schießstände wurden gebaut, und Gewehr- und Pistolenschüsse zerrissen jetzt Tag und Nacht die Stille.

Jacob Stolowitzky verfolgte die Entwicklung mit Sorge. Früher oder später, so fürchtete er, würde man ihn finden und festnehmen. BBC London, der Radiosender, den er heimlich hörte, berichtete, dass die Alliierten bereits Süditalien und Sizilien erobert hatten. Jacob glaubte, der Krieg werde bald zu Ende sein, aber noch galt es vorsichtig zu sein. Er unternahm keine nächtlichen Spaziergänge mehr und hielt sich nur noch im Haus auf. Er las viel, half seiner Frau im Haushalt und wartete auf das Ende des Krieges. Aber sein scheinbar friedliches Leben sollte nicht mehr lange währen. Die Nazis hatten auch in Italien begonnen, die jüdische Bevölkerung systematisch auszurotten. Städte, Dörfer und Siedlungen wurden selbst in entlegenen Gebieten nach Juden durchkämmt, die sich vor den Todeskommandos zu verstecken suchten.

An einem Septembermorgen des Jahres 1943 ging ein heftiger Wolkenbruch nieder. Das Prasseln des Regens übertönte die Motorengeräusche der deutschen Militärfahrzeuge, die sich zum ersten Mal ihren Weg durch die Stadt bahnten. Gruppen bewaffneter Soldaten gingen von Haus zu Haus, durchsuchten jede Scheune und machten auch vor Klöstern nicht halt.

Bald standen sie vor der Tür des einsamen Hauses am Ortsrand. Sie klopften und verlangten nach Ausweispapieren.

Anna zeigte ihnen ihren italienischen Pass und ihre Heirats-urkunde. Die Soldaten warfen einen flüchtigen Blick auf die Dokumente und nahmen Jacob ins Kreuzverhör. Da er aus Polen stammte, sagten sie, müssten sie ihn leider festnehmen. Anna flehte sie an, ihn zu verschonen. Ihr Mann sei schwer krank und dürfe das Haus nicht verlassen. Sie bot ihnen sogar Geld an. Die Soldaten nahmen das Geld, führten Jacob aber trotzdem ab. Später, beim Verhör, stellte sich heraus, dass er Jude war.

Anna mobilisierte den Bürgermeister, der daraufhin versuchte, mit den Deutschen zu verhandeln, aber auch er konnte nichts erreichen. Jacob Stolowitzky wurde mit anderen verängstigten Juden aus den benachbarten Orten auf einen Lastwagen verfrachtet und zum Bahnhof abtransportiert. Der Zug fuhr nach Auschwitz.

Anna sollte ihren Mann nie wiedersehen.

15.

Der Befehl zur „Liquidierung" des Wilnaer Ghettos wurde Mitte September 1943 erteilt. Das gesamte Ghetto sollte aufgelöst und seine Bewohner in Vernichtungslager deportiert werden. Karl Rink hatte die Aufgabe, mit seiner Einheit die Leute aus den Häusern zu treiben und zum Abtransport zu sammeln. Doch er brachte es nicht über sich. An dem Tag meldete er sich krank.

Mit erhöhtem Aufgebot von Soldaten und verstärktem Waffeneinsatz kam es an jenem Tag zu Massenverhaftungen von Juden. Auf die Opfer wartete die Exekution in den Wäldern oder der Transport in die Todeslager. Nur Einzelnen gelang es, sich zu verstecken und der Ermordung zu entkommen.

Zwei Tage nach der Liquidierungsaktion wurde Karl Rink zu seinem Vorgesetzten Albert Schreck vorgeladen. Schreck verlor keine Zeit für Höflichkeitsfloskeln, sondern kam direkt zur Sache. „Was ist los mit Ihnen, Rink?"

„Wie meinen Sie das?"

„Ich habe gehört, Sie waren krank."

„Das war ich auch."

„Ernsthaft krank?"

„Natürlich."

Schreck sah Karl durchdringend an. „Ich beobachte Sie schon eine geraume Weile. Mir ist aufgefallen, dass Sie Ihren anfänglichen Enthusiasmus verloren haben. Sie halten sich im Hintergrund, Sie melden sich krank, Sie sind unkonzentriert und nicht wirklich bei der Sache. Was ist mit Ihnen passiert?"

„Nichts. Ich weiß nicht, was Sie meinen."

„Oder gibt es etwas, das Sie vor mir verheimlichen wollen, Rink?"

Karl hielt seinem Blick stand. „Nein, natürlich nicht."

Schreck seufzte. „Das will ich hoffen. Wie dem auch sei", fuhr er fort, „ich habe eine neue Aufgabe für Sie. Vielleicht wird diese neue Herausforderung Ihrer Motivation zuträglich sein." Er nahm ein Blatt Papier auf seinem Schreibtisch, unterschrieb es, steckte es in einen Umschlag und reichte ihn Rink.

„Ihre Versetzung", sagte er. „Sie fahren noch heute nach Kaunas. Melden Sie sich bei Lagerkommandant Wilhelm Göcke im dortigen Ghetto. Er braucht Verstärkung."

Rink nahm den Umschlag und verabschiedete sich. Rasch packte er seine Sachen und ließ sich zum Bahnhof bringen. Im Zug zur litauischen Stadt Kaunas machte er sich Gedanken über den Grund für seine plötzliche Versetzung. Wie viel wusste Schreck wirklich über ihn?

Die deutsche Ghettoleitung in Kaunas bestand ausnahmslos aus brutalen, rücksichtslosen SS-Offizieren. Wilhelm Göcke, ein gebildeter Mann, der klassische Musik, Literatur und Philosophie liebte, war verantwortlich für die Hinrichtung von

Zehntausenden von Juden und sowjetischen Gefangenen im KZ Mauthausen in Österreich, das er vor seiner Versetzung nach Kaunas geleitet hatte. Zudem war er bei der Niederschlagung des Aufstands im Warschauer Ghetto sowie bei dessen Liquidierung aktiv gewesen.

Die Befehle, die Karl Rink von Berlin erhielt, waren unmissverständlich: Auflösung des Ghettos in Kaunas, „Vernichtung" der Frauen und Kinder, Einsatz der Männer als Arbeitskräfte in den Fabriken und den Produktionsstätten der Kriegsmaschinerie. Sein neuer Arbeitsplatz war in einer Schuhfabrik, wo er die jüdischen Arbeiter überwachte. Einige von ihnen waren noch Kinder, die zur Tarnung Erwachsenenkleider trugen, um dem KZ zu entgehen. Die Juden im Ghetto hatten gelernt, Göcke zu fürchten, doch sie wussten nicht, was für ein Mensch sich hinter der scheinbar undurchdringlichen Miene von Karl Rink verbarg. Nie gab er etwas von sich preis, doch er behandelte die Arbeiter anständig, schikanierte niemanden und sah großzügig darüber hinweg, wenn der eine oder andere zu schwach war, um das Produktionssoll zu erfüllen.

Zwischen Karl Rink und Moshe Segelson, dem jüdischen Leiter der Produktionsstätte, entwickelte sich, soweit das unter den Umständen möglich war, so etwas wie eine freundschaftliche Beziehung. Sie unterhielten sich gern über klassische Musik und deutsche Literatur und vermieden es, über den Krieg zu sprechen. Im Ghetto fanden regelmäßig Konzerte statt, bei denen unter anderem Werke jüdischer Komponisten gespielt wurden. Oft sah man Karl Rink in der ersten Reihe sitzen, wo er begeistert applaudierte und nach der Vorstellung lobende Worte für die Darbietungen der Künstler fand.

Am Neujahrstag stand Moshe Segelson plötzlich mit einem Geschenk vor ihm. „Das ist von uns allen", sagte er. „Als Dank dafür, dass Sie uns immer fair behandelt haben."

Doch Rink lehnte ab. „Wir dürfen grundsätzlich keine Geschenke annehmen", sagte er. „Aber ich verspreche Ihnen, dass sich auch ohne Geschenk an der Behandlung nichts ändern wird."

Karls Wohnung befand sich in einem großen Gebäudekomplex, in dem ausschließlich SS-Offiziere wohnten. In seinem Schlafzimmer über dem Bett hingen die gerahmten Fotografien von Helga und Mira.

Eines Morgens auf dem Weg zur Arbeit sah er, wie drei SS-Männer dabei waren, einen jüdischen Jungen gewaltsam in einen Wagen zu zerren. Dass Kinder auf offener Straße ergriffen wurden und für immer verschwanden, gehörte zum Alltag im Ghetto.

Karl konnte nicht tatenlos zusehen. Er ging zu den Männern und befahl ihnen, den Jungen loszulassen. „Ich kenne den Kleinen", log er. „Sein Vater ist ein jüdischer Spion. Er arbeitet für uns."

Sofort ließen die Soldaten von dem Jungen ab.

Am Nachmittag desselben Tages betrat ein ukrainischer SS-Mann die Schuhfabrik, um nach versteckten jüdischen Kindern zu fahnden. Segelson wusste, dass nur Rink das kommende Unheil abwenden konnte, und stürzte aufgeregt in dessen Büro. Dort gestand er, dass er tatsächlich Kinder auf dem Dachboden versteckt habe, unter anderem seine eigene Tochter. Rink ging zu dem Ukrainer und stellte ihn zur Rede.

„Wir wurden informiert, dass sich hier Leute auf dem Dachboden versteckt halten, Kinder wahrscheinlich. Jemand hat verdächtige Geräusche gehört."

„Das muss eine Fehlinformation sein. Hier gibt es keine Kinder auf dem Dachboden", versicherte Rink und befahl dem Mann, das Gebäude zu verlassen.

Kurze Zeit später kehrte der Ukrainer mit einem ranghöheren Vorgesetzten zurück.

Rink erklärte, er habe den Dachboden eigenhändig gründlich durchsucht und niemanden gefunden.

„Sind Sie da ganz sicher?"

„Hundertprozentig."

Als die beiden gegangen waren, dankte Segelson Karl Rink mit Tränen in den Augen für seine Hilfe. „Ich werde Ihnen nie vergessen, was Sie getan haben."

Segelson war auch ein geschickter Handwerker. Eines Abends bat ihn Rink, mit in seine Wohnung zu kommen, um eine Reparatur durchzuführen. Doch er lenkte seinen Wagen nicht nach Hause, sondern ziellos durch die Straßen. Lange Zeit fuhren sie schweigend durch die Stadt, und zum Schluss lieferte er Segelson unverrichteter Dinge zu Hause ab.

Am nächsten Morgen erfuhr Segelson, dass während seiner Abwesenheit in den Fabriken systematische Verhaftungen unter den Produktionsleitern stattgefunden hatten. Offensichtlich hatte Karl Rink davon gewusst.

16.

Der Vormarsch der sowjetischen Truppen ließ im Ghetto von Kaunas neue Hoffnung aufkeimen. Hinter vorgehaltener Hand trugen die Juden die freudige Nachricht weiter, die von BBC London als Erstes ausgestrahlt wurde und mittels einiger geheimer Radios im Ghetto empfangen werden konnte.

Auch in den deutschen Soldaten und ihren Befehlshabern ging eine Veränderung vor. Sie wirkten nervös und unsicher. Truppeneinheiten auf ihrem Weg an die Front fuhren durch Kaunas und mussten in den Wäldern die Angriffe von Partisanen abwehren. Sowjetische Kampfflugzeuge bombardierten die Stadt. Nachts erleuchteten Artilleriefeuer den Horizont.

In den Betriebsstätten des Ghettos ging die Arbeit ungeachtet des Kriegsgeschehens weiter. Rink kam wie immer jeden Morgen in sein Büro, doch er war rastlos und zerstreut. Moshe Segelson verstand, dass er in Ruhe gelassen werden wollte. Ihre Unterhaltungen waren knapp und beschränkten sich auf Dinge, die ihre Arbeit betrafen.

Eines Tages bat Rink Segelson in sein Büro und schloss die Tür ab. „Ich möchte gern mit Ihnen sprechen, und zwar nicht als Vorgesetzter, sondern von Mensch zu Mensch." Seine Worte versetzten Segelson in Erstaunen. Er sah ihn erwartungsvoll an.

Karl sprach leise und zögernd. „Der Krieg wird bald vorüber sein. Unsere Truppen sind geschwächt, und Deutschland wird sich demnächst geschlagen geben müssen. Ich wollte Ihnen sagen, dass ich die Juden nie gehasst habe. Meine Frau war Jüdin. Unsere Tochter konnte ich in letzter Minute aus Deutschland herausschmuggeln. Und ich habe immer getan, was ich konnte, um wenigstens einige Juden vor der Erschießung oder vor dem KZ zu bewahren. Ich tat es aus Überzeugung und ich war froh, wenn ich helfen konnte."

„Ich weiß", sagte Segelson.

Karl wischte sich die Schweißtropfen von der Stirn. „Vielleicht werde ich diesen Krieg nicht überleben", fuhr er fort. „Aber Sie haben gute Chancen." Er zögerte, bevor er weitersprach. „Ich möchte Ihnen ein Geheimnis anvertrauen. Versprechen Sie, dass Sie niemandem davon erzählen, bevor der Krieg zu Ende ist."

„Ich verspreche es."

„Meine Tochter Helga befindet sich in einem Kibbuz in Palästina, wo genau, weiß ich nicht. Falls Sie, wenn das hier alles vorüber ist, auch dorthin auswandern, dann bitte ich Sie: Suchen Sie meine Tochter auf und sagen Sie ihr, dass ich sie liebe. Erzählen Sie ihr, dass ihr Vater kein Mörder war. Ich möchte, dass sie die Wahrheit über meine Rolle bei der SS erfährt."

Segelson gab sich keine Mühe, sein Erstaunen zu verbergen. „Und Sie sind sicher, dass Ihre Tochter in Palästina ist?"

„Sie konnte kurz vor Kriegsausbruch mit einer Gruppe von

Kindern und Jugendlichen evakuiert werden. Eine jüdische Hilfsorganisation in Berlin hat die Ausreise organisiert. Helgas Gruppe wurde von einem Jossi Millmann begleitet, vom Kibbuz Dafna. Er weiß, wo sie sich jetzt befindet."

„Wenn ich Palästina lebend erreiche", sagte Segelson, „dann verspreche ich, dass ich nach Ihrer Tochter suchen werde."

Rink reichte ihm die Hand zum Abschied. Segelson wurde bewusst, wie unwirklich die ganze Situation war. Dass ein SS-Offizier einem Juden die Hand schüttelte, war in der Tat ungewöhnlich, aber Rink hatte schon viele ungewöhnliche Dinge getan.

„Ich bin dankbar, dass wir uns kennenlernen durften", sagte Segelson.

„Das bin ich auch."

Rink nahm den Mantel vom Haken und verließ sein Büro. Segelson sah ihn nie wieder.

17.

Selbst jetzt, wo Michael in der katholischen Internatsschule eine verhältnismäßig sichere Zuflucht gefunden hatte, wollte die Angst nie vollständig weichen. Gertruda fürchtete noch immer, dass irgendetwas Unvorhergesehenes geschah und sein Geheimnis entdeckt würde. Verzweifelt hoffte sie auf ein baldiges Ende des Krieges, doch als die sowjetischen Luftangriffe auf Wilna zunahmen, wurde ihr klar, in welcher Gefahr sie schwebten, wenn sie in der Stadt blieben. Immer wieder wurden Wohngebiete von wahllos abgeworfenen Bomben getroffen und unzählige Zivilisten verletzt oder getötet. Wer in der Stadt blieb, musste mit diesem Risiko leben. Gertruda hatte Angst, dass auch die Kirche und die Internatsschule nicht verschont bleiben würden.

Kurz entschlossen packte sie ein paar Kleider und die allernotwendigsten Dinge und eilte zum Internat, um Michael abzuholen.

„Wohin gehen wir?", fragte der Junge erstaunt.

„Dorthin, wo wir sicher sind", antwortete sie.

Sie warteten bis zum Einbruch der Dunkelheit und gingen dann stundenlang auf unbeleuchteten Nebenstraßen, bis sie ein kleines Dorf erreichten. Hungrig und müde fanden sie Unterschlupf in den Trümmern eines verlassenen Hauses, wo sie die Nacht verbrachten. Als die Morgendämmerung heraufzog, setzten sie ihren Weg fort, bis sie zu einem großen Haus kamen, das auf einer Anhöhe über dem Dorf lag. Gertruda klopfte an die Tür. Eine ältere Hausangestellte öffnete und musterte die beiden neugierig.

Nachdem Gertruda sich vorgestellt hatte, bat die Frau sie herein und ging den Hausherrn holen. Im Korridor war es angenehm warm, und aus der Küche duftete es nach Essen. Kurz darauf kam ein junger bärtiger Mann auf sie zu.

„Ich bin froh, dass Sie gekommen sind", sagte er zu Gertruda. „Ist das Ihr Sohn?"

Sie nickte.

„Ich habe bereits ein Zimmer für Sie richten lassen", fügte er hinzu und führte sie zu einem kleinen Raum unter dem Dach. „Sehr komfortabel ist es nicht", sagte er entschuldigend, „aber ich hoffe, Sie sind damit zufrieden."

„Ja, danke, mehr als zufrieden."

„Kommen Sie, ich möchte Sie meiner Frau vorstellen."

Sie folgten ihm in ein großes Schlafzimmer. In der Mitte des Raumes stand ein kunstvoll verziertes Himmelbett, in dem eine blasse junge Frau lag. Auf dem Nachttisch häuften sich Schachteln und Fläschchen mit Medikamenten.

„Karla", sagte der Mann liebevoll zu seiner Frau, „das ist Gertruda. Sie wird sich um dich kümmern, bis es dir besser geht."

Gertruda trat ans Bett, um die Frau zu begrüßen, die sie teilnahmslos anschaute. Sie schüttelte ihre kraftlose Hand und zwang sich zu einem Lächeln. „Ich werde Ihnen helfen, so gut ich kann", sagte sie, und die Frau nickte.

Gertruda wusste, dass die Patientin seit Jahren an Lungentuberkulose litt. Ihr Mann hatte sie damals zu Dr. Berman in die Praxis gebracht, und durch die Behandlung hatte sich ihr Zustand etwas stabilisiert. Auf diese Weise hatten sie Gertruda kennengelernt. Der Mann hatte ihr damals eine Stelle als Krankenpflegerin für seine Frau angeboten. Sie hatte geantwortet, sie würde es sich überlegen. Sie käme allerdings nur unter der Bedingung, dass sie ihren Sohn mitbringen dürfe. Der Mann hatte nichts dagegen gehabt.

Und nun waren sie hier. Er war ein reicher Großgrundbesitzer und hatte ihr damals ein fürstliches Gehalt versprochen, mehr, als Dr. Berman ihr je bezahlen konnte.

Gertruda atmete auf. Hier auf dem Land waren sie sicher, zumindest für die nächste Zeit. Die Stadt und die Luftangriffe lagen in weiter Ferne. Dennoch barg ihr Aufenthalt in diesem Haus ein untrügliches Risiko. Tuberkulose war hochgradig ansteckend und eine Krankheit, die damals häufig zum Tod führte.

Gertruda hatte das Risiko abgewogen. Michael würde mit der Kranken nicht in Berührung kommen. Er war hier, trotz allem, um ein Vielfaches sicherer als in Wilna. Sie konnten sich nicht darauf verlassen, dass sie noch einmal durch ein Wunder gerettet wurden, so wie damals, als der SS-Offizier Karl Rink sie in Schutz genommen hatte. Solche Wunder geschahen in der Regel nicht zweimal. Auch deshalb war sie dankbar für ihre Zuflucht fernab der Stadt. Und sie war froh, dass die Tuberkulosepatientin in der Zwischenzeit nicht verstorben war.

Der Großgrundbesitzer bedauerte, dass Dr. Berman ins Ghetto gekommen war und nicht mehr praktizieren konnte.

Unterdessen hatte er zahlreiche andere Ärzte aus der Umgebung bemüht, die manchmal zwei- bis dreimal pro Woche kamen, um die Patientin zu untersuchen. Sie verschrieben immer wieder andere Medikamente, doch auch wenn sich ihr Zustand dadurch gelegentlich etwas besserte, hielt die Besserung nie lange an.

Gertruda saß tagelang geduldig am Bett der Kranken, fütterte sie, achtete darauf, dass sie ihre Medikamente regelmäßig einnahm, las ihr Bücher vor und unterhielt sich mit ihr, sofern die Patientin genug Kraft dazu hatte.

Nach einigen Monaten verschlechterte sich ihr Zustand zusehends. Gertruda pflegte die Frau rund um die Uhr und betete um ihre Heilung. Es war ihr bewusst: Wenn die Patientin starb, würde in diesem Haus auch keine Pflegerin mehr benötigt. Und dann wäre ihre und Michaels Zeit im Schutz des abgelegenen Landhauses vorüber. Dann würden sie nach Wilna zurückkehren müssen, wo Krieg, Bomben und andere tödliche Gefahren auf sie warteten.

Die Frau lebte nur noch kurze Zeit. Der Krieg tobte weiter, und Gertruda wartete bange auf den Augenblick ihrer Entlassung. Doch der Großgrundbesitzer hatte offensichtlich andere Pläne. Nach dem Tod seiner Frau ließ er Gertruda in sein Büro kommen, dankte ihr für die aufopfernde Pflege und fragte, ob sie nicht bleiben wolle.

„Ich habe Ihre Anwesenheit schätzen gelernt", sagte er. Und nach einer kurzen Pause fügte er hinzu: „Ich mag Sie sehr gern, Gertruda. Würden Sie mich heiraten, wenn die offizielle Trauerzeit vorüber ist?"

Überrascht sah sie ihn an. Er war sonst ein eher wortkarger, etwas unbeholfener Mann. Aber es sprach für ihn, dass er sie und Michael immer behandelt hatte, als gehörten sie zur Familie. Sie wusste, wenn sie jetzt ablehnte, könnten sie keinen Tag länger in seinem Haus bleiben.

„Nun ...", stammelte sie, „das kommt für mich, ehrlich ge-

sagt, etwas überraschend. Ich ... ich brauche etwas Bedenk-
zeit."

Die Tatsache, dass sie ihm nicht sofort eine Absage gegeben
hatte, ermutigte ihn zum Weitersprechen. „Wissen Sie", fuhr
er fort, „meine Frau und ich konnten keine Kinder bekommen. Aber Sie sind noch jung. Mit Ihnen ... Ich meine, wir
könnten noch viele Kinder haben." Anscheinend hatte er sich
seinen Plan bereits genau zurechtgelegt, denn er fuhr fort:
„Natürlich müssten wir dann für Michael einen anderen Platz
suchen – falls wir heiraten und eigene Kinder bekommen, meine ich."

Gertruda schaute ihn fassungslos an.

„Ich werde alles tun, um für den Jungen ein erstklassiges
Internat oder eine gute Adoptivfamilie zu finden. Am Geld
soll es nicht scheitern."

„Es tut mir leid", entgegnete sie kühl. „Michael ist mein
Sohn. Er bleibt bei mir."

Abrupt stand sie auf, ging auf ihr Zimmer, packte ihre Sachen und verließ mit Michael stehenden Fußes das Haus.

Sie schritten zügig aus, vorbei an deutschen Soldaten, die
sich auf den Rückzug vorbereiteten. Bald hatten sie das Dorf
hinter sich gelassen und erreichten ein größeres Waldstück.
Gertruda sah mit Sorge, dass die Sonne schon tief am Horizont stand. Sie mussten dringend eine Bleibe für die Nacht finden. Im schwindenden Tageslicht entdeckten sie einen verlassenen Bunker.

Michael schmiegte sich ängstlich an Gertruda und konnte
die ganze Nacht kaum schlafen. Gertruda tat kein Auge zu.
Die Bombeneinschläge und das Dröhnen der Artilleriefeuer
kamen näher. Der Wind trug den Brandgeruch aus den Dörfern zu ihnen.

„Ich habe Hunger", wimmerte Michael.

Gertruda strich ihm über den Kopf und betrachtete besorgt
das zitternde Kind in ihrem Arm. Bei ihrem überstürzten Auf-

bruch hatte sie nicht daran gedacht, etwas zu essen oder zu trinken mitzunehmen. Doch ins Dorf zurück wagte sie sich nicht. Im Morgengrauen lief sie zu einem nahe gelegenen Feld und sammelte rasch ein paar Kohlköpfe ein. Am nächsten Tag brachte sie noch mehr Gemüse zu ihrem Versteck.

Über eine Woche lang lebten sie in dem Bunker, schliefen auf einem Lager aus Gras, das Gertruda auf dem harten Boden bereitet hatte, und ernährten sich von den Früchten des Feldes.

Eines Morgens hörten sie draußen vor dem Bunker Schritte. Sie hielten den Atem an und kauerten sich in einer Ecke zusammen, ängstlich darauf bedacht, kein Geräusch zu machen. Die Schritte kamen näher, und plötzlich verdunkelte die Silhouette eines Mannes den Eingang. Gertruda sah, dass er eine Uniform trug, konnte jedoch nicht erkennen, welche. Der Soldat hatte sie beide entdeckt und richtete seine Maschinenpistole auf sie. Michael unterdrückte einen Schrei und schloss die Augen.

„Nicht schießen!", rief Gertruda. „Wir sind Polen!"

Der Soldat ließ die Waffe sinken und lächelte. Er war Russe.

18.

Im deutschen Truppenhauptquartier in Kaunas hatte die Stimmung ihren Tiefpunkt erreicht. Blass und übernächtigt beugten sich die Offiziere über den Tisch, die geröteten Augen auf eine ausgebreitete Landkarte gerichtet. Die roten Linien auf der Karte, die den Vorstoß der Roten Armee markierten, mussten von Tag zu Tag verändert werden. Die deutschen Verteidigungslinien wurden allmählich durchbrochen, und die geschwächten Wehrmachtstruppen leisteten kaum noch Widerstand.

Die Nachrichten von der Front waren schlecht. Tausende waren gefallen, Zehntausende verwundet, Unzählige in Kriegsgefangenschaft. Überall wurden Gefechtspositionen aufgegeben, die Truppenteile traten panikartig den Rückzug an. In dieser entscheidenden Phase des Krieges stand die deutsche Niederlage unmittelbar bevor.

Plötzlich zerriss eine Explosion die Luft, gefolgt vom Hagel der Steilfeuergeschütze. Das Licht erlosch, die Wände des Hauptquartiers erzitterten und stürzten dann in einer gewaltigen Staubwolke in sich zusammen, während die erstickten Schreie der verwundeten Offiziere durch die Trümmer drangen.

Karl Rink war bewusstlos zu Boden gestürzt. Als er wieder zu sich kam, öffnete er die Augen und befühlte Arme und Beine. Zu seiner Erleichterung war er unverletzt. Eilig bahnte er sich zwischen den Toten und Verwundeten einen Weg nach draußen. Minuten später machte ein zweiter Einschlag das Gebäude dem Erdboden gleich.

Karl wusste, es wäre Selbstmord, in Kaunas zu bleiben und auf die Rotarmisten zu warten. Einige Tage zuvor hatte er siebenunddreißig jüdische Kinder und Jugendliche gerettet, die sich im Ghetto im Keller eines Hauses versteckt hielten. Doch von ihnen konnte er kaum erwarten, dass sie für ihn bei den russischen Soldaten ein gutes Wort einlegten. Die Russen würden jeden Deutschen auf der Stelle erschießen, ohne lange zu fackeln oder Fragen zu stellen. Er musste fliehen, und zwar auf dem schnellsten Weg. Für ihn war der Krieg ohnehin vorbei. Er hatte nur noch ein Ziel: nach Hause zurückzukehren.

Im Hof vor dem zerstörten Hauptquartier standen noch ein paar intakte Motorräder. Er überlegte nicht lange, schwang sich auf die erstbeste Maschine, in der ein Zündschlüssel steckte, und ließ den Motor an. Wie ein Wahnsinniger fuhr er drauflos, vorbei an endlosen Kolonnen von gebeugten, ausgemergelten Soldaten, die wie er auf der Flucht vor dem näher rückenden Feind waren. Als ihm das Benzin ausging, ließ er das Motorrad am Straßenrand liegen und lief zu Fuß weiter. Es gelang ihm, sich als blinder Passagier in einen Güterzug zu drängen, der langsam der deutschen Grenze entgegenkroch. Nach zwei Tagen ohne zu essen oder zu schlafen erreichte er ein halb zerstörtes deutsches Dorf. Auf einem Bauernhof fand er Unterschlupf. Die Bauersleute versorgten ihn mit einer kargen Mahlzeit und mit Zivilkleidung, verbrannten seine SS-Uniform und boten ihm ein Versteck in der Scheune. Rink blieb einige Tage, bis der Geschützdonner der Alliierten näher kam. Er musste weiter, nach Berlin.

Wochenlang marschierte er auf einsamen Nebenstraßen seinem Ziel entgegen, ernährte sich von Obst und Gemüse auf den Feldern, wenn er nicht zwischendurch in einem Dorf in den Genuss einer warmen Mahlzeit kam. Manchmal bot man ihm sogar für eine Nacht ein Dach über dem Kopf. Er schloss sich einer Gruppe von desertierten deutschen Soldaten an, die ebenfalls nach Berlin wollten. Sie waren meistens nur nachts unterwegs, der sowjetischen Armee nur wenige Kilometer voraus, und versteckten sich bei Gefahr in den Wäldern.

Endlich, nach acht Monaten, erreichte Karl Rink die Stadtgrenze Berlins. Die Stadt hatte schwer unter den Luftangriffen gelitten. Die meisten Gebäude lagen in Schutt und Asche, in den Straßen sah man nur wenige Menschen. Jeder wusste, dass die Russen unaufhaltsam vorrückten und es nicht mehr lange dauern würde, bis sie in die Stadt einmarschieren würden.

Karl suchte nach dem Haus, in dem sie einst gewohnt hatten. In der Straße, in der einst die vertrauten Gebäude gestanden hatten, fand er nichts als Trümmer. Von seinem Haus war nichts mehr übrig außer einem Haufen Steine und den Resten verkohlter Möbelstücke. Eine alte Frau in zerschlissenen Kleidern tauchte aus den Ruinen auf. Auf Karls Frage antwortete sie, die meisten Mieter der zerbombten Häuser seien umgekommen oder geflohen.

Rink lenkte seine Schritte zum SS-Hauptquartier. Bomben hatten den ganzen oberen Teil des Gebäudes weggerissen, doch im Untergeschoss herrschte hektische Betriebsamkeit. Keiner der Männer, die dort arbeiteten, nahm von ihm Notiz. Er ging zu Reinhard Schreiders Büro. Ohne zu klopfen trat er ein, doch das Zimmer war leer.

Er trat wieder hinaus auf die Straße. Ziellos lief er durch die Ruinen der Stadt, inmitten von einschlagenden Granaten, splitternden Steinen und Staubwolken, immer mit der Angst im Nacken, dass die feindlichen Truppen das Stadtzentrum jeden Augenblick erreichen würden. In den Trümmern der Häuser suchte er nach Essbarem, schlitzte mit seinem Soldatenmesser staubverkrustete Küchenschränke und Kühlschränke auf, doch er fand nichts.

19.

Der Soldat sprach nur Russisch, Gertruda nur Polnisch und Deutsch, doch der Russe verstand, dass die Frau und das Kind Hilfe brauchten, und bedeutete ihnen, ihm zu folgen. Draußen waren überall sowjetische Soldaten, Panzer und Lastwagen. Die Soldaten versorgten Gertruda und Michael mit Dosenfleisch, das sie gierig hinunterschlangen.

Sie erfuhren, dass die Rote Armee einen Tag zuvor in Wilna einmarschiert war und die Deutschen den Rückzug angetreten hatten oder gefangen genommen worden waren. Gertruda hätte jubeln können vor Freude und Erleichterung. Sie lachte und weinte zugleich, konnte es noch kaum begreifen. Fünf Jahre Angst und Schrecken, Leid und Entbehrungen, fünf Jahre Kampf ums nackte Überleben waren zu Ende. „Wohin wollen Sie jetzt gehen?", fragte er. Gertruda zuckte

die Achseln. Darüber hatte sie sich noch keine Gedanken gemacht.

„Dann fahren Sie am besten zurück nach Wilna. Im ersten
Lastwagen, der dorthin fährt, besorge ich einen Platz für Sie
und das Kind", entschied er für sie.

„Danke, das ist sehr freundlich", sagte sie und drückte Michaels Hand.

Die Essensrationen der Soldaten stillten ihren Hunger. Wenige Tage später brachte der Lastwagen sie nach Wilna. Statt
der deutschen bevölkerten nun sowjetische Soldaten die Stadt,
auf der Suche nach Beute und Frauen. Das jüdische Ghetto
hatte man dem Erdboden gleichgemacht. Die Überlebenden
der Luftangriffe irrten durch die Straßen, in der Hoffnung,
ihre Angehörigen oder Häuser zu finden.

Gertruda und Michael schlugen den Weg zur Ostra-Brama-
Kirche ein. Pater Gedovsky war noch da. Das Gesicht des
Priesters leuchtete auf, als sie vor ihm standen.

„Dank sei Gott, dass er euch beschützt hat!", rief er und
schloss Michael in die Arme. „Was haben Sie nun vor?", fragte er Gertruda.

Sie dachte an den Eid, den sie an Lydia Stolowitzkys Sterbebett geleistet hatte. Ja, sie musste Michael nach Palästina bringen. Aber zuvor musste sie noch etwas anderes tun.

„Vielleicht besuchen wir zuerst meine Eltern in Starogard",
erwiderte sie. „Ich mache mir Sorgen um sie. Die ganzen Jahre
habe ich nichts von ihnen gehört."

Der Priester schüttelte den Kopf. „So einfach geht das nicht,
meine Liebe. Polen ist noch immer ein besetztes Land."

Gertrudas Brauen zogen sich zusammen. Sie wusste, es war
nur eine Frage der Zeit, bis die deutschen Truppen auch aus
Polen abziehen würden, aber was würde in der Zwischenzeit
aus ihr und Michael werden?

„Wissen Sie, wo ich Arbeit finden kann?", fragte sie.

„Nun", lächelte der Pater, „ich könnte eine Putzfrau gebrauchen. Geld kann ich zwar nicht bezahlen, aber Sie hätten beide freie Kost und Logis, und Michael könnte wieder unsere Schule besuchen."

Ein besseres Angebot hätte ihr niemand machen können, schon gar nicht in einer zerstörten Stadt, die noch lange brauchen würde, bis die Wunden des Krieges verheilt waren.

„Vielen Dank", strahlte sie, „ich nehme die Stelle gerne an."

Noch am selben Tag bezogen sie ihr eigenes Zimmer, und Gertruda begann unverzüglich mit der Arbeit. Michael ging wieder zur Schule.

„Wie lange bleiben wir noch hier?", fragte er sie einige Tage später.

„Ein paar Wochen vielleicht, nicht länger", schätzte sie.

Doch es dauerte noch über ein halbes Jahr, bis Polen befreit war und der Bahnverkehr wieder in Betrieb genommen wurde.

20.

Gertruda und Michael verabschiedeten sich von Pater Gedovsky und bedankten sich noch einmal herzlich für seine Hilfsbereitschaft und Großzügigkeit. Er nahm ein paar Geldscheine aus seiner Brieftasche und drückte sie Gertruda in die Hand.

„Gottes Segen – und viel Glück", sagte er beim Abschied und sah ihnen noch lange nach, wie sie Hand in Hand Richtung Bahnhof gingen und um den nächsten Häuserblock verschwanden.

Auf dem Bahnsteig drängten sich die Reisenden. Zivilpersonen und sowjetische Soldaten stürmten die schmutzigen Güterwagen, mit denen der erste Zug nach Polen seit dem Krieg bestückt war. Gertruda und Michael standen dicht an dicht zwischen Hunderten von Menschen und warteten stundenlang in dem heißen, stickigen Waggon auf die Abfahrt des Zuges. Die Reise war endlos. Tagelang aßen sie nichts und teilten sich eine Flasche Wasser. Die meiste Zeit über mussten sie stehen, da der Platz zum Sitzen oder Liegen nicht ausreichte.

Die Menschen, die schon so viel Leid ertragen hatten, litten schweigend und geduldig weiter. Niemand traute sich auszusteigen, wenn der Zug unterwegs hielt. Unter den Reisenden befanden sich auch einige Kranke sowie eine Jüdin, die das KZ in Auschwitz überlebt hatte und in Warschau nach Angehörigen suchen wollte. Sie erzählte Gertruda, dass es in Deutschland neuerdings Lager für jüdische Heimatlose gab, die nach Palästina auswandern wollten.

An einem grauen, regnerischen Morgen hielt der Zug in aller Frühe in Warschau. Gertruda blickte auf die Ruinen der Stadt, die sich hinter dem Bahnhofsgelände ausdehnten. Es versetzte ihr einen Stich ins Herz, wenn sie an die guten Jahre dachte, die sie hier verbracht hatte. „Komm", sagte sie zu Michael. „Wir steigen aus."

„Wo gehen wir hin?"

„Zu deinem Elternhaus."

Männer und Frauen in zerlumpter Kleidung liefen scheinbar ziellos durch die Straßen der von Bomben zerstörten Stadt. Sie wühlten sich durch die Haufen von Steinen und Schutt, zersplittertem Holz, geborstenen Türen und verbogenen Wasserrohren auf den Ruinenhügeln, als hofften sie noch immer, etwas Wertvolles in den verlassenen Trümmern zu finden.

Gertruda und Michael suchten sich ihren Weg durch die Schuttberge und Häuserskelette. Sie hatten keine Ahnung, wo sie waren, denn auch Straßenschilder und Wegweiser waren verschwunden. Instinktiv schlug Gertruda den Weg zur Weichsel ein, von wo aus es leichter war, sich zu orientieren.

Zu ihrem Erstaunen war die Ujazdowska-Allee vom Bombenhagel verschont geblieben. Die herrschaftlichen Häuser waren unversehrt, genau wie an dem Tag, als sie mit Michael und Lydia vor den einmarschierenden deutschen Truppen geflohen war. Dann standen sie vor dem Gebäude mit der Hausnummer 9. Eine Metalltafel mit Reichsadler und Hakenkreuz hing über dem Eingang. Die Tür stand weit offen. Drinnen war der Boden mit verkohlten Papierfetzen bedeckt, Überreste hastig verbrannter Dokumente. Sie sah Schreibtische, verlassene Schreibmaschinen und einige Möbelstücke der Familie, umgekippt und zertrümmert. An den Wänden hingen noch die Hitler-Bilder.

Michael stand zuerst wie gelähmt in dem ganzen unwirklichen Szenario. Er wusste noch, wo sein Zimmer war, und fand dort ein paar kaputte Spielzeugteile, die wie Bruchstücke einer verlorenen Kindheit in seiner Hand lagen.

„Ziehen wir bald wieder hier ein?", fragte er.

„Nein, Michael. Ich habe deiner Mutter versprochen, dass ich dich nach Palästina bringe. Und genau das werden wir tun."

„Wer wird dann in unserem Haus wohnen?"

„Ich weiß es nicht. Vorläufig wird niemand hier wohnen können, aber rechtmäßig gehört dieses Haus jetzt dir. Und eines Tages wirst du vielleicht wiederkommen, um hier zu leben."

Lange Zeit blieben sie in dem verlassenen Haus, schritten durch die vertrauten Räume. Sämtliche Wertgegenstände – Gemälde, Statuen und historische Bücher – waren verschwunden. Was blieb, war Schmutz, Zerstörung und der Brandgeruch verkohlter Nazi-Dokumente.

Der Garten war völlig verwildert, die Blumen waren verdorrt, überall wucherte Unkraut. In der Garage stand ein Mercedesgeländewagen, offensichtlich mit defektem Motor. Daneben lag ein umgekipptes Wehrmachtsmotorrad.

Sie traten auf die Straße und schlugen den Weg zum Bahnhof ein. Auch die Nachbarhäuser waren unbeschädigt, doch auch sie standen leer und verlassen wie in einer Geisterstadt.

Auf den Bürgersteigen lümmelten russische Soldaten herum und dösten in der Sonne.

Das Flussufer war übersät mit Maschinengewehren, die nicht mehr zu gebrauchen und von der Wehrmacht zurückgelassen worden waren. Der See im Chopinpark hatte sich in einen trüben Sumpf verwandelt, die Pfauen waren verschwunden.

„Werden wir in Palästina auch ein Haus haben, so wie in Warschau?", fragte Michael.

Gertruda strich ihm über den Kopf. „Wir werden auch in einem Haus wohnen, vielleicht nicht in einem so großen, aber in einem richtigen Haus."

Nach einer weiteren Nacht im Zug erreichten sie den kleinen Bahnhof von Starogard. Gertruda nahm Michaels Hand und lenkte ihre Schritte zu ihrem Elternhaus. Von den Leuten, die ihnen begegneten, kannte sie niemanden.

Das Haus hatte schon einmal bessere Zeiten gesehen, und im Garten war schon lange kein Unkraut mehr gejätet worden. Gertruda fürchtete den Anblick, der sich ihnen beim Eintreten bieten mochte. Ihre Eltern waren schon damals bei Kriegsausbruch nicht mehr die Jüngsten gewesen, und sie hatte Angst, sie nicht mehr lebend anzutreffen.

Im Haus wirkte alles noch ärmlicher als in ihrer Erinnerung. Ihre Eltern waren beide noch da, doch sie waren sehr alt geworden. Ihre Mutter lag krank und fiebernd im Bett unter einer zerschlissenen Bettdecke. Ihre Augen füllten sich mit Tränen, als sie Gertruda sah. „Ich hatte schon keine Hoffnung mehr, dass du noch am Leben bist", sagte sie mit erstickter Stimme.

Ihr Vater erzählte, dass sie seit einigen Wochen bettlägerig sei. Der Arzt hatte eine Lungenentzündung festgestellt und zu einem Krankenhausaufenthalt geraten, doch das Krankenhaus war wegen der vielen verwundeten Flüchtlinge hoffnungslos überbelegt.

Gertruda und Michael in einem Flüchtlingslager
in Berlin, Juli 1947

„Wie gut, dass du gekommen bist", sagte ihr Vater. „Jetzt, wo
du da bist, wird Mutter sich vielleicht noch einmal erholen."

Ursprünglich hatte Gertruda geplant, nach ein paar Tagen
wieder abzureisen, doch der Zustand ihrer Mutter zwang sie,
länger zu bleiben.

Es war nicht leicht für ihre Eltern, über die Runden zu kommen, noch dazu mit zwei zusätzlichen Essern. Ihr Vater sagte,
im Krieg hätten sie sich ausschließlich von dem ernährt, was
sie auf den Feldern fanden. Es hatte keinen Tag gegeben, an
dem sie nicht hungrig ins Bett gegangen waren. Von den meisten Nachbarn wurden sie gemieden, da ihre Tochter, wie man
munkelte, zu den Juden übergelaufen und mit ihnen geflohen
war.

Gertruda fand eine Anstellung als Aushilfslehrerin in der
Schule eines Nachbarortes. Ihr mageres Gehalt reichte kaum,

um für die Familie Lebensmittel zu kaufen. Michael verbrachte meistens den ganzen Tag zu Hause. Niemand wollte seine Kinder mit ihm spielen lassen.

Monate vergingen, und allmählich kam ihre Mutter wieder zu Kräften. Ihr Appetit kehrte zurück und sie konnte wieder aufstehen. Als sie eines Sonntags nach der Kirche zusammen am Tisch saßen, sagte sie zu ihrer Tochter: „Jetzt, wo ich wieder gesund bin, wird das Leben endlich wieder seinen normalen Gang gehen. Du wirst eine feste Arbeit finden und ich verspreche dir, dass dein Vater und ich uns um Michael kümmern werden wie um unser eigenes Enkelkind."

Gertruda schüttelte den Kopf. „Wir können nicht bleiben, Mutter."

Die Eltern tauschten verständnislose Blicke.

„Ich habe Michaels Mutter versprochen, dass ich ihn nach Palästina bringen werde", sagte sie. „Und das werde ich auch tun."

„Aber Kind", versuchte ihre Mutter zu protestieren. „Du bist hier geboren, dies ist deine Heimat. Hier kann auch Michael eine Heimat finden."

„Ich weiß", entgegnete Gertruda. „Aber es war der Wunsch seiner Mutter, dass er als Jude aufwächst. Ich habe es ihr versprochen."

„Dann sieh zu, ob du ihn nicht allein nach Palästina schicken kannst, mit irgendeiner jüdischen Organisation. Warum musst du denn unbedingt mit? Du gehörst hierher. Was willst du in einem fremden Land, als Katholikin unter lauter Juden? Sie werden dich nie akzeptieren."

„Sie werden Michael akzeptieren, das ist die Hauptsache. Und wenn es ihm gut geht, dann geht es mir auch gut."

Die Eltern unternahmen noch weitere Versuche, um Gertruda zum Bleiben zu überreden. Doch all die zermürbenden Diskussionen führten zu nichts.

Sie konnte die Eltern nur vor vollendete Tatsachen stellen. „Michael und ich reisen morgen ab", sagte sie bestimmt. „Zuerst in ein jüdisches Flüchtlingslager und von dort aus weiter nach Palästina."

Sie packte ihre wenigen Sachen, bedankte sich bei ihren Eltern für ihre Gastfreundschaft und drückte ihnen einige Geldscheine von ihrem letzten Gehalt in die Hand. Sie verabschiedeten sich unter Tränen, in der Überzeugung, dass sie sich nicht mehr wiedersehen würden.

Gertruda kaufte Fahrkarten nach München, und nach einer langen Bahnfahrt erreichten sie die fremde Stadt. Sie nahmen sich ein Zimmer in einem heruntergekommenen Hotel in der Nähe des Bahnhofs, und Gertruda begann sofort, Erkundigungen einzuholen. Am nächsten Tag erfuhr sie von amerikanischen Soldaten, dass es in einem der Außenbezirke ein Flüchtlingslager gab.

Das Lager befand sich am Stadtrand, in der Nähe eines Waldes. Hinter einem hohen Zaun konnten sie eine Ansammlung von Baracken ausmachen. Vor einigen saßen Leute, Wäsche flatterte an der Leine, Kinder spielten mit einem selbst gebastelten Ball aus Lumpen. Im Büro des Hauptgebäudes wurde Gertruda gebeten, ein Formular auszufüllen, worauf ihnen ein überfülltes Quartier zugeteilt wurde.

Die einzelnen Schlafplätze in dem Matratzenlager waren nur durch Decken abgeteilt, ein durchdringender Schweißgeruch lag in der Luft.

„Wie lange bleiben wir hier?", fragte Michael.

„Ich hoffe, nicht lange."

„Und von hier aus fahren wir dann nach Palästina?"

„Ja, mein Sohn."

„Und dort treffen wir meinen Vater?"

„Vielleicht."

Das Schiff

Im Lager für „Displaced Persons", befreiten KZ-Gefangenen wie entwurzelten Heimat- und Staatenlosen, fieberten Gertruda und Michael ihrer Auswanderung entgegen. Im Hintergrund waren Agenten des von der Hagana ins Leben gerufenen „Mossad LeAlija Bet" (einem Büro für illegale Einwanderung in Palästina; d. Übers.) mit der Beschaffung von Schiffen beschäftigt, die geeignet waren, um die Tausenden von Holocaust-Überlebenden in ihre neue Heimat Palästina zu bringen.

Im Hafen von Baltimore in den USA wurden Mitarbeiter auf einen alten, ausgedienten Kahn aufmerksam, der im Dock für ausrangierte Schiffe langsam vor sich hin rostete. Am Bug prangte unter einer dicken Rostschicht noch der alte Name aus glorreichen Tagen: *President Warfield*.

Der ehemalige US-Vergnügungsdampfer war 1928 vom Stapel gelaufen und hatte damals über eine Million Dollar gekostet. Er war ein Kreuzfahrtschiff der Luxusklasse für betuchte Amerikaner gewesen, die sich die hohen Preise leisten konnten. An Bord hatte man sich jeden Abend in den Bars oder Tanzsälen amüsiert, wo erstklassige Bands und Solisten aufgetreten waren.

Als während des Krieges die Nachfrage nach Luxusdampfern sank, wurde die *President Warfield* als Passagierschiff ausgemustert und von der britischen Marine zum Truppentransporter umgebaut. Ihre Decks wurden mit Panzerplatten versehen, der Bug mit Kanonen ausgestattet und die edlen holzgetäfelten Kabinen herausgerissen, um Raum für militärisches Frachtgut zu schaffen.

Alte Seeleute glauben, dass auf manchen Schiffen ein Fluch

liegt. Auch die *President Warfield* galt bei ihnen als verfluchtes Schiff. Um das Böse abzuwenden, hatten die Seeleute ein Kruzifix am Bug befestigt, und auf dem dritten Deck spazierten drei Katzen mit Glück bringenden Amuletten um den Hals herum. Aber nichts half. Während des Krieges wurde das Schiff bei einem deutschen U-Boot-Angriff schwer getroffen. Es dauerte Monate, bis es repariert war und in den Besitz der amerikanischen Marine überging. Sie setzte es später für den Transport der Soldaten ein, die an der Landung in der Normandie beteiligt waren. 1946 wurde das Schiff vollständig aus dem Verkehr gezogen und im Schiffsfriedhof von Baltimore vor Anker gesetzt, bis es für 50.000 Dollar an eine unbekannte, insgeheim von „Alija Bet" (von hebräisch: „Alija" – Rückkehr; d. Übers.) gegründete Schifffahrtsgesellschaft verkauft wurde.

2.

Ein paar Panzer rumpelten träge am ehemaligen „Führerbunker" in Berlin vorbei, Lastwagen luden Soldaten aus, und Militärfahrzeuge passierten den großen Platz gegenüber der durch die Bombenangriffe fast völlig zerstörten Kaiser-Wilhelm-Gedächtniskirche. Eine beinahe gespenstische Stille lag über der Stadt. Es fehlte das Donnern der Geschütze, das schrille Kreischen der Minenwerfer, das Dröhnen der Flugzeugmotoren. Hitler und einige seiner engsten Gefolgsleute hatten Selbstmord begangen. Viele der Stabsoffiziere waren festgenommen und inhaftiert worden. Der Krieg war vorbei.

Im Stadtzentrum waren Straßensperren errichtet worden, und alliierte Soldaten kontrollierten die Papiere der Passanten. Karl Rink ging ihnen, wo immer er konnte, aus dem Weg, denn er fürchtete, dass man ihn verhaften würde, obwohl er Zivilkleidung trug. Früher oder später würde die SS-Tätowierung an der Innenseite seines Arms ihn verraten. Er flüchtete sich in ruhige Nebenstraßen, wich entgegenkommenden Gruppen von Soldaten aus und ging unermüdlich weiter, bis er sich im vornehmen Stadtviertel Wilmersdorf wiederfand, in dem viele Häuser von den Bomben verschont geblieben waren. Weit und breit waren keine Soldaten oder Militärfahrzeuge zu sehen. Die Straßen waren menschenleer, bis auf ein paar wenige Leute, die müde und schleppenden Schrittes ihrer Wege gingen. Die Geschäfte waren zu, Türen und Fensterläden verschlossen. Karl hatte seit Tagen nichts mehr gegessen und getrunken. Vergeblich suchte er in Mülltonnen nach etwas Essbarem.

Es würde ihm nichts anderes übrig bleiben, als um ein paar Groschen zu betteln, um seinen Hunger und Durst zu stillen.

Vor einem Hauseingang sah er einen alten Mann im Rollstuhl sitzen, eine karierte Decke über den Beinen. Zögernd ging Karl auf ihn zu.

„Entschuldigen Sie bitte", sagte er, „ich habe Hunger. Können Sie mir helfen?"

Der alte Mann musterte ihn eindringlich. „Wer sind Sie?"

„Ich war Soldat", antwortete Karl.

„Haben Sie Familie?"

„Meine Frau ist tot und meine Tochter lebt im Ausland."

„Kommen Sie mit", sagte der Mann. „Aber erwarten Sie nicht zu viel."

Karl schob den Rollstuhl ins Haus, wo sich im Erdgeschoss eine geräumige Wohnung befand. Der alte Mann dirigierte ihn in die Küche. Auf dem Tisch lag ein Laib Brot, und auf dem Herd stand ein Wasserkessel.

„Das ist alles", sagte er. „Aber Sie können sich gern einen Tee kochen und ein paar Scheiben Brot abschneiden."

„Das ist sehr freundlich von Ihnen", sagte Karl dankbar.

Der Mann im Rollstuhl beobachtete, wie sein Gast heißhungrig das Brot herunterschlang.

„Wo wohnen Sie?", fragte er schließlich.

„Nirgendwo. Ich habe keine Wohnung."

„Sie können vorübergehend bei mir wohnen, wenn Sie wollen. Meine Frau ist vor Kurzem gestorben, und ich könnte ein bisschen Hilfe gebrauchen."

Anfang August 1945 erhielt Helga-Elisheva Rink einen Brief ihres Vaters:

Liebe Helga,
endlich ist der Krieg zu Ende. Ich habe Glück gehabt. Ich bin noch am Leben und nicht in Gefangenschaft geraten. Offensichtlich hat Gott sich meiner erbarmt. Seit ein paar Tagen wohne ich bei einem alten Mann in Wilmersdorf. Er sitzt im Rollstuhl und braucht Hilfe, und dafür habe ich bei ihm freie Kost und Logis. Die Wohnung ist schön, und das Haus wurde bei den Luftangriffen nicht getroffen. Das ganze Stadtviertel ist beinahe unversehrt. Der alte Mann war ein wohlhabender Strumpffabrikant, während des Krieges hielten er und seine Frau sich durch den Verkauf von Wertgegenständen auf dem Schwarzmarkt über Wasser. Nun verkaufe ich von Zeit zu Zeit für ihn ein wertvolles Stück aus seinem Haushalt, um Geld für Lebensmittel und Medikamente zu bekommen. Ich habe hier ein eigenes kleines Zimmer, wir essen einfache, bescheidene Mahlzeiten, und der alte Mann gibt mir hin und wieder etwas Taschengeld.
Ich muss unbedingt Arbeit finden, aber momentan sieht es schlecht aus. In Berlin herrscht das Chaos. Industriebetriebe und viele Geschäfte sind entweder zerstört oder geschlossen, und neue haben noch nicht eröffnet. Truppen aus vier verschiedenen Ländern halten die Stadt besetzt, verhaften alle SS- und Gestapo-Mitglieder und sperren sie in Übergangslager. Ich hoffe, dass mir das nicht passiert.
Ich denke viel an Dich und Mutti und vermisse Euch beide. Es ist leider unwahrscheinlich, dass deine Mutter noch in der Welt der Lebenden ist.

Ich hoffe, es geht Dir gut, und freue mich auf den Tag, an dem ich Dich endlich wieder in die Arme schließen darf.
Dein Vater

3.

„Stolowitzky?", sagte einer der beiden Jungen vor Gertrudas und Michaels Schlafplatz im Lager. Er las die Namensschilder auf den Koffern, die vor Gertrudas Bett standen.

Sie kannten die beiden Jungen erst seit ein paar Minuten, als man ihnen die Betten in der Baracke zugeteilt hatte. Die Brüder Zvi und Joseph Yakobovitch hatten ihre ganze Familie in Auschwitz verloren. Die Eltern hatten den Tod in der Gaskammer gefunden und waren von den riesigen Krematorien verschluckt worden, doch die beiden Jungen waren durch ein Wunder verschont geblieben. Joseph war siebzehn und Zvi fünfzehn. Als die Rote Armee das Lager gestürmt hatte, war es ihnen gelungen, in dem allgemeinen Durcheinander zu fliehen. Sie hatten sich im Wald versteckt, bis russische Soldaten die beiden völlig ausgezehrten Jungen gefunden und in ein Militärkrankenhaus gebracht hatten.

„Sind Sie Frau Stolowitzky?", fragte Joseph.

„Ich nicht", antwortete Gertruda. „Aber er ist Michael Stolowitzky." Sie zeigte auf das schlafende Kind. „Ich bin seine Adoptivmutter."

„Wir kannten einen Herrn Stolowitzky in Auschwitz", erzählte der Junge. „Er wohnte mit uns in derselben Baracke."

„Wisst ihr noch, wie er mit Vornamen hieß?"

„Jacob. Er war immer freundlich und wie ein Vater zu uns. Doch dann steckten sie auch ihn in die Gaskammer."

Gertruda schauderte. Bisher hatte sie immer noch eine leise Hoffnung gehabt, dass Michaels Vater die Schrecken des Krieges überlebt haben könnte. Nun waren nur noch sie und Michael übrig.

„Hat er euch irgendetwas über seine Familie erzählt?"

„Nicht viel. Nur, dass er aus Warschau war und dort ein großes Haus besaß und eine Fabrik für Eisenbahnschienen. Und dass er nicht wusste, was aus seiner Frau und seinem Sohn geworden war."

„Bitte, kein Wort davon zu Michael." Gertruda sah die beiden flehend an. „Jacob Stolowitzky war sein Vater. Er glaubt, dass er immer noch am Leben ist."

Die Jungen versprachen, nichts zu erzählen, und Gertruda nahm sich vor, Michael erst dann die Wahrheit zu sagen, wenn sie in Palästina angekommen waren. Doch bis dahin lag noch eine lange und beschwerliche Reise vor ihnen.

Wie bei vielen Überlebenden war die Hölle der Vernichtungslager auch an den beiden Brüdern Yakobovitch nicht spurlos vorübergegangen. Nachts schlichen sie in die Küche und stahlen Brotlaibe, die sie dann unter ihren Kopfkissen versteckten. Sie horteten jeden Gegenstand, der irgendwie von Nutzen sein konnte: leere Pappkartons, stumpfe Messer, gebrauchte Bandagen, zerschlissene Kleidungsstücke und Bücher, die andere in den Müllcontainer geworfen hatten. Gertruda war die Einzige, der sie vertrauten und der sie zwischendurch ihr Herz ausschütteten. Von ihren Eltern hatten sie noch eine verblichene Fotografie, die sie vor ihrem Haus in Polen zeigte – die einzige Erinnerung an vergangene glückliche Tage.

Die beiden Jungen waren sehr musikalisch. Zvi erzählte, dass er früher Geigenunterricht gehabt hatte. Eines Tages lag eine alte Geige auf seinem Bett. Er glaubte zu träumen und betrachtete ungläubig den kostbaren Schatz. Später bedankte er sich freudestrahlend bei Gertruda, als er erfuhr, dass sie das Instrument für ein paar Groschen von einem der Flüchtlinge für ihn gekauft hatte.

Zvi begann mit leuchtenden Augen zu spielen. Er spielte so gut, dass viele Lagerbewohner kamen, um ihm zuzuhören. Es dauerte nicht lange, bis sich ein richtiges Jugendorchester gebildet hatte, bestehend aus Akkordeon, Flöte, Geige und Klavier. Die Lagerleitung erlaubte ihnen, in einer Ecke des Speisesaals zu proben, und schon bald gaben sie Konzerte. Und bei jedem Konzert reservierte Zvi zwei Sitzplätze in der ersten Reihe für Gertruda und Michael.

Die beiden Brüder wollten sich in Palästina einem Kibbuz anschließen. Zvi träumte davon, dort ein Orchester zu gründen, und Joseph freute sich auf die Arbeit auf den Feldern in der freien Natur. Sie waren traurig, dass ihre Eltern das alles nicht mehr erleben konnten. Ihr Vater, ein Lehrer, hatte schon immer ins Gelobte Land auswandern wollen. Doch dann kam der Krieg und es war zu spät. Zvi komponierte ein Lied auf Jiddisch im Gedenken an seinen Vater:

Mein Vater war ein kluger Mann,
war gut in Mathe,
kannte Raschi, Tora und Talmud,
nur eines wusste er nicht:
dass es bald zu spät sein würde
für eine Flucht
aus dem Land der genagelten Stiefel.

4.

Nach einer Woche gab der Mann im Rollstuhl ihm zum ersten Mal einen Tag frei. Karl Rink stand zeitig auf, half dem alten Mann beim Waschen und Anziehen, richtete ihm das Essen für den Tag und fuhr in den Osten der Stadt.

Die Stadt war dort fast vollständig ausgebombt, Straßenschilder waren unter den Trümmern begraben, und er irrte lange Zeit umher, bis er fand, was er suchte. Reinhard Schreiders Haus war ebenfalls beschädigt. Einen Seitenflügel des Mietshauses hatten die Bomben weggerissen, doch die anderen Teile des Gebäudes waren noch bewohnt.

Er wusste noch, wo Schreiders Wohnung lag, und klingelte an der Tür im Erdgeschoss. Als niemand öffnete, läutete er ein zweites Mal. Wieder vergeblich. Er wollte noch nicht aufgeben und klopfte an eine Tür am anderen Ende des Korridors. Eine Frauenstimme fragte durch die geschlossene Tür: „Wer ist da?"

Karl nannte seinen Namen und sagte, dass er nach Reinhard Schreider suche.

„Was wollen Sie von ihm?", fragte die Frau misstrauisch.

„Ich bin ein alter Freund. Wissen Sie, ob er noch hier wohnt?"

Die Tür öffnete sich einen Spaltbreit. Eine Frau von etwa fünfzig Jahren stand im Rahmen, über ihre Schulter blickte ein Mann. Sein Gesicht erhellte sich, als er Rink erkannte.

„Karl! Mensch, Karl! Bitte, komm doch herein."

Jetzt erkannte auch Karl Rink seinen ehemaligen Kameraden. Vor dem Krieg hatten sie beide im SS-Hauptamt in Berlin zusammen gedient.

„Wenn man den Gerüchten glaubt, müsstest du längst umgekommen sein", sagte der Mann.

Er bestand darauf, dass Karl zum Tee blieb. Seine Frau brachte einen einfachen, selbst gebackenen Kuchen.

„Warum suchst du nach Schreider?"

„Ach, nur so … Ich kam zufällig hier vorbei und fragte mich, ob er noch hier wohnt und was nach dem Krieg wohl aus ihm geworden ist. Immerhin war er mein Vorgesetzter und er war immer anständig zu mir."

„Schreider hatte Pech", sagte der Mann. „Als wir wussten, dass der Krieg vorbei ist, haben viele von uns unsere Uniformen verbrannt, Zivilkleider angezogen und sich zu Hause versteckt. Schreider wurde von den Amerikanern geschnappt, als sie in Berlin einmarschierten. Sie brachten ihn zu einem ihrer Militärstützpunkte zum Verhör."

„Ist er noch dort?"

„Bestimmt. Ich glaube nicht, dass sie ihn so schnell wieder gehen lassen."

5.

Wie ein Gespenst irrte sie ziellos durch das Flüchtlingslager. Sechzehn Jahre alt, mager und nur noch ein Schatten ihrer selbst, mit eingefallenen Wangen und stumpfem, nach innen gerichtetem Blick. Auf ihrer Brust, unter ihrer verblichenen Bluse, trug sie die Tätowierung aus dem Todeslager Treblinka bei Warschau: „Hure". Solche Tätowierungen wurden den jungen Mädchen und Frauen ins Fleisch geritzt, die man dazu bestimmt hatte, die sexuellen Bedürfnisse der deutschen Bewacher im Lager zu befriedigen. Die zur Prostitution gezwungenen Frauen und Mädchen hatten – zumindest vorübergehend – die Aussicht, den Gaskammern zu entgehen, doch der Preis war ein Leben voll Gewalt und Demütigung. Nie würden sie vergessen, was die rohen, meist betrunkenen Männer ihnen angetan hatten, und die Wunden in ihrer Seele würden niemals heilen.

Sie hatte niemanden mehr auf der Welt. Ihre ganze Familie war im Lager umgekommen. Als dann die deutschen Bewacher vor den Rotarmisten um ihr Leben rannten, wurde sie in dem allgemeinen Tumult zusammen mit anderen Überlebenden mit dem Menschenstrom durchs offene Tor hinausgeschwemmt. Die Flüchtlinge zerstreuten sich in den Feldern, atmeten nach langer Zeit wieder den Duft der Freiheit.

Sie hatte keine Tränen mehr, spürte weder Freude noch

Trauer und war so schwach, dass sie bei jedem zweiten Schritt strauchelte. Auf ihrem Weg ins Lager für „Displaced Persons" glitt ihr gleichgültiger Blick über brennende deutsche Militärfahrzeuge und scheinbar verlassene Gehöfte, deren verängstigte Bewohner sich darin eingeschlossen hatten. Sie wusste nicht, was sie erwartete, und es war ihr einerlei, solange sie nicht in die Hölle zurückkehren musste, der sie entflohen war.

Im Flüchtlingslager bekam sie neue Kleider und einen Schlafplatz in einer der Baracken. Doch geschlossene Räume machten ihr Angst. Sie weigerte sich, die Baracke oder den Speisesaal zu betreten, ging Menschen aus dem Weg und sprach mit niemandem, auch nicht mit den Mädchen in ihrem Alter. Tagelang lief sie durch das Lager, ohne Richtung, ohne Ziel. Nachts schlief sie, von Albträumen gequält, auf einer Bank am Wegrand abseits der Baracken.

Dutzende von überarbeiteten Freiwilligen versuchten, die ehemaligen KZ-Häftlinge psychologisch zu betreuen. Einige von ihnen, Kinder und Erwachsene, waren so schwer traumatisiert, dass sie in eine Klinik eingewiesen werden mussten. Das Mädchen aus Treblinka hatte einen Termin zu einem psychologischen Gespräch, doch sie floh und versteckte sich in einem Wäldchen am Rande des Lagers im Unterholz.

Für die Lagerleitung war sie ein hoffnungsloser Fall. Sämtliche Versuche, mit ihr Kontakt aufzunehmen oder mit ihr zu reden, waren fehlgeschlagen. Gertruda sah sie eines Nachts auf einer Bank schlafen, holte eine Decke aus der Baracke und breitete sie vorsichtig über das Mädchen. Das schreckte hoch und warf die Decke von sich, die Augen misstrauisch auf die Fremde gerichtet.

„Entschuldigung", sagte Gertruda leise. „Ich wollte dich nicht erschrecken. Ich wollte nur helfen."

„Ich brauche keine Hilfe." Das Mädchen sprach Polnisch, genau wie sie.

„Wir alle sind auf Hilfe angewiesen", entgegnete Gertruda.

„Wir kamen als gebrochene Menschen hierher. Jeder von uns trägt Wunden an Leib und Seele. Wir müssen einander helfen."

Das Mädchen sagte nichts.

„Ich heiße übrigens Gertruda." Sie setzte sich auf die Bank und begann mit sanfter, gleichmäßiger Stimme zu erzählen, von sich und Michael und von all dem Schweren, das sie im Krieg durchgemacht hatten.

Das Mädchen schwieg weiter.

„Wir wohnen in Baracke 23. Neben uns ist ein leeres Bett. Wenn du möchtest, kannst du dort schlafen. Das ist bequemer als auf der harten Bank."

Am nächsten Abend ging Gertruda wieder zu der Bank. Diesmal hatte sie Michael mitgenommen. Das Mädchen war wach, als hätte es auf sie gewartet. Die Decke lag, säuberlich gefaltet, am Fußende.

„Das ist mein Sohn Michael", stellte Gertruda den Jungen vor.

Das Mädchen sah ihn mit ausdruckslosem Blick an.

„Meine Mamuscha hat mir von dir erzählt", sagte Michael. Er brach eine Tafel Schokolade in zwei Hälften und gab ihr die eine. „Das ist für dich."

Sie rührte sich nicht.

„Nimm die Schokolade, bitte. Sie schmeckt gut."

Als sie noch immer keine Anstalten machte, legte er die Süßigkeit einfach neben sie auf die Bank.

„Komm doch zu uns", wiederholte Gertruda ihre Einladung. „Das Bett neben uns ist immer noch frei."

Das Mädchen schüttelte stumm den Kopf.

„Falls du es dir anders überlegst", sagte Gertruda abschließend, „du findest uns in Nummer 23. Gute Nacht."

Sie nahm Michaels Hand und ging mit ihm zurück in ihre Baracke. Das tiefe Atmen der Schlafenden erfüllte Raum 23.

Hier und dort brannte eine Kerze. Manche schrieben Briefe oder Tagebücher im schummrigen Kerzenlicht.

In der folgenden Nacht ging Gertruda erneut zu der Bank, auf der das Mädchen gewöhnlich schlief. Sie war nicht da. Nur die Decke lag ordentlich zusammengelegt an ihrem Platz. Gertruda spürte, dass etwas nicht stimmte, und meldete das Fehlen des Mädchens bei der Lagerleitung. Ein Suchtrupp schwärmte aus und kämmte das gesamte Lager durch, ohne Erfolg. Man benachrichtigte die Polizei.

Gertruda suchte mit Zvi und Joseph Yakobovitch in den umliegenden Dörfern nach ihr. Per Anhalter fuhren sie auf Lastwagen und Pferdefuhrwerken, die mit Gemüse beladen waren; sie fragten Passanten und Ladeninhaber, doch niemand hatte das Mädchen gesehen.

Als Nächstes fuhr Gertruda mit den Jungen nach München. Lange Zeit gingen sie durch die Seitengassen des Bahnhofsviertels und befragten Prostituierte, Geldwechsler und Schwarzmarkthändler, doch keiner hatte das beschriebene Mädchen gesehen oder konnte irgendeinen Hinweis zu ihrem Verschwinden geben.

Zwei Tage später wurde ihre Leiche aus einem nahe gelegenen See geborgen. Sie hatte keinen Abschiedsbrief hinterlassen, und bei ihrer Beerdigung auf dem alten jüdischen Friedhof im Nachbarort waren Gertruda und Michael die einzigen Trauergäste.

6.

Die Organisation Alija Bet hatte das Kommando auf der *President Warfield* mehreren erfahrenen Schiffsoffizieren angeboten, doch alle lehnten ab. Jeder fürchtete, dass das Schiff die lange, gefahrvolle Reise nicht überstehen würde und dass die Briten unterwegs angreifen und sie verhaften würden.

Selbst als die Hagana eine ordentliche Summe bot, blieben sie hart.

Bei einer Krisensitzung von Alija Bet in Marseille fiel der Name des jungen Offiziers: Isaac (Ike) Aaronovitch, der seine Ausbildung zum Marineoffizier im englischen Richmond absolviert hatte.

„Der Junge macht einen guten Eindruck", sagte jemand in der Runde. „Ich finde, wir sollten ihm eine Chance geben."

Der Vorschlag wurde angenommen, wenn auch mit wenig Begeisterung, doch die Zeit drängte. Aus Mangel an Alternativen beschloss man, Ike den Posten anzubieten.

Mit seinen zweiundzwanzig Jahren fehlte es ihm an der nötigen Erfahrung im Führen von Schiffen, und die Aufgabe war vermutlich etliche Nummern zu groß für ihn.

„Ich habe noch nie auf einem Schiff das Kommando geführt", sagte er ausweichend.

„Das ist nicht nötig", bekam er als Antwort zu hören. „Sie sind uns schon länger aufgefallen und Sie machen den Eindruck, als hätten Sie das Zeug dazu."

Ike zögerte noch immer.

„Ich schlage vor, dass Sie sich jemand anderen suchen", sagte er dann. „Ich würde das Kommando nur im Notfall übernehmen, wenn ich keine andere Wahl hätte."

„Sie haben keine andere Wahl, Ike."

„Gut, wenn das so ist, nehme ich das Angebot an. Ich hoffe, ich werde Ihre Erwartungen nicht enttäuschen."

7.

Man hatte Reinhard Schreider sechs Wochen lang auf dem amerikanischen Militärstützpunkt festgehalten. Er war stundenlang verhört worden, hatte jedoch felsenfest behauptet, er sei lediglich im administrativen Bereich tätig gewesen und habe keinerlei Kriegsverbrechen begangen. Den Amerikanern war es nicht gelungen, die Wahrheit aus ihm herauszupressen, und man ließ ihn ohne Verhandlung frei.

Woche um Woche war Karl Rink an seinem freien Tag zu Schreiders Wohnung gegangen und hatte jedes Mal vor verschlossener Tür gestanden. Umso größer war seine Überraschung, als die Tür eines Tages geöffnet wurde und Schreider vor ihm stand, in Hosenträgern und weißem Unterhemd. Die beiden Männer musterten sich schweigend. Schreider sah unverändert aus. Dasselbe breite, kantige Gesicht, derselbe entschlossene Zug um den Mund, dieselben kalten Augen.

„Sie haben sich verändert, Karl", stellte er fest. „Der Krieg hat seine Spuren hinterlassen. Sie können froh sein, dass Sie noch am Leben sind."

„Kann ich Sie einen Augenblick sprechen?", fragte Karl.

„Bitte." Schreider ließ sich sein Erstaunen nicht anmerken. Er führte Karl in das geräumige Wohnzimmer, das einst voller antiker Möbel gewesen war. An den Wänden hingen noch ein paar verblichene Landschaftsbilder. Die Fensterläden waren geschlossen, und auf dem Tisch stand eine Flasche Wein. Die Luft war schwer von Zigarettenrauch. „Was kann ich für Sie tun, Rink?"

Karl räusperte sich. „Es gibt da etwas, was ich mich die ganzen Jahre lang gefragt habe."

„Und das wäre?"

„Sie erinnern sich bestimmt an unser Gespräch, nachdem meine Frau verschwunden war."

„Ehrlich gesagt, nein." Schreider tat so, als wüsste er nicht, worauf Rink hinauswollte.

„Ich hatte Sie damals gefragt, ob Sie irgendeinen Verdacht haben, was ihr plötzliches Verschwinden angeht."

„Das ist lange her. Sie erwarten doch nicht im Ernst, dass ich mich an jede einzelne Unterhaltung von damals erinnere."

„Sie sagten damals, Sie hätten keine Ahnung, wo sie sei."

„Mag sein. Ja, und?"

„Sie haben gelogen."

Er beobachtete, wie die Zornesröte in Schreiders Gesicht trat.

„Ich will wissen, ob Sie meine Frau umgebracht haben."

„Ich habe sie nicht umgebracht, Karl. Mehr habe ich dazu nicht zu sagen. Wenn das der Grund Ihres Besuchs war, dann möchte ich Sie nun bitten zu gehen." Er wies auf die Tür.

Karl Rink spürte, wie brennender Zorn in ihm hochstieg, ein Zorn, der sich seit Jahren in ihm angestaut hatte. Jahrelang hatte er unter der Ungewissheit gelitten und darunter, dass er zu feige gewesen war, um der SS den Rücken zu kehren. Stattdessen hatte er weiterhin für die Leute gearbeitet, die seine Frau auf dem Gewissen hatten. Und nun stand er vor ihm, der Mann, der für Miras Tod verantwortlich war. Der Strafe aus den Händen der Amerikaner war er entkommen, doch ihm würde er nicht entkommen. Blitzschnell zog er sein Klappmesser. Die Klinge schnellte dicht vor Schreiders Gesicht hoch.

Der SS-Mann wich zurück. „Sind Sie verrückt geworden?"

„Es ist vorbei, Schreider", sagte Karl langsam. „Nun werden Sie bezahlen für das, was Sie getan haben."

„Was habe ich denn getan?" Schreiders Stimme klang unnatürlich schrill. „Ich habe nur Befehle ausgeführt. Und wenn schon, was kümmert Sie diese Jüdin?"

„Ich habe sie geliebt, sie war meine Frau. Und Sie haben sie umgebracht."

„Sie hatte es nicht verdient, die Frau eines SS-Offiziers zu sein. Das hätten Sie selbst wissen müssen."

„Sie hat niemandem etwas getan."

Schreider starrte wie hypnotisiert auf die auf ihn gerichtete Klinge. „Wir wollten nur, dass Sie sich uneingeschränkt Ihrem Dienst bei der SS widmen können", presste er hervor. „Die Frau war Ihnen dabei im Weg."

„Was genau haben Sie mit ihr gemacht? Ich will es wissen."

„Sie hatte nichts auszustehen, Karl. Es ging ganz schnell."

Karl hatte genug gehört. Wutentbrannt ging er auf Schreider los. Er war kleiner und nicht so stark wie sein ehemaliger Kommandant, doch der Zorn verlieh ihm übermenschliche Kräfte. Nach einem kurzen, erbitterten Kampf stieß er die Klinge in Schreiders Hals. Ein Blutschwall ergoss sich auf den Teppich, als der Kommandant röchelnd zu Boden ging. Dort blieb er leblos liegen.

Es war vorüber. Karl verspürte weder Ekel noch Erleichterung. Nur die Gewissheit, dass er eine alte Rechnung beglichen hatte und dadurch endlich dieses verfluchte Kapitel seines Lebens abschließen konnte. Er wandte die Augen von dem Toten ab, ging zur Tür und verließ die Wohnung. Draußen auf der Straße überkam ihn das Gefühl grenzenloser Einsamkeit. Doch selbst wenn der Krieg sein Leben zerstört hatte, waren ihm wenigstens zwei Dinge gelungen: den Mord an seiner geliebten Frau zu sühnen und seine einzige Tochter rechtzeitig in Sicherheit zu bringen.

8.

Für die Überlebenden des Holocaust war das Flüchtlingslager in München nichts als eine kurze Station auf dem langen Weg in die Freiheit. Alles, was sie besaßen, war fein säuberlich in Koffern verpackt und in Bündeln verschnürt. Ausgepackt wurde nur, was man zum täglichen Leben brauchte – ein paar Kleider zum Wechseln und Toilettenartikel.

Was würde sie in der Fremde erwarten? Würde es ihnen gelingen, ihre Freunde, Bekannten oder Verwandten zu finden? Würde es genug Wohnungen und Arbeitsplätze in Palästina geben? Wie lange würde es dauern, sich an die neue Umgebung zu gewöhnen und an die Sprache, die den meisten von ihnen und ihren Kindern fremd war? Würden sie jemals heimisch werden? Würden sie die Schrecken des Krieges jemals vergessen?

So viele Fragen, so wenige Antworten.

Die Menschen im Lager hatten Zeit und Muße, um über solche und ähnliche Dinge nachzugrübeln. Es gab Vorträge über das Gelobte Land, man sang oder musizierte gemeinsam oder diskutierte über Politik. Wie viele andere jüdische Kinder lernte auch Michael im Lager Hebräisch. Der erste Satz, den er in der neuen Sprache lesen konnte, lautete: „Ich gehe nach Israel."

Mit jedem Tag, der verstrich, stieg die Spannung. Alle fieberten dem Tag entgegen, an dem man endlich in See stechen würde. Es gab kaum noch ein anderes Thema im Lager. Merkwürdige Gerüchte gingen herum, die, je nach Inhalt, Freude oder Ängste auslösten. Einmal hieß es, das Schiff sei in einer Woche klar zum Auslaufen. Doch kurz darauf kam die Meldung, aufgrund weiterer Reparaturarbeiten sei unklar, wann es den Hafen verlassen könne. Das Gerücht, es gebe auf dem Schiff nicht genug Plätze für alle, wurde von der Lagerleitung bestätigt. Die Hagana bildete ein Sonderkomitee, das über die Verteilung der Plätze entscheiden sollte – was vor allem die Alten und Kranken in Angst und Schrecken versetzte. Viele ältere Lagerbewohner versuchten, ihr wahres Alter zu vertuschen, Kranke und Schwangere bestachen die Ärzte der umliegenden Ortschaften mit Zigaretten und Lebensmitteldosen, damit sie ihnen falsche Atteste ausstellten.

Was die Gefahren der Reise anging, so machte sich kaum jemand etwas vor. Alle wussten, dass noch nicht einmal sicher war, ob das Schiff überhaupt in Palästina anlegen durfte. Israelische Zeitungen, die im Lager kursierten, berichteten, dass britische Zerstörer die Landung illegaler Einwandererschiffe verhinderten und die Passagiere in Übergangslagern auf Zypern interniert wurden. Gertruda schauderte, wenn sie daran dachte, was die Frau ihr im Zug nach Wilna vorausgesagt hatte: eine Überfahrt voller Gefahren, Entbehrungen, Blut und Gewalt. Angestrengt versuchte sie, solche Gedanken aus ihrem Kopf zu verbannen, doch es wollte ihr nicht gelingen.

Die Überfahrt

Im großen Speisesaal des Flüchtlingslagers sprach der gebürtige Jerusalemer Jossi Hamburger, der das Kommando der *President Warfield* übernehmen sollte, zu den Ausreisewilligen. „Der Abreisetag rückt in greifbare Nähe", versprach der neunundzwanzigjährige Kapitän. „Es besteht die Aussicht, dass wir vielleicht schon in dieser Woche auslaufen können."

Ein erfreutes Raunen ging durch die Menge.

„Aber Sie müssen sich bewusst sein, dass dies keine erholsame Luxuskreuzfahrt werden wird", fuhr Hamburger fort. „Das Schiff wird völlig überbelegt sein, es wird also eng werden. Unten im Laderaum wird es heiß und stickig sein – eine beschwerliche Überfahrt, vor allem für Kinder, Schwangere und ältere Menschen. Krankheiten können ausbrechen. Aber das ist nicht alles. Zurzeit ist es alles andere als sicher, ob man uns in Palästina vor Anker gehen lässt und ob wir überhaupt so weit kommen. Die Briten werden alles versuchen, um uns daran zu hindern. Sie haben schon viele illegale Einwanderer nach Zypern deportiert. Wir müssen also auf alles gefasst sein."

„Dann werden wir kämpfen!", rief jemand aus dem Publikum leidenschaftlich. „Wir lassen uns nicht wieder einsperren!"

„Das wird nicht einfach sein. Die Briten haben Waffen und schwere Geschütze an Bord, wir nicht. Natürlich müssen wir uns verteidigen, doch in einem Kampf würden wir auf jeden Fall den Kürzeren ziehen."

„Wozu dann die ganze Reise?", fragte eine schwangere Frau. „Warum ersparen wir uns das Ganze nicht einfach, wenn es ohnehin keinen Zweck hat?"

„Weil wir glauben, dass es uns mit etwas Glück gelingen kann, die britische Blockade zu durchbrechen und Sie alle heim ins Land Israel zu bringen. Es gab vor uns schon Einwandererschiffe, die es geschafft haben. Außerdem wollen wir ein Zeichen setzen und das Interesse der Weltöffentlichkeit auf uns lenken, um Druck auf die britische Regierung auszuüben. Die Überlebenden des Holocaust sollen endlich legal nach Palästina einreisen dürfen. Noch auf keinem Schiff befanden sich jedoch so viele jüdische Einwanderer auf einmal wie auf diesem. Das wird die internationale Presse auf den Plan rufen – und die Briten werden sich dem Druck der öffentlichen Meinung nicht lange widersetzen können."

Er machte eine Pause und blickte in die Runde. „Selbstverständlich ist niemand gezwungen, diese Reise anzutreten. Es steht jedem frei, sich anders zu entscheiden. Wer nicht mitkommen möchte, kann, zumindest eine Zeit lang, hier im Lager bleiben. Ich bitte alle, die hierbleiben möchten, die Hand zu heben."

Niemand meldete sich.

„Dann", lächelte er, „bleibt mir nur noch, Ihnen eine gute Reise zu wünschen."

Die Menschen zerstreuten sich langsam, und Gertruda ging in Gedanken versunken zu ihrer Baracke zurück. Sie hörte wieder die Worte der Frau im Zug nach Wilna: *Auf dem Schiff liegt ein Fluch. Ich sehe Blut, Gewalt und viele Tote.* Sie hatten immer noch die Möglichkeit, hierzubleiben und abzuwarten, bis sie vielleicht eines Tages auf eine andere, legale Weise nach Palästina einreisen durften. Doch im selben Augenblick wusste sie, dass sie sich etwas vormachte. Sie hatten bereits lange genug gewartet. Und Michael brauchte endlich ein richtiges Zuhause. Es gab kein Zurück.

Am nächsten Tag erfuhren die Lagerbewohner, dass sie nur maximal zwanzig Kilogramm Gepäck mit an Bord nehmen durften. Sie waren also gezwungen, sich von einem Großteil ihrer persönlichen Habe zu trennen. Aufgebracht über diese Anordnung, beschwerten sich viele bei der Lagerleitung. Ganz gleich, wie wertlos manche Gegenstände schienen, waren sie doch von ideellem Wert und mit Erinnerungen an geliebte Menschen verbunden. Viele Holocaust-Überlebende hatten Kleidungsstücke, Tagebücher oder Geschirr und Besteck von Familienangehörigen, die im KZ umgekommen waren, wie einen kostbaren Schatz aufbewahrt – das einzige Andenken, das sie besaßen. Außerdem hatten sich während der Zeit im Flüchtlingslager noch mehr Dinge angesammelt, von denen man sich nur schwer trennen mochte. Viele hatten auch umfangreiche Lebensmittelvorräte angelegt, aus Angst, wieder Hunger leiden zu müssen. Doch trotz aller Proteste blieb die Lagerleitung hart: Es gab auf dem Schiff kaum genug Platz für die Passagiere, geschweige denn für Frachtgut.

Auch Gertruda fiel es schwer, dass sie kaum etwas mitnehmen konnten. Das Kochgeschirr und die Küchenutensilien hätte sie in der neuen Heimat gut gebrauchen können, und sie hing an den Büchern, die sie im Laufe der Jahre gesammelt hatte. Michael besaß ebenfalls ein paar Erinnerungsstücke, die ihm lieb und teuer waren. Auch er musste alles zurücklassen, bis auf das Fotoalbum seiner Eltern und das Neue Testament, das Pater Gedovsky ihm zum Abschied geschenkt hatte.

2.

Die Mitarbeiter der Lagerleitung konnten ihre geröteten Augen nur noch mühsam offen halten. Sie waren Tag und Nacht damit beschäftigt, Passagierlisten zu erstellen. Bald wurde klar, dass sich ihre Befürchtungen bestätigten: Es gab mehr Ausreisewillige als Plätze auf dem Schiff. Einige Dutzend Flüchtlinge würden also zurückbleiben müssen.

Nun standen sie vor der schwierigen Aufgabe zu entscheiden, wer die Reise antreten durfte und wer nicht. Die zuständigen Vertreter aus Palästina waren Mitglieder politischer Organisationen und setzten klare Prioritäten. Den Angehörigen der verantwortlichen zionistischen Bewegungen war daran gelegen, vorwiegend solche Leute ins Land zu bringen, die dort neue Kibbuze gründen würden. Als Kibbuzbewegung bevorzugten sie natürlich Leute, die ihre Ziele vertraten, und so war es mit allen anderen Organisationen auch.

Ausreiseanwärter, die keines der geforderten Kriterien erfüllten und als Erste von der Liste gestrichen werden sollten, waren unter anderem alleinstehende Männer und Frauen, Familien mit Babys und Kleinkindern – und Gertruda, die als Einzige nicht jüdischer Herkunft war. Als Gertruda zum Gespräch vorgeladen wurde, betrat sie mit klopfendem Herzen das Zimmer, in dem die Mitglieder des Auswahlkomitees an einem langen Holztisch saßen.

Aufmerksam studierte man ihre Papiere.

„Wenn ich das richtig sehe, sind Sie also keine Jüdin", sagte einer von ihnen.

„Ich bin Katholikin."

„Aber der Junge, der bei Ihnen ist, ist Jude?"

„So ist es."

„Wir haben Ihre Akte gelesen und sind Ihnen sehr dankbar, dass Sie das Kind während des Krieges in Ihre Obhut genommen haben. Und wir haben keinerlei Zweifel, dass der Junge ohne Sie nicht mehr am Leben wäre."

„Ohne mich wäre er ganz allein auf der Welt", ergänzte Gertruda. „Seine Eltern sind beide umgekommen."

„Das wissen wir", sagte ein junger Mann in abgewetzter Lederjacke. „Haben Sie selbst Familie?"

„Ja, meine Eltern in Starogard."

„Warum gehen Sie nicht zu ihnen zurück?"

„Weil ich Michaels Mutter am Sterbebett versprochen habe,

ihn ins Gelobte Land zu bringen. Es war ihr Wunsch, dass er in Israel eine Heimat findet und als Jude aufwachsen kann."

„Seien Sie unbesorgt", versicherte der Mann. „Wir werden ihn nach Israel bringen. Sie können auf uns zählen."

Plötzlich verstand sie. Michael sollte allein reisen. „Hören Sie", sagte sie aufgebracht, „ich habe mit diesem Kind gemeinsam die Schrecken des Krieges überlebt, ich habe ihn vor dem sicheren Tod bewahrt. Tag und Nacht habe ich für ihn mein Leben aufs Spiel gesetzt. Und Sie werden mich nicht daran hindern, den letzten Wunsch seiner leiblichen Mutter zu erfüllen!"

Die Komiteemitglieder sahen einander betreten an.

„Bitte, verstehen Sie doch", sagte einer der Männer beschwörend, „dass die Kapazität des Schiffes restlos ausgeschöpft ist. Wir können nicht alle mitnehmen, die nach Palästina auswandern wollen. Viele werden in Europa bleiben müssen. Die jüdischen Passagiere haben selbstverständlich Vorrang, denn das Land Israel ist ihre einzige Zukunft. Deshalb müssen Sie Verständnis haben, dass wir Ihnen leider keinen Platz auf dem Schiff anbieten können. Michael kann natürlich gerne mitkommen."

Gertruda beherrschte sich nur mühsam. Ihre Wangen waren gerötet vor Zorn und Empörung.

„Das kann ich leider nicht akzeptieren", presste sie hervor.

Der Mann versuchte es noch einmal, sprach mit ihr wie mit einem unverständigen Kind. „Wir wissen, dass Sie dem Kind sehr nahestehen. Und wir sind Ihnen zu großem Dank verpflichtet für das Opfer, das Sie gebracht haben. Aber Sie müssen doch einsehen, dass der Junge Sie jetzt nicht mehr unbedingt braucht."

Aus Gertrudas Augen schossen Blitze. „Michael wird eines Tages selbst entscheiden, wann er mich nicht mehr braucht."

„Er ist ein kleiner Junge. Er versteht noch nicht, worum es geht."

„Genau deshalb bleibe ich bei ihm."

„Es tut mir leid", lautete die Antwort. „Ich verstehe, dass es Ihnen schwerfällt, aber ich rate Ihnen, sich darauf einzustellen, dass Sie sich von dem Kind trennen müssen. Glauben Sie mir, es wird das Beste sein – für Sie und für ihn."

„Das glauben auch nur Sie!", protestierte Gertruda. „Ich lasse Michael nicht allein reisen. Ich lasse ihn niemals im Stich."

„Nun, der Beschluss des Komitees steht fest. Wir können es uns nicht erlauben, Plätze auf dem Schiff an Nichtjuden zu vergeben."

„Mein Entschluss steht auch fest", entgegnete Gertruda. Sie stand auf und verließ den Raum hoch erhobenen Hauptes.

3.

Sie hastete zurück in die Baracke, warf sich auf ihr Lager und vergrub das Gesicht in ihrem Kissen. Ihr ganzer Körper wurde von Schluchzen geschüttelt. Michael sah sie verstört an. In all den Jahren und bei all dem Schweren, das sie durchgemacht hatten, hatte Gertruda in seiner Gegenwart kaum jemals eine Träne vergossen. Stattdessen hatte sie immer versucht, ihm gegenüber Stärke und Sicherheit auszustrahlen, um ihm in diesen unsicheren Zeiten Halt und Geborgenheit zu geben. Doch nun war etwas in ihr zerbrochen.

Michael setzte sich neben sie und streichelte ihr über den Rücken, bis sie aufhörte zu weinen und ihn ansah. Er fragte, was passiert sei, und sie erzählte es ihm.

„Das sind böse Leute", sagte er wütend.

„Sie sind nicht böse, Michael. Sie verstehen bloß nicht, dass ich deiner Mutter versprochen habe, dich niemals allein zu lassen."

„Dann gehe ich zu ihnen und rede mit ihnen." Seine Entschlossenheit bewies, was sie schon lange in ihm gesehen hatte: Trotz seiner zehn Jahre war Michael kein Kind mehr. Der Krieg hatte ihn reifen lassen und ihn gelehrt, die Welt mit den Augen eines Erwachsenen zu sehen. Und er hatte gelernt, niemals aufzugeben, wenn es darum ging, Schwierigkeiten zu überwinden.

Gertruda küsste ihn liebevoll auf die Stirn. „Sie werden nicht auf dich hören, Michael. Wir müssen uns etwas anderes ausdenken. Etwas, das sie dazu bringt, ihre Meinung zu ändern."

Sie erinnerte sich, dass in derselben Woche eine Gruppe von Journalisten das Lager besuchen wollte, um die heimatlosen Überlebenden des Holocaust zu interviewen. Die Lagerleitung hatte ausdrücklich dazu aufgerufen, bei den Interviews den Wunsch, ins gelobte Land Israel ausreisen zu können, besonders hervorzuheben. Man hatte eine Liste der Leute erstellt, die bereit waren, sich interviewen zu lassen. Gertrudas Name stand auf der Liste.

Am Morgen des besagten Tages sprach sie im Büro der Lagerleitung vor.

„Ich wollte mich erkundigen, ob Sie Ihren Entschluss noch einmal überdacht haben."

„Unser Entschluss steht nach wie vor fest", lautete die Antwort. „Da lässt sich leider nichts machen."

„Kann ich Einspruch erheben?"

„Das geht nicht. Wir können leider nichts für Sie tun." Ungeduldig warteten die Männer darauf, dass sie ging, doch Gertruda rührte sich nicht vom Fleck.

„Heute kommen die Journalisten", sagte sie ruhig. „Sie können sich sicher vorstellen, wie das einschlagen wird: die Geschichte von der nicht jüdischen Frau, die ein jüdisches Kind rettet und dabei Kopf und Kragen riskiert und der Sie es nicht erlauben, das Kind ins Gelobte Land zu begleiten, obwohl sie es seiner Mutter auf dem Sterbebett versprochen hat."

Alle Augen waren auf sie gerichtet, in den Gesichtern lag ein Ausdruck des Unbehagens.

„Wir möchten Sie bitten, davon Abstand zu nehmen, diese Geschichte bei der Presse breitzutreten."

„Und ich möchte Sie bitten, Ihren Entschluss zu ändern."

Man sah förmlich, wie sich die Verantwortlichen innerlich krümmten. „Das ist Erpressung", empörte sich jemand.

„Nennen Sie es, wie Sie wollen", antwortete Gertruda ungerührt.

„Na schön", gab sich der Hauptverantwortliche geschlagen. „Wir werden Ihren Fall der Alija Bet unterbreiten. Die sind zuständig für die illegalen Einwanderungen und sollen entscheiden."

„Unterbreiten Sie ihn, wem Sie wollen", sagte Gertruda. „Aber denken Sie daran, dass es für mich nur eine einzige akzeptable Antwort gibt. Und erzählen Sie Ihren Vorgesetzten: Ich werde nicht zulassen, dass gegen das Kindeswohl entschieden wird."

„Wir werden ihnen die Sachlage schildern", versprachen sie. „Aber wir müssen die Entscheidung der Alija Bet respektieren – und das gilt auch für Sie. Und bitte sprechen Sie vorher noch nicht mit den Journalisten."

4.

Als ob es nicht schon genug widrige Umstände gab, die das Auslaufen des Schiffes verzögerten, kam den Organisatoren nun auch noch der Fall Gertruda Babilinska in die Quere. Statt in einer Krisensitzung darüber zu beraten, wie man das Schiff gegen britische Angriffe schützen könnte, mussten sich die führenden Köpfe der Alija Bet in Paris mit einer Frage befassen, die angesichts der großen strategischen Probleme nebensächlich schien: Sollte man die nicht jüdische Kinderfrau eines jüdischen Kindes mit an Bord gehen lassen?

Mordechai Rozman, einer der Verantwortlichen, ein

schmächtiger, nervös wirkender junger Mann, stellte die Frage in den Raum. Seine vier Kollegen waren dafür, die Diskussion darüber zu vertagen, da Wichtigeres auf dem Programm stand, doch Rozman bestand darauf, da man der Frau versprochen habe, ihren Fall bei der heutigen Sitzung zu besprechen. In groben Zügen schilderte er Gertrudas Position und den Hergang der Geschichte. Ein Großteil der Anwesenden war der Meinung, dass jüdische Passagiere eindeutig Vorrang haben sollten und das Kind eben allein ausreisen müsse.

Rozman war der Einzige, der leidenschaftlich Partei für Gertruda ergriff. „‚Wer einen Menschen rettet‘", zitierte er, „‚rettet die ganze Welt.‘ Wir sollten in diesem Fall nicht so hart und bürokratisch sein. Diese Frau hat ein großes Opfer gebracht. Sie hat auf ein eigenes Leben verzichtet, um das Leben des Kindes zu retten. Sie hat es verdient, mit ihm nach Palästina zu reisen."

Er erwähnte einen ähnlichen Fall, bei dem eine kinderlose Frau in Auschwitz ein Waisenkind gerettet hatte und nun gemeinsam mit dem Jungen ins Gelobte Land ausreisen und ihn dort als ihren eigenen Sohn großziehen würde.

Das Komitee blieb hart. „Der Unterschied ist, dass diese Frau Jüdin ist und Babilinska nicht."

„Und wenn wir ihr eine Geldsumme bieten, damit sie nach Polen zurückkehrt?", schlug jemand vor.

„Darauf wird sie nicht eingehen", widersprach Rozman.

„Oder sie fährt mit dem nächsten Schiff. Dann kommt sie eben in ein paar Monaten nach."

„Sie wissen genauso gut wie ich, dass wir keine Ahnung haben, wann und ob überhaupt noch einmal ein Schiff auslaufen wird", wandte Rozman ein. „Nach allem, was sie durchgemacht haben, haben die Frau und das Kind es verdient, gemeinsam nach Palästina zu reisen und dort eine neue Heimat zu finden."

„Vielleicht sollten wir zuerst mit dem Kind sprechen?"

„Das haben wir bereits. Aber der Junge ist genauso stur. Er sagt, sie sei für ihn wie eine Mutter."

Rozman war noch immer der Einzige, der überzeugt war, dass man die beiden auf keinen Fall trennen durfte. „Gertruda Babilinska wird auf der Liste der ‚Gerechten unter den Völkern‘ ganz weit oben stehen", sagte er. „Sie zurückzulassen, wäre unmenschlich, und wir haben kein Recht dazu. Diese ganze Diskussion ist absurd."

Die anderen schwiegen, bis jemand sagte: „Sie hat gedroht, ihre Geschichte Journalisten zu erzählen. Wenn die Presse den Fall aufbauscht, kommen wir schlecht weg. Das wirft kein gutes Licht auf unsere Organisation."

„Sie ist eine Frau, die genau weiß, was sie will", gab Rozman zu bedenken. „Sie hat sich im Krieg nicht unterkriegen lassen und sie wird auch jetzt nicht klein beigeben. Sie hat im Krieg mit allen Mitteln für das Kind gekämpft, und genau das wird sie auch jetzt wieder tun. Sie wird die Sache in den Medien ausposaunen, zu Demonstrationen aufrufen und wer weiß was noch. Ihr Fall ist ein gefundenes Fressen für die Journalisten."

Damit war die Diskussion zu Ende. Die Alija-Bet-Leute wussten, dass sie verloren hatten. Die Angst vor einer Bloßstellung in der Öffentlichkeit ließ ihre Entscheidung zu Gertrudas Gunsten ausfallen.

Mordechai Rozman überbrachte ihr persönlich die Nachricht.

Gertruda war kein bisschen überrascht. Für sie war es die einzig logische Konsequenz.

5.

Als die Flüchtlinge aufgerufen wurden, sie sollten sich zur Abreise bereit machen, breitete sich die gute Nachricht wie ein Lauffeuer aus. Jubel und Freudenschreie drangen aus den Baracken. Menschen fielen einander erleichtert in die Arme.

Gegen Abend bahnte sich eine Kolonne von Lastwagen den Weg durchs Lager. Die Fahrzeuge waren von diversen Umzugsunternehmen gemietet oder einfach ohne offizielle Erlaubnis aus den Garagen der amerikanischen Armee „entliehen" worden. Die Reisenden zwängten sich hinein, und der lange Zug setzte sich in Bewegung. An der französischen Grenze fragten die Beamten nach dem Zweck der Reise, Transitdokumente wurden überprüft, und nach einem großzügigen Geschenk in Form von Zigaretten ließen die Grenzposten den Konvoi passieren. Die Fahrt endete in Marseille, wo die illegalen Einwanderer in einem weiteren Lager untergebracht wurden und dort zum Schein Einreisevisa für Kolumbien erhielten. Die Visa hatte Alija Bet für fünfzig Dollar pro Stück beim kolumbianischen Konsulat in Marseille ausstellen lassen, unter der Bedingung, dass keiner der Visuminhaber wirklich nach Kolumbien einreiste.

Nach einigen Tagen nervenaufreibender Verzögerung war das Schiff endlich klar zum Auslaufen, und die Passagiere wurden in die Hafenstadt Sète in der Nähe von Montpellier an der französischen Mittelmeerküste gebracht. Bei ihrer Ankunft befanden sich die Männer von der Hafenbehörde noch immer an Bord und ließen sich in der Kapitänskajüte Wurstspezialitäten, Schokolade, Wein, Champagner und andere Köstlichkeiten schmecken, die sie während des Krieges nicht zu Gesicht bekommen hatten. Satt und zufrieden warfen sie danach einen kurzen Blick auf die kolumbianischen Dokumente und ließen die Passagiere an Bord.

Etliche Mitglieder der französischen Regierung hatten den

Verdacht, dass der wahre Zielhafen des Schiffes in Palästina lag, doch sie drückten ein Auge zu, da es rechtlich keinen Grund zur Beanstandung gab. Die Passagiere besaßen kolumbianische Visa, und das Schiff war in Honduras ordnungsgemäß registriert. Die Briten hatten ebenfalls nichts in der Hand, um Druck auf die französische Regierung auszuüben oder das Auslaufen des Schiffes zu verhindern, doch sie sahen nicht tatenlos zu. Während die Flüchtlinge an Bord der *President Warfield* gingen, fotografierte ein britisches Überwachungsflugzeug das Geschehen und ließ die Bilder dem britischen Geheimdienst zukommen.

Am Nachmittag des 11. Juli 1947 gab die Hafenbehörde grünes Licht zum Auslaufen. Die honduranische Flagge mit ihren fünf blauen Sternen auf weißem Grund wehte an der Mastspitze. Tausende von Flüchtlingen beteten zu ihrem Schöpfer, dass er sie sicher ans Ziel ihrer Reise bringen möge.

An Bord warteten alle voll nervöser Anspannung auf das Ablegen des Schiffes. Doch als Ike Aaronovitch die Maschinen anwerfen und die Leinen losmachen ließ, verfing sich die Schiffsschraube in den Tauenden. Bill Bernstein, der Erste Offizier, konnte in einem Tauchgang die Panne beheben. Alle hofften, dass die *President Warfield* nach diesem Zwischenfall endlich auslaufen konnte, aber kaum hatten sie den Hafenbereich verlassen, lief das Schiff auf einer Sandbank auf. Ike schwitzte Blut und Wasser, beschloss aber, keine Hilfe anzufordern. Stattdessen gab er den Befehl „volle Kraft voraus", die Motoren heulten auf und langsam kam das Schiff frei. Erleichtert atmete der Kapitän auf, als sie wieder Fahrt aufnahmen.

Die Passagiere jubelten. Endlich lag vor ihnen die weite blaue Wasserfläche, hinter ihnen das schäumende Kielwasser. Das gleichmäßige Brummen der Motoren verriet, dass im Maschinenraum alles in Ordnung war, und rasch blieb die Küstenlinie hinter der *President Warfield* zurück. Ike entkorkte eine Flasche Wein und hob mit seiner Besatzung auf der

Brücke feierlich das Glas auf das Schiff und auf eine gute Reise.

Auch unter den Passagieren herrschte eine ausgelassene Stimmung. Singend und klatschend standen sie an Deck. Manche tanzten, und aus Hunderten von Kehlen erklang die „Ha-Tikwa", die Hymne der zionistischen Bewegung, die spätere Nationalhymne des Staates Israel.

„Ich fürchte, das Singen wird ihnen bald vergehen", bemerkte Bill Bernstein, der Erste Offizier, und zeigte nach Westen, wo sich die britische *Mermaid* an ihre Fersen geheftet hatte – eines der Schiffe der Zerstörerflotte, die verhindern sollte, dass die Einwanderer die Küste Palästinas erreichten.

6.

Die Passagiere an Deck – Alte und Junge, Schwangere und Kinder – hatten den Blick ängstlich auf die britischen Kriegsschiffe geheftet und beteten, dass der Himmel sie beschützen möge. Spätestens jetzt begriffen auch die größten Optimisten unter ihnen, dass die Reise nicht ungefährlich war.

Ein paar junge Männer befestigten auf dem Oberdeck ein riesiges Transparent mit dem neuen Namen des Schiffes in Hebräisch und Englisch: „Haganaschiff Exodus, 1947". Die honduranische Flagge wich dem weiß-blauen Banner mit dem Davidsstern. Es war ein historischer Augenblick.

Der erste Sabbat an Bord weckte in Gertruda schmerzliche Erinnerungen an längst vergangene Zeiten – an den festlich gedeckten Tisch im großen Speisesaal des Hauses in der Ujazdowska-Allee und an Lydia, die sie jedes Mal zum Mitfeiern einlud, obwohl sie keine Jüdin war. Gertruda kannte alle Segenssprüche und Sabbatlieder auswendig.

Wegen der vielen Menschen an Bord wurde die Sabbatfeier

auf mehrere Räume aufgeteilt. Überall herrschte fröhliche Stimmung. Man drängte sich um die langen Tische, Frauen zündeten die Sabbatkerzen an, hoben die Hände gegen das Licht und sprachen den Segen. Gertrudas Lippen flüsterten die vertrauten Worte.

Nach der Sabbatmahlzeit wurden hebräische Lieder gesungen, und auf den Decks tanzte man ausgelassen zur Musik der Geigen und Akkordeons. Gertruda und Michael wurden vom Strom der Menschen mitgerissen, bis sie sich mitten im Kreis der Tanzenden befanden.

Pastor John Grauel, der als einziges nicht jüdisches Besatzungsmitglied an Bord war, stand am Rand und schaute den Tänzern zu. „Kommen Sie!", rief Gertruda. „Es ist ganz einfach." Er fasste ihre Hand und machte ein paar Tanzschritte. „Sehen Sie, es ist gar nicht so kompliziert", lachte sie.

Nachdem die Musik verklungen war und die Tänzer sich zerstreut hatten, setzten sich Gertruda und Michael auf einen Stapel Gepäckstücke an Deck. John Grauel gesellte sich zu ihnen. Gertruda fiel auf, dass sie sich und Michael noch gar nicht vorgestellt hatte, was sie schleunigst nachholte.

„Gertruda", sagte er, „ein beliebter jüdischer Name, wenn ich mich nicht irre." Er sprach Deutsch mit amerikanischem Akzent.

Sie lachte. „Ganz und gar nicht. Ich bin Katholikin."

„Interessant", stellte er fest. „Und was machen Sie auf diesem Schiff?"

Bereitwillig erzählte sie ihm ihre ganze Geschichte.

„Sie sind eine erstaunliche Frau." Er war offensichtlich beeindruckt. „So wie alle auf dem Schiff hier", ergänzte er. „Ich bewundere diese Menschen und bin stolz, dass ich die Möglichkeit habe zu helfen."

Verstohlen betrachtete Gertruda den Mann neben ihr. Er war groß und schlank, mit ausdrucksvollem Gesicht. Sie konnte nicht leugnen, dass er ihr gefiel. Ein altes, fast vergessenes

Gefühl aus fernen Tagen regte sich in ihrem Herzen. Nun war sie es, die ihn bat, aus seinem Leben zu erzählen. Er war in Deutschland geboren und hatte schon früh den Wunsch verspürt, Pfarrer zu werden. Als Kind war er mit seinen Eltern nach Amerika ausgewandert, hatte dort Theologie studiert und war mit achtundzwanzig Jahren Pastor einer evangelischen Kirche in einer kleinen amerikanischen Provinzstadt geworden.

„Möchten Sie in den Dienst der Kirche zurückkehren, wenn diese Reise vorüber ist?", fragte sie.

„Vielleicht."

„Oder haben Sie andere Pläne?"

„Im Moment nicht."

In den darauffolgenden Tagen fiel Gertruda auf, dass Grauel viel Zeit mit ihr verbrachte. Sie aßen zusammen im Speisesaal, und oft waren sie danach, wenn die Hitze des Tages wich und die Sonne tief am Horizont stand, noch lange in angeregte Gespräche vertieft. Michael fiel auf, dass Gertruda, seit sie John Grauel kennengelernt hatte, plötzlich mehr Wert auf ihre äußere Erscheinung legte und sogar Lippenstift benutzte. Grauel mochte den Jungen gern. Eines Tages brachte er Michael eine Angelrute mit. Die beiden liebten es, gemeinsam zu angeln, obwohl kein einziger Fisch anbiss.

In der Abendkühle strömten die meisten Passagiere an Deck, um der Hitze im Laderaum zu entfliehen und sich die frische Brise um die Nase wehen zu lassen. Man saß oder lag auf dem harten Holzboden, inmitten von schreienden Babys und quirligen Kindern, die vergeblich einen freien Platz zum Spielen suchten. Zvi Yakobovitch spielte auf seiner Geige.

Meistens gelang es Grauel, Gertruda und Michael, auf dem überfüllten Deck eine ruhige Ecke zu finden. Grauel erzählte Geschichten aus seiner Kindheit, und Gertruda übersetzte für Michael. Der Junge hörte mit großen Augen zu. Eine dieser

Geschichten sollte sich für immer in sein Gedächtnis einprägen.

„Mein Vater", begann Grauel mit seiner vollen, wohlklingenden Stimme, „kam Anfang der zwanziger Jahre aus Deutschland nach Amerika. Er fand eine Stelle als einfacher Arbeiter in einem Metallwerk. Dort tat er jahrelang treu seine Arbeit. Er verdiente nicht viel, aber es war genug, um eine Familie zu unterhalten. Dann kam die Wirtschaftskrise, 1929. Mein Vater wurde entlassen, und meine Eltern, mein kleiner Bruder und ich zogen von einem Ort zum nächsten auf der Suche nach einer neuen Arbeit. Wir kamen nach Washington und lebten dort mit Tausenden von anderen Arbeitslosen in einer gigantischen Zeltstadt im Zentrum. Mein Vater wurde depressiv. Er saß täglich stundenlang auf einer Parkbank und bemitleidete sich. Er hatte die Hoffnung aufgegeben, jemals wieder Arbeit zu finden. Das bisschen Geld, das wir gespart hatten, war bald aufgebraucht, und wir wussten, in ein paar Tagen würden wir nichts mehr zu essen haben.

Ich konnte nicht mitansehen, wie mein Vater immer tiefer in den Strudel von Selbstmitleid und Verzweiflung hineingeriet, ich musste etwas tun. Kurz entschlossen marschierte ich zum Weißen Haus, denn ich wusste, dass der Präsident der Vereinigten Staaten dort wohnt. Wie durch ein Wunder gelang es mir, ins Haus hineinzuschlüpfen, ohne dass die Wachen mich sahen. Drinnen lief ich durch die Korridore und hielt Ausschau nach einer Tür, an der ein Schild mit der Aufschrift ‚Präsident' hing. Irgendwann wurde ich dann von einem Mann in einem eleganten, maßgeschneiderten Anzug aufgehalten. Er fragte mich, was ich in dem Gebäude zu suchen hätte. Ich antwortete, ich wolle den Präsidenten sprechen und ihn bitten, meinem Vater Arbeit zu geben, damit unsere Familie nicht verhungern musste.

Der Mann lächelte freundlich und sagte: ‚Du bist ein mutiger Junge. Du gefällst mir.' Er gab mir ein Käsesandwich und eine Flasche Limonade und bestellte schöne Grüße an meinen Vater und er solle doch am nächsten Morgen einfach zu ihm kommen. Ich ging nach Hause und erzählte das meinem Vater. Er schloss mich in seine starken Arme und sagte, er freue sich sehr. Er war so aufgeregt, dass er die halbe Nacht nicht schlafen konnte. Am Morgen machte er sich auf zum Weißen Haus, sprach mit dem Mann im Anzug und bekam daraufhin sofort eine Arbeit auf einer Baustelle für ein Regierungsgebäude. Wir waren gerettet.“

Grauel strich Michael über den Kopf.

„Sie haben Ihren Vater sehr gern gehabt, oder?“, fragte der Junge auf Polnisch. Gertruda übersetzte.

„Ja, sehr.“

„Ich meinen Vater auch. Aber es ist schon lange her, seit ich ihn das letzte Mal gesehen habe.“

Gertruda spürte, dass sie für John Grauel mehr als nur freundschaftliche Gefühle empfand, und fragte sich, ob er ihre Zuneigung erwiderte. Eines Abends an Deck führten sie ein längeres Gespräch über die Zukunft. Gertruda erzählte, dass sie vorhabe, in Palästina für sich und Michael ein neues Leben aufzubauen und für immer dort zu bleiben.

„Ich habe auch schon daran gedacht, mich dort niederzulassen“, sagte Grauel.

Gertruda sah ihn von der Seite an. „Und haben Sie schon einmal daran gedacht“, fragte sie vorsichtig, „dass Sie, wenn Sie dort eine neue Heimat finden, vielleicht gern eine Frau an Ihrer Seite hätten?“

„Nein …“, stammelte er verlegen. „Eigentlich nicht.“

„Nun, ich würde gern …“, nahm sie den Faden wieder auf, „ich meine, ich würde ohne Weiteres konvertieren und evangelisch werden … das heißt, wenn Sie möchten … also, wenn Sie das auch möchten, dann wäre ich gern Ihre …“ Sie stockte und errötete.

Er sah sie erstaunt an und strich ihr fast väterlich über die Hand. „Liebe Gertruda", sagte er dann, „Sie sind eine wirklich gute Freundin. Und eine bezaubernde Frau. Ich habe es nicht verdient, dass Sie mir so viel Zuneigung entgegenbringen. Ich meine, Sie haben jemand anderes verdient."

Sie verstand nicht und sah ihn fragend an.

Er seufzte. „Ich bin ... ich meine, ich ... ich fühle mich nicht zu Frauen hingezogen. Deshalb habe ich nie geheiratet."

Gertruda nickte stumm, unfähig, irgendetwas zu sagen. Es war, als habe jemand eine Tür zugeschlagen. Alle ihre Hoffnungen und Träume waren in einer Sekunde zunichte gemacht.

„Was ist mit Ihnen? Ist Ihnen nicht gut?" Grauel sah, wie bleich sie geworden war.

„Doch, doch", sagte sie rasch, „es geht schon wieder." Sie wandte ihr Gesicht ab, damit er ihre Tränen nicht sah.

7.

Die Flotte britischer Schiffe im Kielwasser der *Exodus* vergrößerte sich fast täglich. Am vierten Tag zählten die Passagiere bereits sechs Schiffe. Der Zerstörer *Ajax*, der durch das Gefecht mit dem deutschen Panzerschiff *Admiral Graf Spee* bekannt geworden war, kam rasch näher. Aus dem Lautsprecher drang die Frage an ihr Ohr: „Haben Sie illegale Einwanderer nach Palästina an Bord?" Von der *Exodus* kam keine Antwort. „Wir wissen genau, wer Sie sind und was Sie vorhaben", hörten sie die britische Stimme. „Geben Sie auf, es ist zwecklos. Unterlassen Sie den Versuch, unsere Blockade zu durchbrechen. Hören Sie auf, Frauen und Kinder zu gefährden. Im Namen der Menschlichkeit fordern wir Sie auf, den Kurs zu ändern, bevor es zu spät ist."

Als Antwort drangen von der *Exodus* durch den Lautsprecher hebräische Lieder hinüber.

Sämtliche Kriegsschiffe waren jetzt auf gleicher Höhe mit dem Flüchtlingsschiff und fuhren demonstrativ ihre Geschütze auf. Bewaffnete Soldaten in Gasmasken standen an Deck.

Die überfüllten Unterkünfte, das Gedränge an Deck, die unbeschreibliche Hitze, die fehlende Privatsphäre und vor allem die Anspannung, ständig durch die britischen Zerstörer bedroht zu sein – all das machte das Leben für die rund viertausendfünfhundert Passagiere der *Exodus* beinahe unerträglich. Viele der Männer, Frauen und Kinder, deren körperliche und vor allem seelische Wunden noch lange nicht verheilt waren, zeigten Verhaltensweisen, die sie während ihrer Zeit im Lager als Überlebensstrategie entwickelt hatten. So kam es auch auf dem Schiff immer wieder zu Szenen roher Gewalt. Jeder dachte an seinen eigenen Vorteil, niemand wollte zu kurz kommen. Überall, beim Arzt und in den Warteschlangen für Lebensmittel und Wasser, drängelten sich die Leute rücksichtslos vor oder wurden handgreiflich. Sie legten sich Essensvorräte an, obwohl es ausreichende Mahlzeiten für alle gab, und prügelten sich um die Schlafplätze an der Wand oder am Fenster. Organisierte Banden bekamen alles, was sie wollten, auf Kosten derer, die weniger spitze Ellbogen hatten. Fast täglich brachen auf dem Schiff Schlägereien aus.

Allein auf sich gestellt und des Kämpfens müde, zog Gertruda es vor, noch vor Tagesanbruch aufzustehen und sich anzustellen, bevor die Verteilung von Wasser und Lebensmitteln begann. Selbst dann gab es immer Leute, die sich vordrängelten, und so manches Mal wartete Gertruda umsonst oder stellte fest, wenn sie endlich an der Reihe war, dass es für sie und Michael kaum noch etwas gab. Doch sie war durch die harte Schule des Krieges gegangen und hatte gelernt, mit Enttäuschungen und Entbehrungen umzugehen.

Meistens wollte Michael mitkommen und mit ihr in der Schlange warten. Stundenlang stand er neben ihr und sah hilflos mit an, wie die Rücksichtslosen und Aggressiven alles bekamen, was sie wollten. Und wie im Krieg, gab es ihm jedes Mal einen Stich ins Herz, wenn er Gertrudas müdes, trauriges Gesicht sah.

Eines Tages, als sie wieder einmal mit leeren Händen zurückkehrten, ging Michael persönlich zum Kommandanten des Schiffes, Jossi Hamburger, und fragte ihn, warum die Besatzung nicht darauf achten konnte, dass die Lebensmittel gerecht verteilt wurden. Hamburger antwortete, dass man dies bereits versucht habe, aber leider feststellen musste, dass das Faustrecht stärker war als die Bemühungen seiner Leute, für Recht und Ordnung zu sorgen.

Oft bot Pastor Grauel bei ihren gemeinsamen Mahlzeiten an, seine Lebensmittelration mit Gertruda und Michael zu teilen, denn die drei aßen weiterhin zusammen. Gertruda lehnte jedes Mal ab, doch er bestand so lange darauf, bis sie schließlich nachgab.

„Man kann es diesen Menschen nicht verdenken", pflegte Grauel zu sagen. „Sie haben die Hölle des Krieges und der Gefangenschaft nicht umsonst überlebt. Wenn sie nicht gelernt hätten, um jedes Stück Brot zu kämpfen, wären sie nicht hier. So etwas kann man nicht von heute auf morgen ablegen. Es wird lange dauern, bis sie wieder ein normales Leben führen können."

8.

Obwohl die *Exodus* groß und schwerfällig war, besaß sie doch einige Vorteile gegenüber ihren Verfolgern. Sie war höher als die britischen Zerstörer, mit Stahlplatten gepanzert und somit besser geschützt als die Einwandererschiffe vor ihr. Nach Einschätzung der Briten erreichten die Kommandobrücken ihrer eigenen Schiffe nur knapp die Höhe der Decks der *Exodus*.

Wegen ihrer Lage auf dem obersten Deck war die Kommandobrücke für die Marinesoldaten der beste, wenn auch nicht der bequemste Ausgangspunkt, um das Einwandererschiff zu entern. Britische Marineingenieure hatten vorausgeplant und Gerüste konstruiert, die es den Soldaten erleichtern würden, die *Exodus* zu stürmen, sobald sie längsseits lagen. Vorläufig hielten die Kriegsschiffe jedoch bewusst Abstand und fuhren in einem Winkel, von dem aus die gerüstartigen Enterbrücken nicht zu sehen waren, um keinen Verdacht zu erregen.

Es war Freitag, der 18. Juli 1947. Die Passagiere der *Exodus* nahmen ihre einfache Abendmahlzeit ein. Die Stimmung war gedrückt, die Menschen fühlten sich unsicher. Das Schiff fuhr mit voller Kraft seinem Ziel entgegen, das jetzt nur noch fünfzehn Seemeilen entfernt lag. Sie wurden von der Zerstörerflotte, die inzwischen aus acht Schiffen bestand, verfolgt wie von einer Meute Jagdhunde. Die Verfolger hatten die Deckbeleuchtung gelöscht. Alle, britische Soldaten und jüdische Immigranten, spürten, dass der unvermeidliche Konflikt unmittelbar bevorstand.

Währenddessen hielten sich am Strand von Tel Aviv im Schutz der Dunkelheit zwei Palmach-Einheiten bereit (von der Hagana gegründete paramilitärische Organisation, d. Übers.), um die Passagiere so rasch wie möglich von Bord zu bringen, sobald die *Exodus* vor Anker gegangen war. Etwa zwanzig Fischerboote und Barkassen eines geheimen Einsatzkommandos warteten im Hafen von Tel Aviv, um die Flüchtlinge ins Land zu transportieren. Falls alles glattlief und es gelang, die Operation zügig durchzuführen, hoffte man, so viele wie möglich in Sicherheit zu bringen, bevor die Briten das Gebiet abriegeln konnten. Doch alle Pläne und Hoffnungen sollten sich in jener Nacht zerschlagen.

An jenem Abend wurden die Vorbereitungen für den Angriff auf die *Exodus* getroffen. Auf den britischen Schiffen herrschte erhöhte Alarmbereitschaft. Nach einer hastigen

Mahlzeit erhielten die Marinesoldaten den Befehl, ihre Kampf-
ausrüstung anzulegen, die Waffen zu laden und auf weitere
Befehle zu warten. Die Zerstörer nahmen schnell Fahrt auf.
Der Plan war, die *Exodus* von beiden Seiten zu entern, indem
Soldaten an Bord gehen, die Kommandobrücke stürmen und
die Maschinen stoppen sollten. Die anderen Kriegsschiffe sollten Rückendeckung bieten und, wenn nötig, Verstärkung leisten und die Einwanderer daran hindern, in den Rettungsbooten zu fliehen.

Die Spannung auf der *Exodus* war unerträglich. Noch
pflügte das Schiff ruhig durchs Wasser, die meisten Bordlichter
waren gelöscht. Obwohl die Passagiere nicht wussten, was die
britische Marine vorhatte, ahnten sie, dass man sie nicht einfach so an Land gehen lassen würde. Die meisten wälzten sich
schlaflos hin und her, nur die Kinder schliefen friedlich. Aus
dem Schiffsbauch klang das dumpfe, gleichmäßige Dröhnen
der Motoren. Ein blasser Mond zog seine Bahn am wolkenlosen Himmel, und eine warme Brise zerrupfte den Rauch aus
dem Schornstein wie Watte.

Der Befehl zum Angriff kam um 1 Uhr 45. Die Maschinen
der britischen Zerstörer liefen auf Hochtouren, zusehends ver-
ringerte sich der Abstand der Schiffe. Plötzlich waren die
Decks der *Exodus* in gleißendes Scheinwerferlicht getaucht,
und eine Lautsprecherdurchsage zerriss die nächtliche Stille:
„Stoppen Sie die Motoren! Sie befinden sich in den Hoheitsge-
wässern Palästinas!"

Ike Aaronovitchs Gesicht wurde rot vor Zorn. „Verdammt!",
rief er. „Die lügen! Wir sind immer noch in internationalen Gewässern. Sie haben kein Recht, uns hier aufzuhalten!" Jeder
Seemann wusste, dass ein Übergriff auf ein anderes Schiff außerhalb der Dreimeilenzone gegen das internationale Seerecht
verstieß. Den Briten, die fest entschlossen waren, die *Exodus*
um jeden Preis zu stoppen, war das offensichtlich einerlei.

Ikes Hände umklammerten angespannt das Steuer. Jossi

Hamburger, der neben ihm auf der Kommandobrücke stand, war ebenso aufgebracht. Er war überzeugt: Die britische Marine wollte mit allen Mitteln verhindern, dass die *Exodus* in Palästina vor Anker ging, ganz gleich, ob die Briten damit gegen das Gesetz verstießen oder nicht.

„Wenn Sie nicht augenblicklich die Maschinen stoppen", dröhnte die Stimme aus dem Lautsprecher, „sehen wir uns gezwungen, an Bord zu kommen, Sie zu verhaften und das Schiff nach Haifa zu schleppen."

Hamburger ließ dem Kommandanten der britischen Marineschiffe, Commander Gregson, über Funk folgende Nachricht zukommen:

An Deck der „Exodus 47" befinden sich über 4500 Männer, Frauen und Kinder, deren einziges Verbrechen darin besteht, dass sie Juden sind. Sie werden sich von nichts und niemandem daran hindern lassen, das Gelobte Land zu betreten. Wir hegen keinen persönlichen Groll gegen die britische Marine, da wir wissen, dass Sie und Ihre Soldaten lediglich Befehle ausführen, um gewisse politische Strukturen in Palästina zu erhärten. Doch wir werden niemals Gesetze anerkennen, die es uns verbieten, in unserer Heimat zu leben. Wir wollen kein Blutvergießen, aber wir werden nicht zurück ins Konzentrationslager gehen, auch in kein britisches Lager. Bitte bedenken Sie, dass Sie zur Verantwortung gezogen werden können, wenn Sie hier das Feuer eröffnen und auf unbewaffnete Menschen und wehrlose Kinder schießen.

Von Commander Gregson kam die knappe Antwort:

Wir haben den Befehl, das Schiff nach Haifa zu bringen. Zu dem Zweck wird ein Kommando von Soldaten an Bord kommen. Bitte leisten Sie keinen Widerstand. Ich wiederhole: In Ihrem eigenen Interesse, leisten Sie keinen Widerstand.

Ike änderte den Kurs, sodass der Bug des Schiffes in Richtung offene See zeigte, um zu signalisieren, dass die *Exodus* in internationalen Gewässern bleiben wollte. Er beauftragte John Grauel, die Sirene einzuschalten.

Gertruda setzte sich beim Klang der Sirene kerzengerade auf und warf einen besorgten Blick auf Michael, der noch fest schlief. Menschen strömten an Deck. Gertruda war unschlüssig, denn sie wollte den Jungen nicht allein lassen. „Gehen Sie ruhig. Ich halte ein Auge auf ihn." Es war die Frau mit einem Baby auf der Pritsche neben ihr.

Gertruda bedankte sich und eilte nach oben. Das Heulen der Sirenen war ohrenbetäubend. Sie sah, wie die beiden Zerstörer rasch näher kamen. Leuchtkugeln erhellten die Nacht, und in ihrem fahlen Licht wirkten die Gesichter der britischen Soldaten auf dem Gefechtsdeck gespenstisch blass. Ganz vorn sah man einige Soldaten in grünen Uniformen. Sie trugen Gasmasken, Lederhandschuhe und Schwimmwesten. Maschinenpistolen hingen über ihrer Brust, Bajonette und weitere Pistolen am Gürtel. Hinter ihnen standen Soldaten in Khakiuniform und Helm, ebenfalls mit Maschinenpistolen bewaffnet.

Die Passagiere der *Exodus* waren fest entschlossen, sich mit allen Mitteln zu verteidigen. Sie warfen mit Konservendosen, Flaschen und Metallteilen. Die Marinesoldaten antworteten mit Wasserwerfern.

Plötzlich, völlig unerwartet, drehten die britischen Kriegsschiffe ab, und für einen Moment sah es so aus, als ob sie den Rückzug antreten wollten. Schon hörte man auf der *Exodus* die ersten voreiligen Jubelschreie. Doch dann wurde klar, dass die Zerstörer wendeten und wieder Kurs auf die *Exodus* nahmen. Das Manöver diente lediglich dazu, Fahrt aufzunehmen, um das Schiff zu rammen. Mit panischem Entsetzen beobachteten die Flüchtlinge, wie zwei riesige stahlgraue Kampfmaschinen auf sie zurasten. Die *Exodus* erzitterte, als die Zerstörer ihren stählernen Bug mit metallischem Kreischen in ihre Flanke rammten. Holz splitterte, und von der Wucht des Aufpralls riss es den Menschen an Bord den Boden unter den Füßen weg. Durch die klaffenden Lücken drang Seewasser in den Schiffsrumpf ein.

Gleichzeitig brachten die britischen Soldaten Netze aus und versuchten, damit an Bord des Einwandererschiffes zu gelangen. Insgesamt vier Anläufe wurden von den Passagieren abgewehrt, die mit vereinten Kräften die Netze mitsamt Dutzenden von Soldaten ins Wasser beförderten. Die Blinklichter ihrer Schwimmwesten tanzten auf den Wellen, bis sie von den Rettungsbooten an Bord genommen wurden.

Die Schiffe lagen jetzt dicht nebeneinander. Von einem der Zerstörer aus wurde eine Laufplanke an Deck der *Exodus* geschoben, und mehrere Enterkommandos stürmten an Bord. Zwei weitere Zerstörer versuchten, längsseits zu gehen und das Flüchtlingsschiff zu entern. Der erste scheiterte, doch nach zwei Stunden war es den Briten gelungen, das zweite Schiff in Position zu bringen. Rauchgranaten und Tränengasbomben landeten zwischen den Menschentrauben auf den Decks der *Exodus*. Soldaten schossen mit Maschinenpistolen in die Luft.

Am Abend vor dem Auslaufen hatte die Alija Bet ausdrücklich verboten, dass Waffen an Bord genommen wurden. Die Einwanderer sollten gewaltfreien Widerstand leisten, auch wenn es keine Garantie gab, dass dies die Briten davon abhalten würde, das Feuer zu eröffnen. Insgeheim hatte man sich aber auf der *Exodus* mit Molotowcocktails, Rauchbomben und Sprühvorrichtungen für heißen Wasserdampf auf einen möglichen Angriff vorbereitet.

Als die Briten Rauchgranaten und Tränengasbomben einsetzten, gingen die Flüchtlinge mit ihren selbst gebauten Waffen zum Gegenangriff über. Da die Wasserdampfspritze nicht funktionierte, ersetzte man das Wasser durch kochend heißes

Öl, doch der Wind blies den Ölnebel zurück zur *Exodus*. Bald waren die Decks mit einer schmierigen, schwarzen Öl-schicht überzogen, und viele Passagiere rutschten aus und stürzten. Gertruda konnte sich gerade noch rechtzeitig an der Reling festklammern. Sie sah zwei Männer, die sich mit Ei-senstangen bewaffnet hatten. Einer von ihnen gab ihr eine Stange.

Inzwischen waren an die vierzig Marinesoldaten an Bord. Ike fuhr volle Kraft voraus und hielt das Schiff auf einem Zickzack-Kurs, in einem verzweifelten Versuch, die Zerstörer abzuschütteln und weitere Kommandos am Entern zu hin-dern.

Eine Gruppe britischer Soldaten stürmte Richtung Maschi-nenraum, um das Schiff zu stoppen, doch Eisengitter und ver-schlossene Türen hinderten sie am Eindringen. Vier Kommandos kämpften sich inmitten der Menschenmassen zur Brücke vor und knüppelten jeden nieder, der es wagte, sich ihnen in den Weg zu stellen. Sie schrien: „Aus dem Weg oder wir schie-ßen!" Einigen gelang es, die Tür zur Kommandobrücke aufzu-brechen und Bill Bernstein, den Ersten Offizier, zu überwälti-gen. Bill wurde in dem Handgemenge schwer verletzt. Ike schleppte ihn hinaus, um ihn zur Erste-Hilfe-Station zu brin-gen. Die restliche Besatzung floh aus dem Raum, schloss die Tür und sperrte die Marinesoldaten ein.

Unterdessen eskalierte die Situation an Deck. Zahlreiche britische Soldaten waren verletzt, die anderen kämpften ver-bissen darum, die Oberhand zu gewinnen, entsicherten ihre Waffen und schossen unkontrolliert in alle Richtungen. Der fünfzehnjährige Zvi Yakobovitch wurde am Kopf getroffen, als eine Maschinenpistolensalve niederging. Bewusstlos brach er zusammen. Sein Blut tränkte den Stoff der blau-weißen Flagge mit dem Davidsstern in seiner Hand. Das Deck war mit Verwundeten übersät.

Die Zerstörer fuhren fort, das Schiff zu rammen. Unter

Deck wurden Kinder von dem Aufprall aus den Betten geschleudert. Wasser strömte in den Laderaum. Überall hörte man panische Schreie. Passagiere schöpften im Schiffsbauch fieberhaft das eindringende Wasser ab.

Der Widerstand der Flüchtlinge war heftiger, als die Briten erwartet hatten. Als die Molotowcocktails und Rauchbomben ausgingen, kämpften die Passagiere mit Flaschen, Dosen und scharfkantigen Gegenständen weiter und ließen es Metallteile, Nägel, Schrauben und Kartoffeln regnen. Sie gingen auf die Soldaten los und versuchten, ihnen die Waffen zu entreißen.

Auch Gertruda war fest entschlossen, sich zu verteidigen. Mutig stellte sie sich einer Gruppe von Soldaten in den Weg. Als man sie roh zur Seite stieß, stolperte sie und verletzte sich am Knöchel. Sie unterdrückte einen Schmerzensschrei und sah hilflos, wie das Blut aus der Wunde rann. Die Sanitäter hatten genug mit den Schwerverletzten zu tun, und so wagte sie nicht, um Hilfe zu rufen. Auf einmal spürte sie, wie sich jemand über sie beugte. „Warten Sie." Es war Pastor Grauel. „Ich kümmere mich um Sie." Bevor sie etwas sagen konnte, riss er einen Streifen Stoff von seinem Hemd und legte ihr einen Verband an. Um sie herum ging der Kampf weiter, britische Soldaten schossen sich den Weg frei, und die unversehrten Flüchtlinge bewarfen sie mit allem, was sie in dem Durcheinander zu fassen bekamen. Überall an Deck hörte man das Stöhnen und Schreien der Verwundeten.

Grauel stand auf. „Ich muss mich um die anderen Verletzten kümmern. Danach komme ich wieder zu Ihnen. Seien Sie vorsichtig."

Vier Marinesoldaten gelang es schließlich, die Rettungsboote zu besetzen. Einer von ihnen begann, wahllos in alle Richtungen zu schießen. Plötzlich kappte jemand die Taue der Halterung, worauf ein Boot in die Tiefe stürzte und eine Gruppe von Soldaten unter sich begrub. Mehrere von ihnen wurden schwer verletzt.

Inzwischen hatte sich eine wütende Horde von Flüchtlingen vor der Tür zur Kommandobrücke versammelt und verlangte die Herausgabe der eingeschlossenen Briten, um sie zu lynchen. Pastor Grauel trat als Vermittler auf. In eine amerikanische Flagge gehüllt, bahnte er sich den Weg zur Brücke, und man respektierte seine Neutralität. Es gelang ihm, die Soldaten ins Freie zu schleusen, ihre Waffen über Bord zu werfen und sie dazu zu bringen, das Schiff zu verlassen.

Das Krachen der Schüsse und die schrillen Schreie der Getroffenen drangen zu den Schlafenden unter Deck. Frauen und Kinder kauerten sich dort ängstlich zusammen. Frauen schrien beim Anblick der Verwundeten hysterisch auf. Manche gingen nach oben und schwenkten weiße Tücher als Zeichen ihrer Kapitulation.

Auch Michael rannte an Deck, um Gertruda zu suchen, doch einer der Erwachsenen sah ihn und brachte ihn wieder hinunter. Ängstlich verkroch er sich unter der Bettdecke und betete, dass Gertruda nichts passiert war und die Schlacht bald zu Ende sein würde.

Vor Sonnenaufgang traf sich die militärische Leitung der Operation zu einer Lagebesprechung im Hauptquartier der britischen Marine. Nach den Informationen, die sie über Funk erhalten hatten, sah es so aus, als ob die Operation gescheitert sei. Nur wenige Soldaten hatten es geschafft, das Einwandererschiff zu entern; manche waren von der aufgebrachten Menge gefangen genommen oder an Bord eingesperrt worden. Die Enterbrücken waren beschädigt und die Aussicht, weitere Soldaten an Bord zu bringen, war nur gering.

An Deck der *Exodus* war man inzwischen überzeugt, die Schlacht verloren zu haben. Den britischen Soldaten war es gelungen, die Kommandobrücke und den Kartenraum und somit den Zugang zu den Navigationsinstrumenten zu besetzen. Das Schiff selbst war schwer beschädigt, durch die Lecks in den Seiten drang unaufhaltsam Seewasser ein. Kapitän Ike trat den Rückzug in seine Kabine im Heck an.

Nach stundenlanger Schlacht waren Hunderte von Passagieren verletzt, nur noch etwa dreißig kämpften unbeirrt weiter. Die Verwundeten lagen hilflos an Deck, manche drohten zu verbluten. Dr. Joshua Cohen, ein junger Arzt aus Schottland und Crewmitglied der *Exodus*, versorgte unermüdlich die Verletzten, zusammen mit einigen Krankenschwestern aus den Reihen der Flüchtlinge. Als er sah, wie ernst die Lage war, beschloss er, den Kommandanten Jossi Hamburger zu benachrichtigen. Am Horizont erkannten sie bereits die Lichter der Siedlungen auf dem Festland Palästinas.

Dr. Cohen wischte sich den Schweiß von der Stirn. „Wir haben zu viele Schwerverletzte", sagte er mit müder Stimme. „Einer von ihnen ist noch ein Kind, Zvi Yakobovitch. Sein Bruder und er sind Waisen. Wenn der Junge stirbt, hat sein Bruder niemanden mehr auf der Welt. Ich kann hier an Bord nicht mehr viel für ihn tun. Wenn wir ihn nicht sofort in ein Krankenhaus bringen, ist es zu spät."

Es wurde still in der Kapitänskabine. Ike und der Kommandant wussten, was das bedeutete. Nur die Briten konnten die Verletzten in ein Krankenhaus bringen. Und wenn der Kommandant der *Exodus* die britische Marine um die Evakuierung der Verwundeten bat, kam dies einer Kapitulation gleich.

„Was schätzen Sie, wie viele Schwerstverletzte haben wir?", fragte Hamburger den Arzt.

„Mindestens drei."

Hamburger warf einen Seitenblick auf Ike. Das Gesicht des jungen Kapitäns war aschfahl. Hilflos zuckte er die Schultern.

„Na schön", sagte der Kommandant schließlich. „Diese

Leute haben nicht den Holocaust überlebt, um hier an Bord zu verrecken. Ich kontaktiere die Briten."

Niemand erhob Einspruch.

Gegen Morgen reichte der Funker an Deck des britischen Schiffs *Charity* seinem Kommandanten eine Meldung von der *Exodus*. Kommandant Gregson rechnete mit schlechten Nachrichten. Es würde nicht einfach sein, das Scheitern der Operation vor seinen Vorgesetzten zu rechtfertigen. Doch als er Jossi Hamburgers Nachricht überflog, hellte sich sein Blick auf. Das Blatt hatte sich gewendet. Die *Exodus* ergab sich.

In seiner Antwort befahl Gregson, die Maschinen zu stoppen. Schweren Herzens ließ Kapitän Ike die Motoren ausschalten. Morgens um 5.15 Uhr ging ein britisches Boot längsseits und ein Team von Sanitätern kletterte mit Hilfe einer Strickleiter an Bord. Das Deck war übersät mit Konservendosen, die von den Flüchtlingen wenige Stunden zuvor als Wurfgeschosse benutzt worden waren. Einige Sanitäter sammelten rasch ein paar Dosen auf, für sich selbst oder für ihre Familien in England, denn Lebensmittel waren dort nach dem Krieg noch immer knapp und streng rationiert.

Dr. Cohen führte sie in das behelfsmäßig eingerichtete Lazarett. Es gab über zweihundertsiebzig Verletzte, von denen drei in Lebensgefahr schwebten. Der britische Arzt forderte Verstärkung an, und bald darauf legten zwei weitere Boote am Rumpf der *Exodus* an. Mit den Ärzten und Sanitätern kamen auch zwanzig Soldaten an Bord, um sicherzustellen, dass das Gefecht nicht wieder ausbrach.

Auf Befehl des Kommandanten der britischen Flotte nahmen sie Kurs auf Haifa. Gegen Abend telegrafierte die *Exodus* an die UNSCOP, einen Sonderausschuss der Vereinten Nationen zur Prüfung der Situation in Palästina und zur Erarbeitung von Lösungsvorschlägen.

Sehr geehrte Damen und Herren,
wir ersuchen Sie höflich, sich mit eigenen Augen vom Schicksal der 4500 Flüchtlinge an Bord der ,Exodus' zu überzeugen und sich ein Bild zu machen von unserem Leidensweg und unseren verzweifelten Bemühungen, unsere Heimat zu erreichen. Überzeugen Sie sich auch von der unbarmherzigen Vorgehensweise der britischen Marine, mit der man uns am Anlegen an der Küste Palästinas gehindert hat. Man will uns erneut in von Stacheldraht umgebene Lager sperren, die uns an die furchtbare Zeit in den KZs der Nazis erinnern.

Um 7.30 Uhr, nach einer schlaflosen Nacht, schickte man vom Schiff aus folgende Nachricht an die jüdische Bevölkerung in Palästina, die mit banger Ungeduld den Ausgang der Fahrt erwarteten:

Wir sind gezwungen, unseren Kurs zu ändern und, aufgrund starker Verluste, den Hafen von Haifa anzulaufen, um die Schwerverletzten und Sterbenden von Bord zu bringen. Zudem ist das Schiff schwer beschädigt und leck geschlagen. Es besteht Gefahr, dass die Exodus mitsamt den 4500 Passagieren an Bord sinkt.

Am 19. Juli 1947, kurz vor sechzehn Uhr, näherte sich die *Exodus* in Begleitung von acht britischen Kriegsschiffen der Stadt Haifa. An der Reling stand Gertruda und weinte bitterlich, in der Hand die von Zvi Yakobovitchs Blut getränkte Flagge.

9

Wie ein verwundeter Wal schlingerte die *Exodus* langsam Richtung Hafen. Auch als sie längst die Hafenmole passiert hatten, verringerten die britischen Marineschiffe und Patrouillenboote ihren Abstand nicht. Die Passagiere mussten bis auf Weiteres unter Deck bleiben. Die britischen Soldaten an Bord sollten sicherstellen, dass dieser Befehl befolgt wurde. Sie blockierten die Luken und versuchten, die Leute unter Androhung von Waffengewalt zurückzuhalten, doch es gelang ihnen nicht, die Massen aufzuhalten. Passagiere strömten an Deck und ließen ihrer Wut und Enttäuschung freien Lauf, weinten oder schwenkten weiß-blaue Flaggen und sangen die „HaTikwa", die spätere israelische Nationalhymne.

In der Ferne, an den Hängen des Karmelgebirges, leuchteten die weißen Häuser von Haifa in der Sonne – wie ein Versprechen, ein Tor zum Gelobten Land, das zu betreten ihnen verwehrt blieb. Von den Anhöhen aus beobachteten die Bewohner von Haifa die Ankunft der *Exodus*. Manche waren auf Hausdächer geklettert. Viele von ihnen hatten Freunde oder Verwandte auf dem Schiff, und nun war alle Hoffnung auf ein baldiges Wiedersehen zunichte gemacht. Tränen der Enttäuschung flossen, Protestrufe wurden laut. Vereinzelt sah man Plakate mit antibritischen Parolen.

Die Hafenschlepper brachten die *Exodus* zu ihrem Liegeplatz, vorbei an der düsteren Flotte ehemaliger Flüchtlingsschiffe, die alle von den Briten beschlagnahmt worden waren. Dort lagen sie gleich einer Flotte von Geisterschiffen, mit erkalteten Schornsteinen, blinden Fensterscheiben und durchhängenden Tauen. Auch die *Exodus* würde, sobald ihre Passagiere von Bord gegangen waren, dort ihre letzte Ruhe finden.

Um 16.30 Uhr legte die *Exodus* im Hafen an, wo bereits drei britische Evakuierungsschiffe, die *Empire Rival*, die *Runny-*

mede Park und die *Ocean Vigour*, darauf warteten, die illegalen Einwanderer aufzunehmen. Das gesamte Hafenareal war abgeriegelt, sodass keine Chance zur Flucht bestand. Am Quai waren Wachbataillone und Soldaten der „transjordanischen arabischen Legion" (unter britischer Führung; d. Übers.) postiert, Stacheldraht zog sich über den Boden. Hunderte von Fallschirmjägern der britischen Armee mit ihren roten Baretten kamen an Bord, blockierten mögliche Fluchtwege und sperrten die Toiletten ab. In vier verschiedenen Sprachen wurden die Passagiere durch Flugblätter aufgefordert, das Schiff ohne Widerstand zu verlassen, mit dem Zusatz:

Bitte nehmen Sie zur Kenntnis, dass wir Sie von hier aus nach Zypern bringen werden. Ihr Gepäck wird von unseren Soldaten gesondert transportiert und Ihnen ausgehändigt, sobald wir den Zielhafen erreicht haben. Wir weisen Sie darauf hin, dass, falls Sie im Besitz von Fotoapparaten sind, alles Filmmaterial einer Prüfung unterzogen werden muss. Briefe an Freunde und Verwandte in Palästina können Sie unseren Soldaten übergeben, die sie an die Adressaten weiterleiten werden.

Niedergeschlagen fügten sich die Passagiere ihrem Schicksal, umarmten einander, Eltern drückten ihre Kinder an sich. Michael verstand die Welt nicht mehr, und Gertruda beteuerte immer wieder: „Es wird alles gut. Zypern ist nur eine Zwischenstation auf unserem Weg ins Land Israel. Hab noch ein bisschen Geduld, bald fahren wir zurück nach Tel Aviv."

Als Erstes wurden die Toten von Bord gebracht, unter ihnen der fünfzehnjährige Zvi Yakobovitch, der unterwegs seinen schweren Verletzungen erlegen war, ebenso Bill Bernstein, der Erste Offizier. Am Quai wimmelte es von Pressefotografen. Bald würden die Bilder von der Evakuierung der *Exodus* um die Welt gehen. Um kein übermäßiges Aufsehen zu erregen, hatten die Briten die Leichen auf Krankentragen gebettet und nur halb zugedeckt, sodass es aussah, als handle es sich um Verletzte. Doch sie hatten die Rechnung ohne die Flüchtlinge gemacht, die laute Protestrufe anstimmten. „Diese Menschen hier wurden kaltblütig umgebracht!", rief einer den Presseleuten zu. „Und jetzt will man vertuschen, dass es Tote an Bord gab!" Rasch wurden die Leichen zugedeckt.

Danach wurden die Kranken und Verwundeten evakuiert, auf Tragen oder von Ärzten und Krankenpflegern gestützt, und ins Militärhospital von Haifa oder ins Lazarett des Internierungslagers von Athlit südlich von Haifa transportiert. Erst danach begann auf Befehl britischer Offiziere die Evakuierung der restlichen Passagiere. Die meisten von ihnen leisteten Widerstand, doch es dauerte nicht lange, bis die grobschlächtigen Soldaten mit ihren Schlagstöcken aus poliertem Holz die ausgezehrten Flüchtlinge vom Schiff heruntergeprügelt hatten.

Auf dem Hafengelände, als ihre Füße den Boden der ersehnten Heimat berührten, knieten viele Passagiere nieder und küssten die Erde.

Doch nicht alle waren von Bord gegangen. Im Unterdeck der *Exodus*, hinter verschlossenen Türen, versteckten sich Jossi Hamburger, Ike Aaronovitch und die anderen Hagana-Mitglieder im Materiallager. Als Hauptverantwortliche für den illegalen Einwanderungsversuch befürchteten sie, verhaftet zu werden, sobald sie einen Fuß an Land setzten. Die Soldaten durchkämmten das ganze Schiff, doch sie blieben unentdeckt.

Plötzliche dumpfe Explosionen unter dem Schiffsrumpf drangen an ihr Ohr. Die britischen Schiffe, die im Hafenbecken kreuzten, setzten Seegranaten ein, um zu verhindern, dass Palmach-Taucher die britischen Evakuierungsschiffe an der Weiterfahrt hinderten.

Lange Schlangen von Flüchtlingen bildeten sich vor den Eingängen der beiden großen Zelte. Immer zehn Personen auf einmal wurden hineingelassen. Im ersten Zelt wurden sie einer gründlichen Leibesvisitation unterzogen und auf versteckte Waffen durchsucht, im zweiten mit DDT eingesprüht, bevor sie an Bord der Evakuierungsschiffe gingen. Alles sollte zügig vonstatten gehen, die Passagiere wurden zur Eile angetrieben.

Als die Sonne im Meer versunken war und die Dunkelheit heraufkroch, erhellten grelle Suchscheinwerfer das Hafengelände. Pastor Grauel stand neben Gertruda und Michael in der Schlange vor einem Zelt. Ein britischer Offizier warf einen prüfenden Blick auf Gertrudas Papiere und sah sie argwöhnisch an. „Sie sind keine Jüdin. Was wollen Sie hier?"

Gertruda erklärte es ihm.

„Sie können in Palästina bleiben", sagte er darauf.

„Und der Junge?"

„Er wird nach Zypern evakuiert wie alle anderen Juden. Machen Sie sich um ihn keine Sorgen. Wir werden uns schon um ihn kümmern."

Gertruda schüttelte entschieden den Kopf. „Ich lasse ihn nicht allein fahren. Ich bleibe bei ihm."

Der Offizier zuckte die Achseln. „Wie Sie wünschen."

Als Nächstes blätterte er in Pastor Grauels amerikanischem Reisepass und fragte ihn nach dem Grund seiner Reise.

„Ich hatte mich freiwillig zu Hilfsdiensten auf dem Schiff gemeldet."

„Das verstößt gegen das Gesetz", stellte der britische Offizier fest.

„Anderen zu helfen ist kein Verbrechen."

„Aber der Versuch, illegal in unsere Hoheitsgewässer einzudringen. Es tut mir leid, aber ich muss Sie leider festnehmen."

Bevor er abgeführt wurde, umarmte Pastor Grauel Gertruda und Michael. „Lebt wohl", sagte er, „ich werde euch nie vergessen."

Zwei Wachsoldaten nahmen ihm seinen Pass ab und teilten ihm mit, dass man ihn vorläufig in Gewahrsam nehmen und zu dem Zweck in ein Hotel nach Haifa bringen werde. Dort müsse er die Entscheidung abwarten, ob er vor Gericht gestellt oder des Landes verwiesen werde. Der Jeep passierte die Absperrungen und verließ das Hafengelände, kroch den Berg hinauf und hielt auf der Anhöhe vor dem Hotel Savoy.

Als Grauel dort an der Rezeption stand, blieben die Wachsoldaten im Hintergrund, ließen ihn jedoch nicht aus den Augen. Beim Ausfüllen des Anmeldeformulars trug er in die Adresszeile „die *Exodus*" ein. Der Hotelangestellte musterte ihn mit unverhohlener Neugier.

„Sie waren auf dem Schiff?", flüsterte er.

Grauel nickte.

„In der Hotelbar wimmelt es von ausländischen Journalisten, die über die *Exodus* schreiben wollen, aber die Briten lassen sie nicht in die Nähe des Schiffes. Ich bin sicher, die würden gern mit Ihnen reden."

Er händigte Grauel den Schlüssel aus, der vorgab, müde zu sein und auf sein Zimmer zu gehen. Die beiden Soldaten sahen ihm misstrauisch nach. „Wagen Sie es nicht, unerlaubt das Gebäude zu verlassen. Wir haben den Befehl, hierzubleiben und aufzupassen, für den Fall, dass Sie Fluchtgedanken hegen."

„Glauben Sie mir", sagte Grauel, „alles, was ich will, ist schlafen."

Allein im Treppenhaus blickte er sich verstohlen um. Als er sah, dass ihm niemand folgte, ging er hinunter in die Hotelbar.

„Ich war Passagier auf der *Exodus*."

Die Gespräche verstummten. Alle Augen waren auf ihn gerichtet. Dann war er von Journalisten umringt, Notizbücher und Fotoapparate wurden gezückt. Alle großen Zeitungen der Welt waren vertreten. Grauel berichtete von der beschwerlichen Überfahrt, von den Zuständen an Bord, von der britischen Blockade und dem Angriff auf See, vom Widerstand der Passagiere und von den Verwundeten und Todesopfern. Die

Presseleute hingen an seinen Lippen, schrieben jedes Wort mit. Dies war genau das Material, nach dem sie gesucht hatten.

„Das müssen Sie der UN-Kommission erzählen", versuchten ihn zwei amerikanische Journalisten zu überzeugen. Die Kommission tagte im Hotel Eden in Jerusalem. Sie bestand aus Vertretern aus elf Ländern. Ihre Aufgabe war es, die Lage in Palästina zu überwachen und der UN Lösungsvorschläge zu unterbreiten.

Grauel schüttelte den Kopf. „Ich habe strikte Order, das Hotel nicht zu verlassen. Meine Bewacher sitzen dort draußen im Foyer."

Doch die Amerikaner, die eine gute Story witterten, versicherten, sie würden schon einen Weg finden. Bald darauf schlüpften drei Männer unbemerkt durch die Hintertür des Hotels ins Freie und stiegen in einen Wagen. Unterwegs wurden sie mehrfach von britischen Straßensperren aufgehalten, doch als die Journalisten mit ihren Presseausweisen wedelten, ließ man sie passieren.

Nach sechzig Stunden ohne Schlaf hielt sich Grauel nur noch mühsam aufrecht. Aber ausruhen konnte er sich später, jetzt war jede Minute kostbar. Jede Information, die er der Kommission geben konnte, war von Bedeutung. Nachdem sich die Verwunderung über sein Erscheinen gelegt hatte, bestellte man ihm eine warme Mahlzeit und bat ihn, von der schicksalhaften Reise der *Exodus* zu berichten. Das Interview dauerte drei Stunden. Als es vorüber war, dankte man Grauel für seine Offenheit, beeindruckt vom Mut und selbstlosen Einsatz dieses Mannes.

Das neue Versprechen

1.

Die *Exodus* lag schwer beschädigt und verlassen im Hafen. Die britische Marine hatte ein ziviles Reinigungskommando beauftragt, Schmutz und Trümmer an Bord zu beseitigen. Jossi Hamburger, Ike Aaronovitch und ihre Gefährten, die sich unter Deck versteckt hielten, witterten ihre Chance. Sie weihten die Reinigungskräfte ein, und die erklärten sich bereit, sie von Bord zu schmuggeln. Ein Angestellter holte ein paar zusätzliche Overalls, und ab sofort hatte die Reinigungsfirma ein paar Arbeitskräfte mehr. Auf diese Weise verließen der Kommandant, der Kapitän und die anderen blinden Passagiere – mit Müllsäcken beladen wie ihre „Kollegen" – unter den Augen der britischen Wachposten unerkannt das Schiff. Kurze Zeit später war niemand mehr an Bord.

Die britischen Schiffe *Empire Rival*, die *Runnymede Park* und die *Ocean Vigour* nahmen mit ihrer menschlichen Fracht Kurs auf die offene See. Wehmütig sahen die Flüchtlinge, wie sich die Umrisse der Stadt langsam im Nichts auflösten und die Küstenlinie von Haifa mit dem Horizont verschmolz. Vor ihnen lagen das blaugraue Meer und eine ungewisse Zukunft. Von britischer Seite hatte man ihnen versichert, dass die Lebensbedingungen in den Übergangslagern von Zypern gut seien und sie höchstens ein paar Wochen dort bleiben müssten.

Bei schönem Wetter und ruhiger See machten die Schiffe ausreichend Fahrt, um den Zielhafen bald zu erreichen. Mehrere Stunden lang nahmen sie Kurs nach Norden, bis über Funk unerwartet der Befehl kam:

Kursänderung nach Westen. Nehmen Sie Kurs nach Frankreich, nicht Zypern.

Einige Tage zuvor hatte die britische Führung unter strenger Geheimhaltung beschlossen, dass die illegalen Einwanderer dorthin zurückgebracht werden sollten, woher sie gekommen waren, um ein Exempel zu statuieren – zur Abschreckung für weitere Einwanderungswillige.

Die Bedingungen an Bord der Evakuierungsschiffe waren menschenunwürdig, weitaus schlimmer als auf der *Exodus*. Lebensmittel waren streng rationiert, und die Passagiere mussten auf den eisernen Planken schlafen, mit nur einer Decke pro Person. Da sie ihr Gepäck in Haifa hatten zurücklassen müssen, besaßen sie nichts als die Kleidung, die sie am Leib trugen. Auf einem der Schiffe traten die Flüchtlinge in den Hungerstreik.

2.

Als sich die drei Evakuierungsschiffe der französischen Stadt Port-de-Bouc bei Marseille näherten, strömten Tausende von Mitgliedern jüdischer Organisationen zum Hafen und riefen die Passagiere mit Spruchbändern in Hebräisch und Jiddisch zum Durchhalten auf – sie sollten nicht von Bord gehen. Einige Parolen waren in französischer Sprache; sie waren für die Kameras der Journalisten bestimmt.

Den Flüchtlingen hatte man mitgeteilt, dass Frankreich bereit war, sie aufzunehmen, wenn sie freiwillig an Land gingen. Als Antwort hielten sie, während sie in den Hafen einliefen, riesige Plakate hoch mit den Worten: „Danke, Frankreich, aber wir wollen heim nach Israel!"

Am Quai der kleinen Hafenstadt drängten sich Pressefotografen und Schaulustige. Jüdische Jugendgruppen führten Volkstänze vor und sangen hebräische Lieder. Aus der ganzen Gegend waren die Leute angereist, um das Einlaufen der Evakuierungsschiffe mit eigenen Augen zu sehen. Cafés und Restaurants am Hafen waren brechend voll.

Als Nächstes kamen Vertreter der französischen Regierung an Bord, mit dem Angebot einer unbegrenzten Aufenthaltserlaubnis und der Aussicht auf eine baldige Einbürgerung in Frankreich für jeden, der freiwillig an Land ging. Die Antwort eines Sprechers der Flüchtlinge lautete: „Wir bleiben an Bord. Wenn ihr uns wirklich helfen wollt, dann schickt uns Lebensmittel und Medikamente."

Tagelang harrten die Flüchtlinge auf den Schiffen aus, in der größten Sommerhitze Südfrankreichs und unter unsäglichen Bedingungen an Bord. Alle Versuche der französischen Regierung, die Menschen zum Verlassen der Schiffe zu bewegen, schlugen fehl. Zum Schluss waren lediglich hundertdreißig erschöpfte oder kranke Passagiere bereit, an Land zu gehen und in Frankreich zu bleiben.

Währenddessen wuchs der Druck auf die britische Militärregierung. Die Briten wussten, dass sie ihre Evakuierungsschiffe nicht ewig in Frankreich vor Anker liegen lassen konnten, und beschlossen, die jüdischen Immigranten zurück nach Deutschland zu transportieren – ausgerechnet in das Land, das für die Flüchtlinge mit so vielen furchtbaren Erinnerungen belastet war.

Der Befehl zum Auslaufen kam an einem Freitagabend, am 28. Juli 1947. Als das Schiff den Hafen verließ, standen die Passagiere an Bord und sangen die „HaTikwa". Die Briten zeigten sich unbeeindruckt.

In Deutschland wurden die Evakuierten in der britischen Besatzungszone in den Lagern Pöppendorf und „Am Stau" bei Lübeck interniert. Die Einheimischen begegneten den Überlebenden des Holocaust mit offener Feinseligkeit – als ob sich seit der Naziherrschaft nichts geändert hätte. Der Judenhass in der Bevölkerung flammte erneut auf, und die Flüchtlinge wurden täglich mit Ablehnung und Demütigungen konfrontiert. In Gaststätten und Cafés der umliegenden Ortschaften weigerte man sich, Juden zu bedienen, und es kam regelmäßig zu antisemitischen Beleidigungen und handgreiflichen Angriffen.

In Bayern, im Kurort Bad Reichenhall, hatten die Angestellten eines Hotels ein Lied verfasst, das sinngemäß so begann: „Schade, wir haben nicht genug Juden umgebracht." So ähnlich äußerten sich Deutsche nicht nur dort.

Mitte März 1948, zwei Monate, bevor die britische Besatzungsmacht ihre Truppen aus Palästina abzog, war den Flüchtlingen noch immer die Einreise verwehrt. Schließlich verloren die Evakuierten der *Exodus* die Geduld. Sie hatten genug gelitten in den britischen Lagern in Deutschland, die tagtäglich furchtbare Erinnerungen heraufbeschworen. Ihr Druck auf die Hagana-Vertreter wurde so groß, dass diese sich etwas einfallen lassen mussten. Durch einen raffinierten Schachzug versuchten sie, wenigstens schon einmal einen Teil der Einwanderer nach Palästina zu schleusen. Etwa tausend ehemalige *Exodus*-Passagiere, unter ihnen Gertruda und Michael, wurden für die geheime Operation ausgewählt. Sie wurden mit farbenfroher Freizeitkleidung, Fotoapparaten und Kaugummi ausgestattet und sollten sich als amerikanische Touristen ausgeben. Mit gefälschten Reisedokumenten und ein paar nützlichen englischen Redensarten im Gepäck schifften sie sich in

Hamburg auf dem Luxusdampfer *Transylvania* ein und begaben sich auf eine Mittelmeerkreuzfahrt. Die übrigen Passagiere merkten nicht, dass sich in der großen, fröhlich lärmenden Gruppe kein einziger amerikanischer Staatsbürger befand.

Vier Tage später gingen sie im Hafen von Haifa vor Anker, wo die vermeintlichen US-Touristen mit Bussen für einen Tagesausflug zu den heiligen Stätten abgeholt wurden. Die britischen Soldaten am Quai streiften sie mit gleichgültigen Blicken. Unter ihnen bemerkte Gertruda einige, die nur wenige Monate zuvor bei der Evakuierung der *Exodus* dabei gewesen waren, doch sie erkannten sie nicht.

Anstatt zu den heiligen Stätten fuhren die Busse Richtung Karmelgebirge und steuerten unterwegs verschiedene Hotels an, in die sie die Flüchtlinge brachten. Die *Transylvania* wartete mehrere Stunden auf die Vermissten und legte schließlich ohne sie ab.

4.

Isaac Trubovitch hatte Tränen in den Augen, als er die fremde Frauenstimme am Telefon hörte. Stehenden Fußes setzte er sich ans Steuer und fuhr zu dem angegebenen Hotel in Haifa, um seinen Verwandten Michael Stolowitzky und dessen Kinderfrau abzuholen. Nach einer herzlichen Begrüßung und Umarmung stiegen sie alle in seinen Ford und fuhren nach Tel Aviv.

Trubovitch war ein vermögender Geschäftsmann. Er besaß eine Speiseölfabrik und ein Haus in der Weiselstraße 6 im Norden von Tel Aviv. Großzügig stellte er Gertruda und dem gerade zwölfjährigen Michael die Dachwohnung seines Hauses zur Verfügung. Nach langen Jahren der Entbehrungen, der Rastlosigkeit und des Getriebenseins hatten die beiden endlich wieder ein Zuhause: eine warme, geräumige Wohnung, saubere Laken und mehr als genug zu essen. Ihre Odyssee hatte ein Ende. Sie waren am Ziel.

An ihrem zweiten Abend in Tel Aviv erzählte Gertruda Michael, dass sein Vater nicht mehr am Leben war. Der Junge brach in Tränen aus und klammerte sich verzweifelt an Gertruda. „Du darfst nicht auch noch weggehen", schluchzte er nach einer Weile. „Versprich mir, dass du immer bei mir bleibst."

„Das verspreche ich dir ganz fest", sagte sie und sie weinten beide.

Am nächsten Tag erkundeten sie die Stadt und schlenderten Hand in Hand durch die Straßen Tel Avivs. Sie spazierten über die Strandpromenade, aßen Falafel in einem jemenitischen Viertel und später einen Eisbecher im Café Whitman in der Allenby-Straße. Michael nahm interessiert alles Neue auf, was um ihn herum vorging, und drückte zwischendurch immer wieder kurz Gertrudas Hand. Sie bemerkte das Strahlen in seinen Augen, aus denen zum ersten Mal seit langer Zeit die Angst gewichen war.

Am Abend setzte Michael sich an den Tisch und schrieb in seiner ungelenken Jungenschrift:

Meine liebe Mamuscha,
ich möchte dir von ganzem Herzen danken für alles, was du für mich getan hast. Ich weiß, dass du viel Kraft und Glauben gebraucht hast, um mit mir den schrecklichen Krieg durchzustehen. Du hast mir Dinge beigebracht, an die ich mich mein ganzes Leben lang erinnern werde. Du lehrtest mich, dass es für den, der glaubt, immer eine Hoffnung gibt. Du warst mir eine Mutter, ein guter Freund und ein Schutzengel. Ich habe dich sehr lieb und wünsche mir, dass wir für immer zusammenbleiben.
Ich weiß nicht, ob ich dir jemals vergelten kann, was du für

mich getan hast, aber ich hoffe, eines Tages werde ich Gele-
genheit dazu haben. Du hast die ganzen Jahre für mich gesorgt
und alles getan, damit es mir an nichts mangelt – nun bin ich
dran. Jetzt bin ich alt genug, um für dich zu sorgen. Ich werde
mein Bestes tun, damit du glücklich bist, was immer die Zu-
kunft bringen mag.

Ich werde dir das nie vergessen.

Dein Michael

Eines Morgens, nachdem sie bereits eine Woche in Tel Aviv
waren, bat Sonya Trubovitch Gertruda zu einer Unterredung
unter vier Augen in ihr Zimmer. „Sie wissen, dass wir Ihnen
sehr dankbar sind für alles, was Sie für Michael getan haben,
und dass Sie ihn zu uns gebracht haben", begann Sonya. „Wie
sind Ihre weiteren Pläne?"

„Michael soll sobald wie möglich zur Schule gehen. Er soll
Hebräisch lernen, neue Freunde finden und sich hier zu Hause
fühlen."

„Und was haben Sie vor?"

„Ich werde natürlich bei ihm bleiben", antwortete Gertruda leicht verwundert.

„Sind Sie sicher, dass Sie sich hier wohlfühlen würden? Ich
meine, es ist für Sie eine fremde Kultur, eine völlig fremde
Sprache ... Ich weiß nicht, ob Sie jemals hier heimisch werden
könnten. Abgesehen davon hat Michael jetzt wieder eine richtige Familie. Ich kann Ihnen versichern, dass wir gut für ihn
sorgen werden."

„Ich verstehe nicht ganz, was Sie meinen."

„Schauen Sie", setzte Sonya erneut an, „vielleicht ist es an
der Zeit, dass Sie jetzt auch einmal an sich denken. Sie sind
frei, Sie können nach Hause fahren, wann immer Sie möchten.
Vielleicht würden Sie gern heimfahren zu Ihren Eltern. Das
Geld soll kein Problem sein, wir kommen gerne für Ihre Reise-
kosten und weitere Kosten auf, die dadurch für Sie entstehen.

Denken Sie einmal darüber nach. Es wäre vielleicht das Beste für Sie."

Gertruda sah ihr Gegenüber eine Weile sprachlos an, bis die Worte der anderen Frau langsam in ihr Bewusstsein drangen. „Ich weiß nicht, was Michael dazu sagen würde, wenn ich plötzlich aus seinem Leben verschwinde …"

„Er ist noch ein Kind, das noch nicht genau weiß, was es will. Und er wird sich schnell an die neue Situation gewöhnen."

Gertruda stand auf. „Danke, Frau Trubovitch", sagte sie kühl. „Aber da ist etwas, was Sie bei Ihren Überlegungen nicht berücksichtigt haben: Seit Michaels Mutter starb, bin ich für ihn seine Mutter. Ich war immer für ihn da, und ich werde ihn auch jetzt nicht im Stich lassen."

Festen Schrittes und ohne den geringsten Zweifel, dass sie und Michael immer zusammenbleiben würden, verließ sie den Raum.

5.

Es gab noch etwas, das ihr keine Ruhe ließ. Sie dachte oft an die Begegnung mit dem SS-Offizier, der ihnen damals in Wilna auf der Straße das Leben gerettet hatte. Karl Rink. Sie musste herausfinden, wo er wohnte, irgendeine Adresse ausfindig machen, damit sie ihm persönlich danken konnte.

Mehrere Monate lang traf sie sich regelmäßig mit Überlebenden aus den Ghettos von Wilna und Kaunas. Immer wieder fiel Rinks Name. Viele berichteten von seinen verborgenen Rettungsaktionen. Auf diese Weise lernte Gertruda auch Moshe Segelson kennen. Von ihm erfuhr sie, dass Rink mit einer Jüdin verheiratet gewesen war und seine Tochter in einem Kibbuz in Galiläa lebte.

Gertruda versuchte daraufhin, Helga-Elisheva Rink ausfindig zu machen, und schickte folgenden Brief an die amerikanische, französische, britische und sowjetische Botschaft in Israel:

Sehr geehrte Damen und Herren,
mein Name ist Gertruda Babilinska, wohnhaft in der Weiselstraße 6, Tel Aviv. Hiermit bezeuge ich, dass ich während des Krieges ein verwaistes jüdisches Kind, Michael Stolowitzky aus Warschau, zu mir genommen habe. Auf vielen Umwegen gelang es mir, mit dem Jungen nach Palästina auszureisen.
In Wilna wurden wir durch die selbstlose Tat eines SS-Offiziers namens Karl Rink gerettet, der uns vor dem Zugriff seiner Kameraden beschützte, als diese versuchten, Michaels jüdische Herkunft zu enthüllen. Ich bin sicher, dass er damit auch sein eigenes Leben aufs Spiel setzte.
Soviel ich weiß, hatte Herr Rink eine jüdische Ehefrau, und ihre gemeinsame Tochter lebt hier in einem Kibbuz.
Leider habe ich keine Kenntnis von seinem Verbleib, doch ich sehe es als meine Pflicht, Ihnen mitzuteilen, dass Herr Rink unzählige Juden gerettet hat und auch wir ohne ihn nicht mehr am Leben wären. Ich bitte Sie, diese Information an die richtigen Stellen weiterzuleiten, in der Hoffnung auf mildernde Umstände für ihn, sollte er als ehemaliger SS-Offizier verurteilt werden.
Hochachtungsvoll,
Gertruda Babilinska

6.

Es sollten noch Monate vergehen, bis Gertrudas Nachforschungen Erfolg hatten. Doch eines Morgens im Sommer 1949 saß sie mit Michael im Bus nach Kfar Giladi, um Karl Rinks Tochter zu treffen. Elisheva war eine charmante junge Frau von vierundzwanzig Jahren, verheiratet mit Mendel Bernson, einem Palmach-Kämpfer aus einem anderen Kibbuz. Sie arbeitete als Krankenschwester im Kibbuz-eigenen Kinderhaus und war vor Kurzem selbst Mutter geworden. Niemand in Kfar Giladi wusste von ihrem Vater. Über ihre Eltern sprach sie nie. Die Verletzungen des Krieges waren noch zu frisch, um den Kibbuzbewohnern die bittere Wahrheit zuzumuten, dass ihr Vater SS-Offizier gewesen war. Genauso heimlich empfing sie Gertruda und Michael.

Nach Elishevas Dienstschluss saßen sie in ihrem kleinen Schwesternzimmer. Eine kühle Brise trug den Duft der Sommerblüten durchs geöffnete Fenster. Aus der Ferne hörte man das Gelächter spielender Kinder. Elisheva erzählte, dass sie nach Kriegsbeginn fast keine Briefe mehr von ihrem Vater erhalten habe und erst seit Kurzem wieder Post von ihm bekam. Sie las ihnen einen Auszug aus einem Brief vor, den er ihr im Februar 1944 auf Umwegen über die Schweiz geschickt hatte:

Die vergangenen Wochen waren schwer für uns. Die feindlichen Truppen gewinnen immer mehr an Boden, und wir erleben eine Niederlage nach der anderen. Wenn es so weitergeht, ist der Krieg in ein paar Monaten vorüber, doch wir werden die Verlierer sein. Dieser brutale Krieg hat Menschen zu Raubtieren gemacht, und ich schäme mich für die Taten meiner Kameraden. Vor Kurzem habe ich mich bei einer Suchaktion gemeldet, um nach Juden zu fahnden, die sich noch irgendwo versteckt halten. Ich meldete mich freiwillig, obwohl ich bei solchen Razzien nicht dabei sein brauchte, doch ich tat es, weil ich so die Chance hatte, vielleicht noch ein paar Juden vor dem grausamen Schicksal zu bewahren, das ihnen in den KZs bevorstand. Ich habe immer versucht, so viele Juden wie möglich zu retten, und bin froh, dass es mir hier und da gelungen ist.

Elisheva erzählte von ihrem Vater, von seiner freundlichen, bescheidenen Art, von seiner Liebe zu seiner Familie. Sie sprach über das Verschwinden ihrer Mutter und über ihre eigene Flucht aus Berlin, die sie hierher in den Kibbuz geführt hatte.

Nach Kriegsende habe ihr Vater wieder regelmäßig geschrieben. Glücklicherweise sei er der Verhaftung und dem Kriegsgericht entgangen. Später fand er Arbeit in einer Berliner Färberei und verdiente genug, um eine heruntergekommene Einzimmerwohnung zu mieten. In einem seiner letzten Briefe an Elisheva hieß es:

Ich lebe von der Hoffnung, dass wir uns eines Tages wiedersehen. Das Foto von Dir und Deiner kleinen Familie habe ich eingerahmt und über mein Bett gehängt. Dort hängt es nun neben Mutters Bild, und ich träume fast jede Nacht von Dir, mein geliebtes Kind. Gern würde ich Dich im Kibbuz besuchen, doch ich habe Angst, dass man mich wegen meiner Nazi-Vergangenheit festnehmen und vor Gericht stellen würde. Wenn es Juden gibt, die sich bereit erklären, zu meinen Gunsten auszusagen und zu bezeugen, dass ich sie gerettet habe, und wenn die Regierung Deines Landes verbindlich zusagen kann, mich nicht zu verhaften, dann würde ich gerne kommen.

Gertruda gab Elisheva eine Durchschrift des Schreibens, das sie an die diplomatischen Vertretungen der Alliierten gesandt hatte. „Ich will gerne für ihn aussagen", bot sie an und schenkte Elisheva ein warmes Lächeln. „Ich würde mich freuen, wenn Ihr Vater herkommen könnte. Dann könnten Michael und ich ihm persönlich danken."

„Das werde ich ihm schreiben", sagte Elisheva, „und ihm erzählen, dass Sie mich besucht haben. Ich bin sicher, er wird sich sehr darüber freuen."

7.

Gertruda gab sich nicht damit zufrieden, schriftlich für Karl Rink Zeugnis abzulegen, sondern sprach persönlich beim Justizministerium in Jerusalem vor, um sicherzustellen, dass der ehemalige SS-Offizier gefahrlos nach Israel reisen konnte. Dort stieß sie auf offene Ohren, und nachdem man ihren Bericht protokolliert hatte, teilte man ihr freundlich mit, Karl Rink sei in Israel jederzeit willkommen und könne in Frieden kommen und gehen, sooft er wolle.

Elisheva schrieb ihrem Vater und erhielt umgehend Antwort:

Meine geliebte Tochter,
danke für Deinen Brief mit den erfreulichen Nachrichten. Ich erinnere mich noch gut an Frau Gertruda Babilinska und den Jungen. Ich freue mich, dass es den beiden gut geht, und bin dankbar, dass sie sich dafür eingesetzt hat, den Weg für meinen Besuch in Israel zu ebnen. Gern würde ich Euch in meinem ersten Urlaub, der mir zusteht, im Kibbuz besuchen, voraussichtlich zu Weihnachten.

Gertruda freute sich für Elisheva, als sie die Neuigkeiten hörte, und versprach, einen Kuchen zu backen und mit Michael vorbeizukommen, wann immer es passte.

Elisheva hoffte, dass die Menschen im Kibbuz ihrem Vater offen gegenübertreten konnten, um sich davon zu überzeugen, dass er kein Kriegsverbrecher war, sondern unzählige Juden gerettet hatte. Dennoch beschloss sie, vorerst nur ihrem Mann und sonst niemandem von dem geplanten Besuch zu erzählen.

Am 4. November schrieb Karl Rink an seine Tochter, dass er sein Flugticket nach Israel bereits gekauft habe und am 24. Dezember eintreffen werde. „Du kannst Dir gar nicht vorstellen, wie sehr ich mich freue, Dich wiederzusehen", las sie. „Ich zähle die Stunden bis zu meiner Abreise."

Umgehend antwortete sie, dass sie ihn gemeinsam mit ihrem Mann und ihrer kleinen Tochter am Flughafen abholen werde.

Am 20. Dezember kam das Telegramm aus Deutschland:

Hiermit müssen wir Ihnen leider mitteilen, dass Herr Karl Rink im Krankenhaus einem Herzinfarkt erlag. Er wurde auf dem Friedhof Schöneberg in Berlin beigesetzt. Wir möchten Ihnen unser aufrichtiges Beileid aussprechen.
Hochachtungsvoll,
Johann Reichtat, Schriftführer
Bezirksamt Charlottenburg-Wilmersdorf

8.

Das Leben im Hause Trubovitch war bequem, doch je mehr Zeit verstrich, desto größer wurde Gertrudas Wunsch nach Unabhängigkeit und danach, selbst für ihren und Michaels Lebensunterhalt zu sorgen. Sie fanden eine kleine Wohnung in Jaffa. Gertruda verdiente durch mehrere Putzstellen gerade das, was sie zum Leben und für Michaels Schulgeld brauchten. Im Allgemeinen kamen sie gut über die Runden, sodass er später sogar das Internat im „Ben Shemen Youth Village" besuchen konnte.

Michael war ihr Ein und Alles. Gertruda kam jeden Samstag, wenn Besuchstag war, brachte ihm seine Lieblingsschokolade mit und hörte aufmerksam zu, wenn er ihr ausführlich von seinem Leben im Internat erzählte. In der Schule wurde er „Mike" genannt, und der Schulleiter und die Lehrer begegneten Gertruda, als sei sie seine leibliche Mutter. Sie wurde zu Elternabenden und -gesprächen eingeladen und erhielt wie alle

Eltern regelmäßig einen Bericht über Michaels schulische Fortschritte. Sie verpasste keinen Klassenausflug und kein einziges Schulfest, und Michaels Freunde waren alle überzeugt, dass sie seine Mutter war.

Jeden Sonntag ging Gertruda in Jaffa in die Kirche, wo sie bald Kontakte knüpfte und Freundschaften schloss. Oft traf sie sich danach mit Deutsch oder Polnisch sprechenden Freunden zum Kaffee. Hebräisch lernte sie bis zu ihrem Tod nicht.

Eine Zeit lang machte ihr ein Witwer den Hof, den sie über eine Freundin kennengelernt hatte. Als Büroangestellter verdiente er wenig, war jedoch ein sehr kultivierter, gebildeter Mann. Sie verstanden sich gut, aber als er Gertruda einen Heiratsantrag machte, lehnte sie ab. In all den Jahren hatte sie ihre Unabhängigkeit schätzen gelernt und konnte sich nicht vorstellen, dass jemand anderes in ihrem Herzen so viel Platz einnehmen würde wie das Kind, für das sie ihr Leben gewagt hatte.

Doch sie machte sich ernsthaft Sorgen um Michaels Zukunft. Sie wusste, dass es für sie mit fortschreitendem Alter schwieriger sein würde, ihren Lebensunterhalt zu verdienen. Dann würde ihr Einkommen nicht mehr ausreichen, um für seine weiterführende Schulbildung oder gar ein Studium aufzukommen. Immer wieder dachte sie an Lydias Worte und daran, dass sowohl in Polen als auch in der Schweiz ein riesiges Vermögen auf Michael wartete – das Erbe seines Vaters. Einen Anwalt, der die notwendigen Recherchen einleiten und sich für Michaels Rechte hätte einsetzen können, konnten sie sich nicht leisten, und so blieb es dabei, bis sie sich eines Tages an den Diamantenhändler Isaak Geller erinnerte, den Nachbarn der Familie Stolowitzky. In der Hoffnung, dass er noch lebte, schrieb sie nach Warschau, an seine alte Adresse in der Ujazdowska-Allee 15.

Einen Monat später erhielt sie einen Brief von Geller. Er war tatsächlich nach Kriegsende von Wilna über Sibirien zurück nach Warschau gelangt. Seine Kinder wohnten bei ihm, doch seine Frau sei leider nach schwerer Krankheit verstorben. Aufgrund der wirtschaftlichen Lage in Polen unter dem kommunistischen Regime sei er gezwungen, sein Haus demnächst aufzugeben und in eine bescheidene Wohnung zu ziehen.

Doch er erklärte sich bereit:

Ich werde versuchen, Auskünfte über das Vermögen der Familie Stolowitzky zu erlangen, und werde Sie auf dem Laufenden halten.

Gertruda wartete ungeduldig auf Gellers nächsten Brief. Es dauerte eine ganze Weile, bis sie wieder von ihm hörte. Leider hatte er keine guten Nachrichten.

Zu meinem großen Bedauern muss ich Ihnen mitteilen, dass das Anwesen der Familie Stolowitzky in der Ujazdowska-Allee 9 von der polnischen Regierung enteignet und zu einem Verwaltungsgebäude umfunktioniert wurde. Sämtliches Vermögen und sämtliche Bankkonten von Juden, die im Krieg geflüchtet waren, wurden ebenfalls eingezogen. Unter diesen Umständen glaube ich nicht, dass Michael auch nur einen einzigen Zloty bekommen kann.

Gertruda war bestürzt. Wieder und wieder las sie die ernüchternden Zeilen und beschloss, Michael nichts davon zu erzählen, um ihm den Schmerz und die Enttäuschung zu ersparen.

Das Erbe

I.

Nachdem er seinen Wehrdienst bei der israelischen Armee abgeleistet hatte, nahm Michael jede Arbeit an, die er bekommen konnte, bis er genug Geld zusammengespart hatte, um nach Zürich zu reisen. Es war Mitte Juni 1958, als er seinen Fuß zum ersten Mal in das repräsentative Bankgebäude der „Credit Suisse" setzte.

Ein älterer Angestellter begrüßte ihn mit freundlichem Lächeln und bat ihn, Platz zu nehmen. „Was kann ich für Sie tun?"

„Mein Vater hatte ein Konto bei Ihnen."

„Das freut mich zu hören."

„Er kam im Krieg ums Leben. Ich bin sein einziger Erbe."

Michael zog den Erbschein aus seiner Tasche, den ihm ein Notar in Israel ausstellen konnte, da Jacob Stolowitzkys Name auf der Liste der Opfer von Auschwitz erschien und Gertruda Lydias Totenschein vorweisen konnte.

Der Angestellte las das Dokument sorgfältig durch. „Haben Sie das Sparbuch dabei?", fragte er dann.

Michael verneinte.

„Oder irgendwelche anderen Unterlagen, die beweisen, dass Ihr Vater ein Konto bei uns hatte?" Der Angestellte sah ihn forschend an.

„Ich kann mich nur auf die Aussage meiner Mutter verlassen."

„Warten Sie. Ich werde schauen, ob ich etwas finden kann."

Der Bankangestellte verließ den Raum und kam kurze Zeit später wieder. „Es tut mir leid", sagte er, „ich habe Ihre Angaben überprüft und konnte kein Konto auf den Namen Ihres Vaters finden. Vielleicht handelt es sich um eine andere Bank."

Michael wurde unsicher. „Er hatte das Geld auf verschiedene Banken verteilt", sagte er. „Aber meine Mutter erinnerte sich ausschließlich an diese Bank. Sie sagte, er hätte noch kurz vor dem Krieg eine große Summe eingezahlt … als ob er das Geld in Sicherheit bringen wollte, bevor er im KZ ums Leben kam."

Im Gesicht des Angestellten war keine Gefühlsregung zu lesen. Der junge Mann war kein Einzelfall. Fast täglich sprachen Kriegswaisen und -witwen bei ihm vor, in der Hoffnung, das Gebäude als reiche Erben zu verlassen. Doch selbst wenn sie von einer ganzen Armee von Anwälten unterstützt wurden, gelang es nur wenigen, Zugriff auf die Konten ihrer verstorbenen Angehörigen zu erhalten.

„Eine Möglichkeit wäre natürlich, dass Ihr Vater noch zu Lebzeiten das Konto aufgelöst und das Geld abgehoben hat", gab der Bankangestellte zu bedenken.

Michael war ratlos. In seinem Kopf überstürzten sich die Gedanken. Es konnte einfach nicht sein. Irgendjemandem musste ein Fehler unterlaufen sein. Seine Mutter hatte Gertruda ausdrücklich den Namen dieser Bank genannt, und sie war bis zuletzt voll im Besitz ihrer geistigen Kräfte gewesen. Wieso sollte sein Vater das Geld abgehoben und das Konto aufgelöst haben? Und falls es wirklich so gewesen war – warum hatte seine Mutter dann nichts davon gewusst? Was hätte sein Vater mit dem Geld vorhaben können? Wem hätte er es zukommen lassen sollen und warum?

Der Bankangestellte beobachtete den jungen Mann mit einem Anflug von Mitleid. „Herr Stolowitzky", sagte er schließlich, „ich möchte Ihnen ja gerne Glauben schenken, aber ich konnte leider keinerlei Hinweise finden, dass ein Konto auf den Namen Ihres Vaters existiert. Es könnte natürlich sein, dass er ein anonymes Nummernkonto bei uns eröffnet hatte."

„Und das bedeutet?"

„Viele wohlhabende Kunden nutzen diese Möglichkeit, denn so bleibt das Schweizer Bankgeheimnis gewahrt. Der Name des Kontoinhabers wird dabei durch einen Zahlencode oder manchmal auch eine Buchstabenkombination ersetzt. Ohne den Code ist ein Zugriff auf das Konto nicht möglich. Ist Ihnen vielleicht ein Nummerncode oder ein Kennwort Ihres Vaters bekannt?"

Michael schüttelte den Kopf. Wahrscheinlich hatte noch nicht einmal seine Mutter den geheimen Code gekannt. „Und was soll ich jetzt tun?" In seinem jungen Gesicht spiegelte sich Verzweiflung.

„Ihr Vater war offensichtlich ein vermögender Mann. Viele reiche ausländische Kunden lassen ihre Konten durch einen Anwalt oder Buchhalter verwalten, der vor Ort ansässig ist. Vielleicht hatte Ihr Vater auch jemanden beauftragt. An Ihrer Stelle würde ich versuchen, diesen Anwalt oder Verwalter ausfindig zu machen, er kann Ihnen bestimmt weiterhelfen."

Ein Funken Hoffnung blitzte in Michaels Augen auf. „Wie kann ich den Betreffenden finden?"

„Das kann ich Ihnen leider nicht sagen."

„Kann ich noch irgendetwas tun?"

„Nur das eine: Sie müssen beweisen, dass das Konto Ihres Vaters noch existiert. Ansonsten gibt es nichts, was Sie tun könnten."

2.

Wie betäubt verließ Michael das Gebäude. Draußen setzte er sich auf eine Bank und kam sich vor wie ein kleiner Junge, der sich im dunklen Wald verlaufen hat und nicht weiß, in welche

Richtung er gehen soll. Wenn er genug Geld besäße, könnte er sich einen Anwalt nehmen. Aber da sein Erspartes dafür nicht reichen würde, war er ganz auf sich allein gestellt.

Wie in aller Welt sollte er beweisen, dass sein Vater ein Konto bei jener Bank hatte? Wer hatte um die Existenz dieses Kontos gewusst, außer seine verstorbenen Eltern? Er stand vor einer schier unlösbaren Aufgabe, doch er war fest entschlossen, nicht mit leeren Händen nach Israel zurückzukehren.

Nach einer Weile hatte er eine Idee. Sie schien ihm zwar nicht allzu vielversprechend, aber es war seine einzige Chance. Er ging zum polnischen Konsulat in Zürich, legte seine Geburtsurkunde vor (die er wohl nachträglich in Israel bekommen hatte; d. Übers.) und beantragte ein Einreisevisum nach Polen. Der Beamte fragte nach dem Grund seiner Reise.

„Eine familiäre Angelegenheit. Es geht um das Erbe meines Vaters."

„Haben Sie Verwandte oder Bekannte in Polen?"

„Ja, schon. Mein Vater kannte viele einflussreiche Leute. Vielleicht ist unter ihnen jemand, der mir weiterhelfen kann."

„Machen Sie sich nicht zu viel Hoffnung", sagte der Beamte, „die meisten von ihnen sind wahrscheinlich tot." Er gab Michael seinen gestempelten Pass zurück. „Das Visum ist eine Woche gültig. Viel Glück."

Nach einer, wie ihm schien, endlosen Fahrt lief der Zug in Warschau ein. Aus dem Zugfenster sah Michael eine unbekannte Stadt. Aus der pulsierenden Metropole mit ihren eleganten Geschäften und belebten Restaurants und Cafés war eine graue Häuserwüste geworden. Die Auslagen in den Schaufenstern waren spärlich, die Straßen zum Teil wie leergefegt. Alles schien öde, verlassen und abweisend. Nur Lenin-Plakate grüßten allgegenwärtig an jeder Straßenecke.

Auf der Bahnhofstoilette wusch er sich das Gesicht und rasierte sich. Dann ging er zur Auskunft und fragte nach der

Synagoge. Vielleicht, dachte er, würde er dort jemanden treffen, der ihm ein günstiges Zimmer vermieten konnte.

In der Synagoge in der Tlomackie-Straße saßen einige ältere Männer und beteten. Michael wartete geduldig, bis sie ihre Gebete beendet hatten, und brachte dann sein Anliegen vor. Einer der Gläubigen fragte ihn, woher er käme, und seine Antwort löste große Verwunderung aus. Nur selten durften Israelis nach Polen einreisen, und die polnischen Juden nutzten die Gelegenheit, um ihm Fragen über Israel zu stellen. Michael wiederum fragte, ob sie seinen Vater gekannt hatten. „Natürlich!", rief einer von ihnen erfreut, „Jacob Stolowitzky kam damals 1938 mit einer größeren Spende für die Reparaturarbeiten an der Synagoge auf. Ich war damals Schatzmeister."

Michael äußerte den Wunsch, dass er sich gern mit Leuten treffen würde, die seinen Vater gekannt oder geschäftliche Beziehungen zu ihm gehabt hatten.

„Ich werde sehen, was sich machen lässt", versprach der Schatzmeister. Zu Michaels Freude bot er ihm außerdem an, bei ihm zu wohnen – völlig kostenlos.

Die bescheidene Wohnung lag in der Nähe der Synagoge, und die Frau des Schatzmeisters richtete für den Gast ihr eigenes Schlafzimmer her. Sie und ihr Mann schliefen solange im Wohnzimmer, das gleichzeitig als Esszimmer diente. Während sie eine einfache Abendmahlzeit einnahmen, erzählte Michael von seinem Elternhaus und dass er herausfinden wolle, welche Rechte er im Blick auf die Erbschaft habe.

„Mach dir keine großen Hoffnungen, Junge", sagte der alte Schatzmeister düster. „Das Haus wurde wahrscheinlich von der Regierung beschlagnahmt wie viele andere verlassene jüdische Häuser. Die Behörden behaupten, dass sämtliche Regierungsgebäude im Krieg zerstört wurden und mit ihnen auch die Grundbücher und Dokumente der meisten Immobilien. Wenn du nichts in der Hand hast, um dich als rechtmäßiger

Besitzer auszuweisen, hast du leider kaum eine Chance, das Haus oder eine Entschädigungssumme dafür zu kriegen."

Michael sank der Mut. Mit so vielen Widrigkeiten und Hindernissen hatte er nicht gerechnet. Das Erbe seines Vaters schien unerreichbar, all seine Anstrengungen, die ganze Reise, alles war umsonst.

Trotzdem wollte er sich mit eigenen Augen überzeugen und fuhr am nächsten Morgen mit der Straßenbahn zur Ujazdowska-Allee 9. Das große Haus am Fluss stand unverändert, bis auf die polnische Flagge, die am Eingang wehte, und die beiden bewaffneten Wachen davor. Durch die Fenster blickte er in Büroräume, Menschen beugten sich über Schreibtische. Er fragte einen der Wachposten, was für ein Gebäude dies sei. „Das ist das Landwirtschaftsministerium", lautete die Antwort.

Es hatte keinen Zweck, hineinzugehen. Michael schritt noch einmal um das Haus herum und schlenderte dann ziellos durch das Stadtviertel und den nahegelegenen Chopinpark, bevor er zu seinen Gastgebern zurückkehrte.

Die Frau des Schatzmeisters versuchte ihn zu trösten. „Mein Mann will heute versuchen, noch andere Leute ausfindig zu machen, die deinen Vater kannten", sagte sie. „Vielleicht wissen wir heute Abend schon mehr."

Einige Stunden später kam ihr Mann in Begleitung eines älteren Herrn zurück. Er stellte ihm Michael vor und der Mann umarmte ihn herzlich. „Michael! Ich erinnere mich noch an dich, als du ein kleiner Junge warst!"

Er erzählte, dass er als Einziger der Familie das KZ Auschwitz überlebt hatte und nach dem Krieg allein nach Warschau zurückgekehrt war. Traurig nahm er die Nachricht von Jacobs und Lydias Schicksal auf. „Ich war bei deinem Vater in der Buchhaltung angestellt", sagte er.

Michael erzählte von seiner Reise nach Zürich und seinen Erfahrungen bei der Bank.

„Mein Vater hatte riesige Summen auf Schweizer Bankkonten. Doch bei der Credit Suisse konnten sie nichts unter seinem Namen finden."

„Das Geld muss da sein", beharrte der Buchhalter. „Ich weiß, dass jeden Monat Geld nach Zürich überwiesen wurde. Dein Vater hatte dort einen Anwalt, der alle finanziellen Transaktionen für ihn abwickelte."

„Wissen Sie noch, wie er hieß?"

Die Augen des älteren Mannes leuchteten auf. „Natürlich! Sein Name war Turner. Wolfgang Joachim Turner."

„Haben Sie zufällig auch seine Adresse?"

„Leider nicht."

Am nächsten Tag saß Michael wieder im Zug nach Zürich.

3.

Es war einfacher, als er gedacht hatte. Im Telefonbuch gab es nur einen Wolfgang Joachim Turner mit dem Zusatz „Rechtsanwalt". Michael notierte sich rasch die Adresse seiner Kanzlei im Herzen des Geschäftsviertels von Zürich. Das Bürogebäude war leicht zu finden. Ein Schild in der Eingangshalle verwies in den dritten Stock. Michael fuhr mit dem Fahrstuhl hinauf und klopfte an die Tür zu Turners Büro. Alles war still. Es schien niemand da zu sein. Eine Zeit lang ging er auf dem Korridor auf und ab und wartete. Vielleicht war der Anwalt gerade in einer Besprechung. Michael hatte Zeit.

Stunde um Stunde verging, und als bis zum Feierabend noch niemand erschienen war, beschloss er, am nächsten Tag wiederzukommen. Er schlenderte noch eine Weile durch die Stadt und ging dann früh ins Bett.

Am Tag darauf stand er wieder vor verschlossener Tür.

Während er wartete, kam jemand aus einem benachbarten Büro. „Kann ich Ihnen helfen?"

„Ich warte auf Herrn Rechtsanwalt Turner."

„Es tut mir leid", sagte der Mann, „Herr Turner ist vor einer Woche verstorben."

Michael biss sich auf die Lippen. Damit hatte er nicht gerechnet.

„Der Anwalt im vierten Stock verwaltet Herrn Turners Nachlass; er hat einige seiner Fälle übernommen. An ihn können Sie sich wenden, wenn es um einen bestimmten Fall geht."

Michael bedankte sich und fuhr in den vierten Stock. Der Anwalt verstand seine Situation, war jedoch nicht im Besitz aller Unterlagen aus Joachim Turners Kanzlei. Die Akten seines Vaters waren nicht dabei.

„Leider kann ich Ihnen auch nicht weiterhelfen", sagte er bedauernd. „Vielleicht sollten Sie mit Frau Turner sprechen."

4.

Das große Haus mit dem Ziegeldach lag auf einer Anhöhe mit Blick auf das westliche Ufer des Zürichsees. Die Sonnenstrahlen tauchten die Blätter des Apfelbaumes im Garten in ein goldenes Licht und tanzten auf den gepflegten Blumenbeeten und dem gepflasterten Gartenweg. Michael drückte auf den Klingelknopf neben dem Türschild.

Eine ältere Dame in einem schwarzen Kleid, die Haare streng aus dem Gesicht frisiert, öffnete und sah ihn fragend an.

„Frau Turner?"

„Ja, das bin ich. Und wer sind Sie?"

Michael nannte seinen Namen. Minutenlang sah sie ihn unverwandt an, unfähig, ein Wort zu sagen. „Verzeihen Sie", stammelte sie, als sie sich gefangen hatte, „ich dachte, Sie …"

„Nein, ich bin nicht tot", erriet Michael ihre Gedanken.

„Gott sei Dank." Sie lächelte. „Aber kommen Sie doch herein."

Er folgte ihr in das elegante Wohnzimmer. Sie bot ihm einen Platz in einem weichen Polstersessel an und setzte sich ebenfalls.

„Wir wussten, dass Ihr Vater in Auschwitz umgekommen ist", begann sie. „Es tut mir so leid. Und wir hatten befürchtet, dass Sie ein ähnliches Schicksal erlitten haben."

Sie fragte, wie es ihm ginge. Michael schilderte kurz die Stationen seines Lebens seit der Flucht aus Warschau kurz nach Kriegsbeginn. Frau Turner nickte voll Anteilnahme.

„Ich habe Ihre Eltern gut gekannt", sagte sie. „Sie haben uns ein paar Mal besucht – sie waren wunderbare Menschen. Ihr Vater sprach nie über sein Geld, obwohl er sehr reich war. Mein Mann war nicht nur sein Anwalt, sondern auch ein guter Freund Ihres Vaters."

Michael erzählte ihr von seinen Schwierigkeiten, sich bei der Bank als rechtmäßiger Erbe auszuweisen.

„Ich weiß, dass mein Mann sich um die Geldangelegenheiten Ihres Vaters gekümmert hat", bestätigte Frau Turner. „Wann immer Ihr Vater eine bestimmte Summe brauchte, überwies er das Geld für ihn von einem seiner Nummernkonten. Nur die beiden kannten den Zahlencode. Ich werde nachschauen, ob mein Mann irgendetwas schriftlich niedergelegt hat."

Sie ging ins Nebenzimmer und kam bald darauf mit einem dicken Aktenordner zurück, der die Aufschrift „Stolowitzky" trug.

Sie legte den Ordner auf den Tisch. „Hier müsste eigentlich alles drin sein."

Langsam und gründlich sah sie den Inhalt durch, bis ihr Blick auf ein kleines Notizbuch fiel. Sie nahm es heraus und zeigte es Michael. „Hier, das ist die Handschrift meines Mannes. Hier hat er sämtliche Einlagen notiert sowie die Summen, die er an Ihren Vater überwiesen hat."

Michael studierte die handschriftliche Bilanz. Er konnte nichts entdecken, was nach Zahlencode oder Kennwort aussah, dafür jedoch eine ausführliche Aufstellung des Barguthabens und der Goldbarren mit einem Nettowert von vierundzwanzig Millionen Dollar, was bereits in den 1930er-Jahren ein beachtliches Vermögen war. Wenn man den aktuellen Umrechnungswert und den Anstieg der Goldpreise berücksichtigte, war der Wert noch viel höher.

„Vielleicht ist irgendein offizielles Dokument dabei, aus dem hervorgeht, dass das Konto bei der Credit Suisse wirklich existiert?", fragte er.

Frau Turner konnte nichts finden.

„Wenn ich bloß die Codenummer wüsste ..." Michael seufzte.

Die Witwe suchte noch einmal alles durch, leider vergeblich. „Es tut mir so leid", sagte sie, „aber da ist nichts, absolut nichts. Mein Mann war sehr gewissenhaft und diskret. Wahrscheinlich hatte er die Geheimnummern nur im Kopf."

„Gab es vielleicht noch weitere Dokumente in Verbindung mit dem Vermögen meines Vaters?"

„Leider nein. Dies ist die einzige Akte. In seiner Kanzlei ist auch nichts mehr. Ich habe alles ausgeräumt und mit nach Hause genommen."

Michaels Hände verkrampften sich. Er unternahm einen letzten Versuch. „Hat Ihr Mann jemals die Namen der Bankangestellten erwähnt, mit denen er die Geldangelegenheiten meines Vaters abwickelte?"

„Nein, nie."

„Was soll ich denn jetzt tun?"

Sie legte voll Mitgefühl ihre Hand auf die seine. „Meiner Meinung nach können Sie gar nichts tun. So schlimm es für Sie sein mag, aber es wird das Beste sein, Sie vergessen das Ganze."

5.

Doch Michael konnte die Sache nicht einfach auf sich beruhen lassen. Rastlos wanderte er tagsüber durch Zürich; nachts wälzte er sich hin und her und fand keinen Schlaf. Er musste noch einmal zur Bank gehen. Vielleicht, dachte er, war das Glück ihm hold und der Angestellte hatte plötzlich gute Nachrichten für ihn. Vielleicht gab es wie durch ein Wunder doch noch einen Weg.

Mit gemischten Gefühlen ging er am nächsten Tag noch einmal zur Credit Suisse. Noch immer hatte er nichts in der Hand, um nachzuweisen, dass sein Vater ein Konto dort hatte. Alles, worauf er sich berufen konnte, waren die Worte seiner Mutter auf ihrem Sterbebett und die Aussage der Witwe des Schweizer Anwalts. Er befürchtete, dass dies nicht ausreichen würde, um die Bank zu überzeugen.

Und so war es auch.

Der Bankangestellte machte den Eindruck, als sei es ihm unangenehm, Michael wieder zu sehen. „Unter diesen Umständen kann ich nicht viel für Sie tun", sagte er. „Das verstehen Sie doch."

„Ich verstehe. Dann muss ich wohl die Angelegenheit einem Anwalt übergeben, der meine Interessen vertritt." Michael erhob sich und reichte dem Mann die Hand. „Trotzdem vielen Dank."

„Warten Sie." Der Angestellte senkte die Stimme. „Eigentlich darf ich solche Informationen nicht weitergeben, aber in diesem Fall ... Ich meine, vielleicht bringt das in Ihrer Angelegenheit etwas Licht ins Dunkel."

Michael hob neugierig die Augenbrauen. „Sie sagten, Sie seien Herrn Stolowitzkys einziger Erbe?"

„Das ist richtig."

„Könnte es sein, dass Ihr Vater noch weitere Erben hinterlassen hat?"

„Soviel ich weiß, ist aus der Familie meines Vaters niemand mehr am Leben."

Der Bankangestellte sah nachdenklich aus. „Merkwürdig ... Es war vor Kurzem noch jemand hier und erhob ebenfalls Anspruch auf die Erbschaft."

„Das muss ein Versehen sein."

„Wir erhielten jedenfalls eine Anfrage eines Schweizer Anwalts, der im Auftrag eines Klienten Auskünfte über das Konto Ihres Vaters einholen wollte."

„Wie heißt der Mann?"

„Genau genommen handelt es sich um eine Frau. Sie behauptet, die rechtmäßige Erbin zu sein."

„Das ... das ist ausgeschlossen!"

„Herr Stolowitzky", sagte der Bankangestellte geduldig. „Das Einzige, was ich für Sie tun kann, ist, Ihnen die Adresse des Anwalts zu geben, der die Dame vertritt. Vielleicht ist er bereit, Ihnen ihren Namen zu verraten."

6.

Er saß in dem bis auf den letzten Platz ausgebuchten Nachtzug nach Paris und zermarterte sich das Hirn, wer in aller Welt diese Frau sein konnte. Der Schweizer Anwalt hatte sich kooperativ gezeigt und ihm, nach Rücksprache mit seiner Klientin, ihre Adresse gegeben. Weitere Angaben zu ihrer Person wollte oder durfte er allerdings nicht machen. In Gedanken ging Michael sämtliche Verwandten durch und fragte sich, wer von ihnen wohl auf die Idee gekommen war, das Geld für sich zu beanspruchen. Seit Kriegsausbruch hatte er nichts mehr von seiner Verwandtschaft gehört und allen Grund zur Annahme, dass niemand am Leben war. Und jetzt tauchte plötzlich aus dem Nichts diese geheimnisvolle Frau auf und meldete ebenfalls Ansprüche an. In seine Neugier mischte sich die unbestimmte Angst, sie könne ihm zuvorkommen, und das gesamte Erbe seines Vaters würde ihr in die Hände fallen.

Vom Bahnhof ging er zu Fuß in die angegebene Straße im siebzehnten Arrondissement. Er sah sofort, dass es ein vornehmes Stadtviertel war, mit vielen Grünanlagen und herrschaftlichen Häusern, vor deren Eingang Chauffeure in Livree auf betuchte Geschäftsleute warteten. Auf den Balkonen oder durch die großen Fenster sah er Frauen in vornehmen Kleidern, denen gerade von Dienstmädchen in weißen Schürzen draußen oder im sonnendurchfluteten Salon das Frühstück serviert wurde. Im Geiste sah er sich an der Tür der unbekannten Frau klingeln, worauf ein Hausdiener öffnen und ihn bitten würde zu warten, während er die Dame des Hauses von dem unerwarteten Besuch unterrichtete.

Das Haus war eines der größten und prunkvollsten in der Straße. An der Tür stand ein ihm unbekannter Name. Er kramte den Zettel mit der Adresse hervor und verglich noch einmal die Hausnummer. Doch, das musste es sein.

Zaghaft drückte er auf den Klingelknopf, worauf ein schwarz gekleideter Butler die Tür öffnete.

„Guten Tag. Ich suche Madame Anna Massini."

„Wen darf ich melden, bitte?"

„Frau Massinis Anwalt schickt mich."

„Kommen Sie mit."

Der Butler führte Michael durch den Garten zu einem schäbigen kleinen Anbau. „Warten Sie hier."

Ungeduldig trat Michael von einem Bein auf das andere.

Nach einer Weile kam der Hausdiener zurück, in Begleitung einer schlanken Frau Mitte vierzig in weißer Schürze.

Sie sah ihn fragend an. „Ich bin Anna Massini. Was kann ich für Sie tun?"

„Ich bin Jacob Stolowitzkys Sohn."

Ihre Augen weiteten sich vor Erstaunen. „Mein Anwalt sagte mir, dass Sie mich aufsuchen wollten, aber ich konnte es nicht glauben. Ihr Vater war sicher, dass Sie im Krieg umgekommen sind."

Michael berichtete in knappen Worten von seinem Gespräch bei der Schweizer Bank.

„Kommen Sie doch herein." Anna öffnete die Tür des Anbaus. „Dies ist mein bescheidenes Zuhause."

„Sie müssen hungrig sein", sagte sie drinnen. „Ich mache Ihnen etwas zu essen."

Sie ging in die Küche und kehrte mit zwei mit Käse belegten Broten zurück. Während er aß, durchwühlte sie den Kleiderschrank, bis sie einen abgegriffenen Briefumschlag fand, dem sie ein zusammengefaltetes Papier entnahm.

„Das Testament Ihres Vaters."

Michael las. Dem Schriftstück konnte er entnehmen, dass er, falls er noch am Leben war, das Vermögen seines Vaters erben und dass Anna Massini eine Abfindungssumme erhalten würde.

„Ihr Vater hat viel von Ihnen gesprochen", sagte sie mit einem traurigen Lächeln. „Er hat mir gern von seinem Leben in Warschau erzählt. Als er zu dem Schluss kam, dass Sie und Ihre Mutter umgekommen seien, trauerte er lange Zeit. Kurz bevor die Deutschen die französische Grenze überschritten, beschlossen wir, zu heiraten und nach Italien zu fliehen, wo wir im Haus meiner Mutter wohnen konnten. Ich dachte, dort wäre er vor den Nazis sicher, doch ich hatte mich geirrt. Eines Tages kamen sie und haben ihn verhaftet und abtransportiert."

„Ich war noch ein kleines Kind, als ich ihn zum letzten Mal gesehen habe", sagte Michael, „und ich glaube, ich vermisse ihn immer noch."

Sie nickte. „Nach dem Krieg", fuhr sie fort, „habe ich versucht, ihn zu finden. Monate später erfuhr ich von seinem Schicksal. Ich war zu der Zeit noch in Italien, konnte dort aber keine Arbeit finden. Also ging ich zurück nach Paris.

Zum Glück bekam ich hier diese Stelle als Köchin bei wohlhabenden Geschäftsleuten."

Sie redeten noch lange. Als Michael auf das Erbe seines Vaters zu sprechen kam und auf seine vergeblichen Bemühungen bei der Schweizer Bank, sagte Anna: „Ich möchte Ihnen das Testament Ihres Vaters mitgeben. Es wäre nicht fair, das Geld für mich zu beanspruchen."

Sie schlug vor, dass Michael sich an ihrer Stelle von ihrem Anwalt vertreten lassen sollte. „Er hat bereits gute Vorarbeit geleistet", versicherte sie, „und ich hoffe, er kann Ihnen zu Ihrem Recht verhelfen."

„Aber Sie haben lange mit meinem Vater das Leben geteilt", widersprach er. „Sie haben ihm in schweren Zeiten beigestanden. Er liebte Sie, und ich bin der Meinung, Sie sollen einen Teil der Erbschaft bekommen."

„Den Dickkopf haben Sie von ihm!", lachte sie. „Und nun gehen Sie und holen Sie sich das Geld. Danach können Sie immer noch entscheiden, was Sie damit machen."

7.

Es sollte noch sechs Jahre dauern, bis der Anwalt im August 1964 eine erste Summe an Michael Stolowitzky überweisen konnte: lediglich 148.000 Dollar aus der Erbmasse seines Vaters, eine Entschädigung für die Fabriken in Polen und für eine Fabrik in Deutschland, die damals von den Nazis beschlagnahmt worden war. Das Haus in der Ujazdowska-Allee blieb im Besitz der polnischen Regierung, da sämtliche Eigentumsnachweise bei den deutschen Bombenangriffen auf Warschau zerstört worden waren. Der Löwenanteil jedoch, das Vermögen bei verschiedenen Schweizer Banken, war für alle Zeit verloren.

Als Michael mit Gertruda über die Verwendung des Geldes

sprach, sagte sie nur: „Es ist dein Geld. Du kannst damit machen, was immer du willst."

Er beschloss, die Hälfte des Betrags Anna Massini zukommen zu lassen.

Am nächsten Tag fand Gertruda einen Umschlag auf ihrem Bett. Darin befand sich die andere Hälfte.

„Was soll denn das?", wunderte sie sich.

„Du hast selbst gesagt, ich kann mit dem Geld machen, was ich will", antwortete er. „Du hast dein Leben lang schwer arbeiten müssen. Du hast es verdient. Kauf dir davon, was du dir schon immer gewünscht hast und nie leisten konntest. Oder mach eine schöne Reise und erhole dich. Jetzt brauchst du nicht mehr so viel arbeiten."

Gertruda weinte vor Rührung. Später, am selben Tag, verkündete sie, sie hätte sich entschieden. Sie würde das Geld ihren Eltern geben.

Zusammen mit Michael reiste sie nach Starogard. Ihre betagten Eltern lebten noch, wenn auch schwächer und gebrechlicher und in größerer Armut als zuvor. Die Mutter saß im Rollstuhl, der Vater musste sich beim Gehen auf einen Stock stützen. Im Haus waren dringend Reparaturen zu machen. Das Dach war undicht, von den Wänden lösten sich die Tapeten und die Rohrleitungen waren marode. Die Eltern waren tief gerührt und wussten nicht, was sie sagen sollten, als Gertruda ihnen das Geld gab.

„Nehmt es, bitte", beharrte ihre Tochter. „Mir geht es gut und ich bin glücklich. Ich brauche das Geld nicht."

Sie blieben noch zwei Tage, dann kehrten sie nach Israel zurück.

„Ich habe das bestimmte Gefühl, ich werde meine Eltern in diesem Leben nicht wiedersehen", sagte Gertruda.

Sie sollte recht behalten, denn solange sie lebte, hat sie Polen nicht mehr besucht.

8.

Als sie von ihrer Reise heimkehrten, wartete ein Brief aus Paris auf Michael.

Lieber Michael,
ich war sehr überrascht, als ich das Geld erhielt, und ich danke Dir von ganzem Herzen für Deine großzügige Geste. Es tut mir leid, dass Du nicht das ganze Erbe Deines Vaters bekommen konntest, aber Du weißt so gut wie ich, dass es auf dieser Welt keine Gerechtigkeit gibt. Aus gesundheitlichen Gründen bin ich gezwungen, meine Arbeitsstelle zum Monatsende zu kündigen. Deine großzügige Zuwendung wird mir helfen, auch im Alter ein würdiges Leben zu führen.
Dein Vater war ein Gentleman. Er hatte ein großes Herz und hat stets treu und liebevoll für mich gesorgt. Und ich glaube, Gott hat Dich zu mir geführt, um mir zu zeigen, dass Du genauso bist wie er.
Herzlichst, für immer in freundschaftlicher Verbundenheit,
Anna

Das Leben meinte es gut mit Michael. Er fand eine Stelle bei einer großen Reiseagentur in Tel Aviv. Er verdiente gut, und bald konnten er und Gertruda sich eine größere, schönere Wohnung leisten. Mit schlichten, praktischen Möbeln verlieh Gertruda ihrem neuen Zuhause eine persönliche Note. Es war bescheiden, aber gemütlich. An Michaels beruflicher Entwicklung nahm sie regen Anteil.

9.

1962 wurde Gertruda Babilinska von Yad Vashem, der Gedenkstätte zur Erinnerung an die Opfer und Helden des Holocaust, mit dem Titel „Gerechte unter den Völkern" geehrt. Nach Michaels Hochzeit zog sie nach Beit Lokner in Nahariya, einem Altenwohnheim für Inhaber dieses Ehrentitels.

„Ich gehöre nach Israel, hier ist meine Heimat", pflegte sie stolz zu sagen. „Was soll ich woanders?"

Michaels Arbeit in der Tourismusbranche und seine Spezialisierung auf Pilgerreisen im Heiligen Land erforderten, dass er in die USA umzog, aber er besuchte Gertruda regelmäßig einmal im Monat. Nun war er es, der ihr ihre Lieblingsschokolade mitbrachte.

Am 1. März 1995, in ihrem dreiundneunzigsten Lebensjahr, wurde Gertruda ernsthaft krank und spürte, dass sie nicht wieder aufstehen würde. Michael wachte Tag und Nacht an ihrem Bett im Krankenhaus. Ihre letzten Worte waren: „Pass gut auf dich auf, mein Sohn. Wir sehen uns im Himmel wieder." Er hielt ihre Hand, an der sie noch immer Lydias Ehering trug.

Die Beisetzung und Trauerfeier sollte am Dienstag, dem 5. März auf dem Kyriat-Shaul-Friedhof in Tel Aviv stattfinden – ein Friedhof, in dem ein spezielles Areal für „Gerechte unter den Völkern" reserviert ist. Michael trauerte um die Frau, die ihm sein Leben lang eine Mutter gewesen war. Vertreter von Yad Vashem waren anwesend, um ihr die letzte Ehre zu erweisen.

Doch man wartete vergeblich auf das Eintreffen von Gertrudas Sarg. Michael war mit den Nerven am Ende. Schließlich griff er empört zum Telefon und rief den Fahrer an, der mit dem Leichentransport beauftragt war. „Soviel ich weiß, wurde die Verstorbene bereits bestattet", lautete die Antwort.

Ein weiterer Anruf, diesmal beim Krankenhaus, verschaffte Klarheit: Gertruda war kurz nach ihrem Tod von einer Familie aus Karmiel als Verwandte identifiziert worden, nach Karmiel gebracht und dort beerdigt worden.

Der Oberste Rabbiner weigerte sich zuerst, die Tote zu exhumieren. Erst nachdem die Familie die richtige Verwandte identifiziert hatte, klärte sich die tragische Verwechslung auf und Gertruda wurde im Sarg per Hubschrauber zum Kyriat-Shaul-Friedhof geflogen.

Die Ansprache bei der Trauerfeier hielt Pater Daniel Rufeisen, ein in Polen geborener Jude, der sich während des Krieges in einem Kloster versteckt gehalten hatte und später zum Christentum übergetreten war. „Offensichtlich wollte Gott, dass Gertruda Babilinska zweimal beerdigt wird, einmal in einem jüdischen und dann in einem christlichen Grab. Nichts könnte symbolischer sein für ihr Leben, denn sie war in ihrem Herzen katholische Christin und zugleich Jüdin. Gertruda und ihre Taten werden für immer in unserer Erinnerung weiterleben."

Es war an einem Freitag kurz vor Sonnenuntergang, als Gertruda zur letzten Ruhe gebettet wurde. Dann zog ein neuer Sabbat herauf.

10

Am Gedenktag für die Opfer des Holocaust im Jahr 2004 ergriff Etti Bernson, die Schwiegertochter von Elisheva Rink,
das Mikrofon. Elisheva, inzwischen eine alte Dame im Rollstuhl, saß in der ersten Reihe und hörte, wie Etti eine Passage
aus dem Buch *In the Heart of the Darkness* (etwa: „Im Herzen der Finsternis") vorlas, das einige Zeit zuvor von der Gedenkstätte Yad Vashem herausgegeben worden war. Der Autor war Arie Segelson, Richter im Ruhestand und Neffe von
Moshe Segelson. Er schrieb über seinen Onkel und Karl Rink:

Der deutsche Offizier wollte offensichtlich unter vier Augen
mit ihm sprechen, in seiner Wohnung in Kaunas. Er hatte ir-
gendetwas auf dem Herzen. „Herr Segelson", sagte er, „der
Krieg wird bald vorüber sein. Die deutsche Niederlage steht
kurz bevor. Aber es gibt kein Zurück. Wir müssen weiterkämp-
fen, bis zum bitteren Ende. Sie, Segelson, haben immer noch
eine Chance, am Leben zu bleiben. Ich dagegen werde mit
großer Wahrscheinlichkeit an der Front umkommen. Wenn Sie
nach dem Krieg nach Palästina gehen, dann müssen Sie meine
Tochter aufsuchen. Sie lebt dort in einem Kibbuz. Erzählen Sie
ihr alles – dass ich Sie und die anderen Juden in Kaunas immer
anständig behandelt habe. Glauben Sie mir, ich habe nie einem
Juden etwas zuleide getan, weder hier noch anderswo. Erzäh-
len Sie ihr, dass ich versteckte Juden niemals verraten, sondern
versucht habe, so viele wie möglich zu retten. Niemand weiß
das besser als Sie. Natürlich musste ich als SS-Mitglied Befehle
ausführen und Verordnungen gegen die Juden durchsetzen,
aber ich habe persönlich keinem Juden etwas angetan. Meine
Meinung über die Juden deckt sich nicht mit der Meinung der
Nationalsozialisten. Ich habe die Juden nie als Feinde oder als
Schuldige für die Misere in meiner Heimat Deutschland be-
trachtet. Bitte, erzählen Sie all dies meiner Tochter. Ich möch-

te, dass sie weiß, dass ihr Vater kein Mörder war. Sie soll ihren Vater als ehrbaren Mann in Erinnerung behalten, obwohl er SS-Offizier war."

Ein Raunen ging durch den Saal. Die Zuhörer wussten nicht, warum sie am Holocaust-Gedenktag gerade diesen Text ausgesucht hatte. Elisheva sah ihre Schwiegertochter an und hatte Tränen in den Augen.

„Bestimmt haben Sie sich gefragt, was es mit diesem Text auf sich hat", sagte Etti. „Er hat eine tiefe Bedeutung für eine Frau in unserer Mitte – meine Schwiegermutter Elisheva. Mit ihrer Erlaubnis darf ich Ihnen verraten, worüber sie jahrzehntelang geschwiegen hat: Der SS-Offizier in der Geschichte, Karl Rink, war ihr Vater."

Nachwort

Michael (Mike) Stolowitzky ist ein dynamischer Kosmopolit, wohnt in New York und liebt das Leben und alles Schöne. Er reist gern und pflegt den Kontakt zu seinen zahlreichen Freunden und Bekannten in Israel. Verheiratet ist er mit Beatrice und hat einen Sohn. Er ist Vorsitzender der „American Tourism Society", der Amerikanischen Tourismusgesellschaft. 2007 wurde ihm in London der renommierte *World Tourism Award* verliehen.

Auf dem Kyriat-Shaul-Friedhof ließ er ein eindrucksvolles Denkmal errichten, von einem Architekten entworfen, für Gertruda und alle Menschen, die Juden gerettet haben. Er besucht Gertrudas Grab mehrmals im Jahr. Dann setzt er sich gern dorthin und erzählt Gertruda von seinem Leben.

Elisheva (Helga) Rink blieb bis an ihr Lebensende in Kfar Giladi. Sie hat zwei Söhne und Zwillingstöchter. Moshe Segelson wanderte 1946 nach Israel aus und nahm Kontakt zu ihr auf. Sie war zu Tränen gerührt, als er ihr von ihrem Vater erzählte. Sie starb im September 2006.

Pastor John Grauel kehrte in die USA zurück und ließ sich in einer Kleinstadt im Bundesstaat New Jersey nieder. Oft reiste er nach Israel. Er starb 2003 und fand seine letzte Ruhe in Jerusalem.

Kapitän Isaac (Ike) Aaronovitch gründete später eine Schifffahrtsgesellschaft. Er verbringt seinen Ruhestand in Zikhron Ya'akov (einem beliebten Urlaubsort in der Nähe von Haifa; d. Übers.).

Jossi Hamburger (Harel), Kommandant der *Exodus*, wurde 1950 Unternehmer mit internationalen Geschäftsbeziehungen. Er lebte in Tel Aviv und starb 2008 im Alter von neunzig Jahren.

Die Exodus wurde von den Briten in einem Hafenbecken für ausrangierte Schiffe stillgelegt. Nach der Gründung des Staates Israel am 14. Mai 1948 wollte man sie in ein Museumsschiff umwandeln, doch durch einen elektrischen Kurzschluss entstand Feuer an Bord, und das Schiff brannte innerhalb von wenigen Stunden vollständig aus.

Dank

Danke, Herr Professor Elie Wiesel, für Ihre ermutigenden Worte.

Ich danke auch Chaim Stolowitzky, Dr. Mordechai Paldiel, Richter Arie Segelson, Elisheva (Helga) Rink-Bernson und dem Kapitän der Exodus, Ike Aaronovitch, auch wenn einige von ihnen nicht mehr unter uns weilen.

Und zu guter Letzt natürlich meinem lieben Freund Michael Stolowitzky, ohne den ich dieses Buch nicht hätte schreiben können.

Ram Oren

Quellenverzeichnis

Arad, Yitzhak: *Jewish Vilna in Struggle and Destruction* (Vilna HaYehudit BeMa'abak Vebehilion), Yad Vashem Publications/Tel Aviv University/Sifriyat Hapoalim, Tel Aviv 1976.

Drujie, Jack: *Exodus in the New Light* (Parashat Exodus Be'Or Hadash), Am Oved, Tel Aviv 1971.

Gruel, John Stanley: *Gruel,* Ivory House, New Jersey 1983.

Halamish, Aviva: *Exodus*, Am Oved, Tel Aviv 1990.

Kalmanovitch, Zalman: *Diary in the Vilna Ghetto* (Yoman BeGhetto Vilna), Sifriyat Hapoalim, Tel Aviv 1977.

Kaniuk, Yoram: *Exodus: Captain's Odyssey* (Exodus: Odesia Shel Mefaked), Herausgeber: Kibbuz Hameochad und Daniella Dee-Nur, Tel Aviv 1999.

Keren, Nili (Hrsg.): *Looking for a Person* (Lehapes Ben Adam), Masuot Publications, 2004.

Lezer, Chayim: *Destruction and Uprising* (Hurban VeMered), Masuot Publications, 1950.

Lonski, Chaykel: *From the Vilna Ghetto – Characters and Images* (Mehaghetto Havilnai – Tipusim VeTslilim), Herausgeber: Vereinigung jüdischer Schriftsteller und hebräischer Journalisten in Wilna, 1921.

Reindjenski, Alexander: *Destruction of Vilna* (Hurban Vilna), Herausgeber: Beyt Lohamei Hagetaot und Kibbuz Hameuchad, Tel Aviv 1987.

Rudashevski, Yitzhak: *Diary of a Young Man from Vilna* (Yomano Shel Na'ar MeVilna), Herausgeber: Beyt Lohamei Hagetaot und Kibbuz Hameuchad, Tel Aviv 1969.

Segelson, Aryeh: *In the Heart of the Darkness* (BeLev Ha-Ophel), Yad Vashem Publications, Jerusalem 2002.

Tayler, Alan: *Cheerful and Contented,* The Book Guild, Sussex/England 2000.

Trubovitch, Yitzhak: *The Story of My Life* (Toldot Hayai), Selbstverlag, 1987.

Der Autor

Ram Oren, geboren 1936 in Tel Aviv, wo er auch heute lebt, steht seit Jahren an der Spitze der israelischen Bestsellerlisten. Mit 15 Jahren gewann er seinen ersten Preis für eine Kurzgeschichte. Ursprünglich Rechtsanwalt, war er viele Jahre lang leitender Redakteur bei der größten israelischen Tageszeitung „Jediot Acharonot". 1996 gründete er seinen eigenen Verlag, den Keshet Verlag, in dem er auch die Bücher anderer Autoren veröffentlicht. Seit 1994 schrieb er vor allem Krimis, aber auch historische Romane. Er gilt als „der israelische John Grisham". Seine Bücher waren alle außerordentlich erfolgreich (über 1 Million verkaufte Exemplare in Israel mit etwa 5,8 Millionen hebräischsprachigen Lesern).

Ram Oren

Apfelsinen aus Jaffa

Erzählungen

128 Seiten, Gebunden
ISBN 978-3-7655-1234-6

Zum ersten Mal verteidigt Miri Alon als Anwältin einen An-
geklagten. Davon hat sie schon lange geträumt. Aber jetzt erlebt sie eine unangenehme Überraschung: Der Richter ist ein
alter Bekannter. Er stand ihr früher einmal sehr nahe. Jetzt
macht er den Gerichtssaal zum Schauplatz für eine alte offene
Rechnung mit Miri, die nichts mit dem Prozess zu tun hat ...
Fünf originelle, spannende und tief bewegende Geschichten
von Menschlichkeit, Liebe, tiefen Gefühlen und Gerechtigkeit – einfühlsam und lebensnah geschrieben.

*„Mit Tränen in den Augen habe ich die Erzählung ‚Die Schuld‘
aus dem Band Apfelsinen aus Jaffa des israelischen Bestseller-
autors Ram Oren gelesen. Die tief bewegenden Geschichten
von Menschlichkeit, Liebe und Gerechtigkeit sind wunderbare
Parabeln auf das Leben.“*

BRUNNEN VERLAG GIESSEN
www.brunnen-verlag.de

Mary Glazener

Der Kelch des Zorns

Ein Roman über
Dietrich Bonhoeffer

528 Seiten, Taschenbuch
ISBN 978-3-7655-4150-6

Dietrich Bonhoeffer: ein junger deutscher Theologe, Studen-
tenpfarrer in Berlin und ab 1935 Leiter eines Predigerseminars
der Bekennenden Kirche. Weil er sich gerade als Christ hier in
die Pflicht genommen sieht, schließt er sich der Widerstandsbewegung gegen Hitler an. 1944 wird er verhaftet und schließlich am 9. April 1945 als Beteiligter der Verschwörung des
20. Juli im Konzentrationslager Flossenbürg hingerichtet.

*„Mary Glazener ist mit diesem Buch ein wirklich großer Wurf
gelungen. Ihre jahrelangen Quellenstudien, die sie nicht zu
einer trockenen Dokumentation, sondern zu einem fesselnden
Roman verarbeitet hat, haben sich gelohnt."*

Peter Zimmerling

BRUNNEN VERLAG GIESSEN
www.brunnen-verlag.de